合伙企业所得税

规则解析与实务应用

任小雨 郝龙航 张成 著

中国财经出版传媒集团
中国财政经济出版社
北京

图书在版编目（CIP）数据

合伙企业所得税规则解析与实务应用 / 任小雨，郝龙航，张成著. -- 北京：中国财政经济出版社，2025.6. -- ISBN 978-7-5223-4019-7

Ⅰ.F812.422

中国国家版本馆CIP数据核字第2025U3C422号

责任编辑：孙丛丛　　　　　　　　责任校对：徐艳丽
封面设计：MXK DESIGN STUDIO 13810455945　　责任印制：史大鹏

合伙企业所得税规则解析与实务应用
HEHUO QIYE SUODESHUI GUIZE JIEXI YU SHIWU YINGYONG

中国财政经济出版社 出版

URL：http://www.cfeph.cn
E-mail：cfeph@cfemg.cn
（版权所有　翻印必究）

社址：北京市海淀区阜成路甲28号　邮政编码：100142
营销中心电话：010-88191522
天猫网店：中国财政经济出版社旗舰店
网址：https://zgczjjcbs.tmall.com
涿州汇美亿浓印刷有限公司印刷　各地新华书店经销
成品尺寸：170mm×240mm　16开　22.25印张　321 000字
2025年6月第1版　2025年6月河北第1次印刷
定价：98.00元
ISBN 978-7-5223-4019-7
（图书出现印装问题，本社负责调换，电话：010-88190548）
本社图书质量投诉电话：010-88190744
打击盗版举报热线：010-88191661　QQ：2242791300

前言
PREFACE

合伙企业在我国的市场主体中算是一个"小众"的存在，与规范法人企业的《公司法》相比，合伙企业的法律法规、税收规定都较为简单、原则，存在一些模糊地带。有些问题只能结合"立法精神"推断适用，这必将导致一些"不确定性"，但又"有规可循"，有逻辑线条可依，这恰恰是合伙企业的独特魅力。

合伙企业是合伙人之间"干事创业"，从事生产经营、投资活动的契约型平台，合伙人之间是一种契约关系，也是一种信托关系。合伙企业的规模"可大可小"，合伙人投入的钱"可多可少"，合伙企业的管理机制突出灵活"自治"，利益分配比例可以与出资比例不同，可以给个别合伙人多分钱，合伙企业应当是每个心存"创业之梦"的人了结心愿的一个选项。合伙企业有高度自治的"人合性"，其属于一个商事主体，可以对外签约，发生交易，履行合同，起诉应诉，却又无法人资格，让合伙人承担无限责任，这也是合伙企业所得税实行"先分后税"的逻辑根源。合伙企业的运营管理总体上遵循合伙人的"内心之所愿"，未要求像公司一样设置复杂的管理机构，节约管理成本；其决策权、治理权都可以交给合伙协议、合伙人会议决定，对于某些突发的未约定重大事项，可以随时由合伙人协商处理，管理机制较为灵活便捷。

我国2006年修订《合伙企业法》，吸收了美欧等国际经验，首次引入"有限合伙企业"这一新型组织形式，推动了合伙企业的大发展。客观而言，有限合伙企业是合伙企业的灵活机制和有限公司的有限责任机制的完美结合，是合伙制度的一次伟大创举，是合伙企业发展史上一次唤醒生命力的改革。如果说原来的普通合伙企业是"能人"之间的合作，有限合伙企业则属于"能人+富人"的契约合作。合伙人之间既可松散地"吃大锅饭"，也可以搞相对规范的"业绩承包"，激发每个内部团队的创新、竞争、营利意识，凭本事赚钱，多分享利益。

2006年修订的《合伙企业法》出台之前，有人误将合伙企业混同于个体户、增值税的小规模企业，认为其属于个人或家庭"小打小闹"、维持生计的组织形式之一，这是一种误读。近10多年来，有限合伙企业进一步受知识型、鉴证类中介机构与股权激励、各类持股平台、私募投资基金、创新创业行业、风险基金等青睐，逐步风靡于国内。有些会计师、税务师、律师等中介机构选择特殊的普通合伙企业形式，既便于每一合伙人发挥才智，又能区分有过错合伙人和无过错合伙人的法律责任，降低无过错合伙人的责任和职业风险。对持股平台类企业、私募股权基金等，选择有限合伙企业作为"外壳"，既保证普通合伙人的控制权不变，又便于私募基金融资，建立普通合伙人、有限合伙人之间的灵活的利益分享机制。可以说，有限合伙企业已经从一个幕后"小众"的"跑龙套"小角色，成长为一个新秀选手走到镁光灯前。

过去10多年来，有些地方政府、招商园区为做大GDP，出于地方财政利益考量，招商引资、转引税源，有些持股平台、私募股权基金成为各地招商引资的"香饽饽"，有些地方政府甚至抛出"核定征税""统一给予20%税率"等橄榄枝。一时间出现合伙企业"群魔乱舞"现象，极尽泛滥之能事。但静下心来看一下，虽然合伙企业很热，但对合伙企业的所得税研究不算太多，甚至较为肤浅，更多地停留在对个人合伙人给不给20%税率?哪里又出台了20%税率优惠?对多层嵌套的合伙企业分配的股息利息,可以穿透几层适用20%税率等。

写作本书之前,笔者在国家数字图书馆(国家图书馆APP)上输入"合伙企业,所得税"字段,只显示了与之相关的8篇研究生论文,如下图所示。另外,笔者在微信读书APP中查询"合伙企业,所得税"字段,发现只有一本《合伙企业经营所得个税》(蒋玉芳著,中国财政经济出版社)待上架。以上表明,目前对合伙企业所得税进行专题研究的书籍还是比较少的。

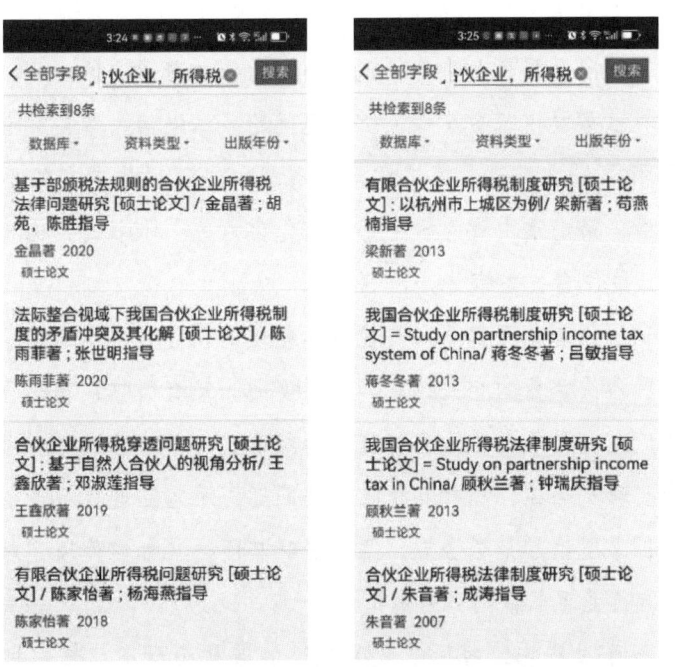

国家数字图书馆APP查询"合伙企业,所得税"的情况

基于此,笔者萌发了写一本合伙企业所得税之书的冲动。笔者此前所见税收专业书籍,大多专业晦涩,非专业人士不易读懂,但专业人士又不想看,这对写书之人是一个遗憾!也是对出版资源的浪费。笔者此次许下一个"小心愿",想用"大白话"写一本书,让读者能够看明白、想明白、记得住。书中所举案例,多为笔者结合税收政策和合伙企业特点编写的,有利于突出案例的"政策点"。笔者想奉献一本良心书,本书未辑录大量的法规文件,让书"瘦身",这样书的定价也会低些。书中引用的政策文件均标注了文号,读者可以通过网站检索查询。

本书分为三篇,第一篇包括第一章,对合伙企业作一个框架性介绍,增加读者的感性认知;第二篇包括第二章至第八章,为合伙企业所得税的框架性规则、基本规定、内在逻辑分析、实际操作等,让读者对合伙企业所得税专业问题有一个全面、基本、立体的认知和理性把握;第三篇为实践应用篇,包括第九章至第十一章,在此前相关内容基础上,尽量减少内容重复、突出不同行业特色,侧重介绍特殊的普通合伙企业、持股类平台、合伙制私募股权基金等特色所得税问题。本书第一章、第十一章由上海财才网张成先生执笔,第二章至第八章由资深税收专家任小雨先生执笔,第九章、第十章由大力税手郝龙航先生执笔。本书的架构和较大的问题,也经三位作者把关审核。

由于三位作者均不属于私募投资等领域的从业人员,只是站在税收角度解剖分析合伙企业的相关特点和运行规则。笔者所见,既有合伙企业的规范作法,也有合伙企业为逃避监管的所谓"创新作法",不一定100%合规,但这些确实存在,也有其税收处理问题,不容回避。笔者主要从税的角度来分析,不论其是否合规,意在说明其所得税如何处理,对其不合规之处,自有行业主管部门另行规范。

本书写作过程中,经历了较为艰难的架构设计、篇章安排、文字表述、前后逻辑衔接等思考。有一个想法很容易,头脑中冒一个火花也很容易,但把这些变成可读性的文字,却是一个难产的过程,期间多次"卡壳""停顿",写不下去的时候,思绪陷入无奈,停下来,喝一杯茶,睡一觉,傻坐一会儿,也许又有了思路。有时也写了一些自认为"还可以"的文字,事后看逻辑上又不能自圆其说,只能忍痛割舍。有些文字在多次沟通协商修改中，变得有些出色了。受笔者见识所限，本书必有一些不尽美好之处，还望读者不吝赐教。

在本书即将付梓之际，由衷感谢中国财政经济出版社的尉敏主任和其他编审人员，为本书的面世付出较多心血，提出了非常中肯的修改建议。本书写作过程中，也得益于一些朋友的智力支持和资料、案例等方面的启发，如某些政策规定的理解，真实的行业运行规则，实际操作方法和相关问题等，受益匪浅。他们是北京交通大学经管学院姚立杰、中国人寿薛飞、北京三鼎世纪企业管理集团公司马军等诸多专家好友，在此一并致谢。应中国财政经济出版社要求，现对本书的写作情况作一个初步回顾和小结，作为前言，亦为序。

任小雨　郝龙航　张成

2025年5月

目录 CONTENTS

第一篇
对合伙企业的认知　　001

第一章　我们所认知的合伙企业　　003
第一节　合伙企业的概念　　003
一、什么是合伙企业　　004
二、合伙企业是较为灵活的企业组织形式　　008
三、普通合伙企业与有限合伙企业的对比，有限合伙制度是
一项伟大创举　　012
第二节　合伙企业为什么广受青睐　　026
一、合伙企业在鉴证咨询服务等中介机构中的应用　　027
二、有限合伙企业在私募股权基金、创业投资基金、持股平台等
领域中颇受青睐　　029

第二篇
合伙企业所得税问题的基本规则　　035

第二章　合伙企业设立涉及的所得税问题　　037
第一节　个人设立合伙企业的所得税问题　　037
一、个人以现金资产、劳务出资，不缴纳个人所得税　　038

二、个人以非货币性资产出资设立合伙企业，需要视同销售，
　　对非货币性资产的增值部分计算缴纳个人所得税　　　　　　039

第二节　法人企业设立合伙企业的所得税问题　　　　　　　　045
一、企业所得税的核算规定　　　　　　　　　　　　　　　　　045
二、法人企业投资设立合伙企业的所得税核算　　　　　　　　　047

第三章　合伙企业的"先分后税"和适用税率　　052

第一节　什么是合伙企业的"先分后税"　　　　　　　　　　052
一、什么是合伙企业的"先分后税"　　　　　　　　　　　　　053
二、合伙企业为什么实行"先分后税"？税收法理何在　　　　　058
三、财税〔2008〕159号文件规定，"合伙协议不得约定将全部
　　利润分配给部分合伙人"，如何理解，怎么应用　　　　　　062

第二节　合伙人的适用税率　　　　　　　　　　　　　　　　063
一、境内法人企业合伙人、境外非居民企业合伙人的适用税率　　064
二、境内个人合伙人、外国个人合伙人的适用税率　　　　　　　065

第四章　合伙企业层次的税基核算　　067

第一节　合伙企业层次应纳税所得额"纳税调整"是怎么回事　067
一、合伙企业层次的税基，是在会计利润总额的基础上，
　　经"纳税调整"计算得出　　　　　　　　　　　　　　　　067
二、合伙企业会计利润核算，执行哪些会计规定　　　　　　　　069

第二节　合伙企业层次应纳税所得额的具体核算　　　　　　　071
一、合伙企业层次的税基核算，遵循个人所得税规定，而非企业
　　所得税规定　　　　　　　　　　　　　　　　　　　　　　071
二、合伙企业层次的税基核算的税法规定较为简单，主要靠财税
　　政策文件规范　　　　　　　　　　　　　　　　　　　　　073
三、合伙企业层次应纳税所得额的具体核算　　　　　　　　　　075
四、合伙企业取得利息、股息、红利收入的处理　　　　　　　　100

第五章　合伙人层次的财产份额转让，以及入伙、退伙　114

第一节　合伙人层次转让财产份额的所得税问题　114

一、合伙人转让合伙企业财产份额　114

二、合伙人层次转让合伙企业财产份额涉及的所得税问题　118

三、合伙人持有合伙份额的计税基础，不等于合伙企业资产的计税基础，这是一个税收风险点　121

第二节　合伙人层次入伙、退伙的所得税问题　125

一、合伙人入伙、退伙的主要情形　125

二、合伙人入伙、退伙涉及的所得税问题　129

第六章　合伙企业及其合伙人的所得税优惠"知多少"　140

第一节　合伙企业及其合伙人的所得税优惠政策"不多"　140

一、企业所得税是现行税法体系（18个税种）中，优惠政策最多的税种　140

二、与企业所得税相比，合伙企业、合伙人的优惠政策"不多"　143

第二节　合伙企业及其合伙人的所得税优惠"知多少"　145

一、合伙企业层次、合伙人层次的所得税优惠政策　146

二、进一步完善合伙企业及其合伙人税收优惠政策的考虑　152

第七章　合伙企业清算的所得税　155

第一节　合伙企业清算的原因和流程　155

一、合伙企业清算的主要原因　155

二、合伙企业解散清算的主要流程　156

第二节　合伙企业清算的所得税处理　162

一、现行个税对合伙企业清算的规定非常简单，不够完善　163

二、合伙企业层次清算所得应纳税所得额的核算　164

三、对清算所得"先分后税"，合伙人应纳税额的核算　190

四、合伙企业清算的其他相关所得税问题　192

五、进一步完善合伙企业清算所得核算的建议　196

第八章　合伙企业、合伙人的所得税征管　　198

一、合伙企业、合伙人所得税征管方式的总体架构　　198

二、查账征税的合伙企业、合伙人的所得税征管的时间地点　　200

三、个人合伙人的个人所得税，与合伙企业之间不是扣缴关系，而是委托申报、委托办税关系　　201

四、核定征税的合伙企业的所得税征管　　203

五、合伙企业、个人合伙人的所得税纳税申报表　　207

六、合伙企业、合伙人所得税管理的税收风险控制　　215

第三篇

合伙企业所得税政策业务的实践应用　　221

第九章　特殊的普通合伙企业的所得税政策业务应用　　223

第一节　特殊的普通合伙企业的个人所得税问题　　223

一、特殊的普通合伙企业，其"特殊性"体现在哪里　　223

二、特殊的普通合伙企业持续经营期间涉及的所得税问题　　227

三、特殊的普通合伙企业清算，涉及的个人所得税问题　　234

四、特殊普通合伙企业，设立异地分支机构涉及的个人所得税问题　　239

五、特殊普通合伙企业，原则上不核定征收个人所得税　　244

第二节　合伙制律师事务所的个人所得税问题　　246

一、合伙制律师事务所涉及的个人所得税问题　　246

二、"业绩承包"关系下，合伙人律师事务所涉及的个人所得税问题　　251

第十章　持股平台合伙企业的所得税政策业务应用　　255

第一节　持股平台企业为什么选择有限合伙企业　　255

一、公司制企业在保证"创始人"股东控制权的"尴尬"　　255

二、持股平台企业为什么选择合伙企业组织形式，合伙制持股平台企业的主要类型和架构设计　　264

第二节　持股平台合伙企业涉及的所得税问题　　271

一、非上市公司搭建持股平台有限合伙企业实施股权激励，个税怎么算　　271

二、持股平台合伙企业的持股成本，与合伙人的财产份额的计税
成本不一致，怎么衔接和解决这一问题　　280

三、持股平台合伙企业拟进行清算，将所持股票以非交易过户
方式一次性转给个人合伙人，如何算税　　285

四、代持股权涉及的个人所得税问题　　287

第十一章　合伙制私募股权投资基金的所得税政策业务应用　　293

第一节　给合伙制私募股权投资基金"画一张像"　　293

一、什么是合伙制私募股权投资基金　　293

二、为合伙制私募股权投资基金"画一张像"　　299

第二节　合伙制私募股权投资基金的所得税问题　　312

一、多层嵌套合伙私募股权投资基金（母子基金）架构的所得税问题　　313

二、普通合伙人、有限合伙人涉及的所得税问题　　318

三、普通合伙人"跟投"涉及的所得税问题　　320

四、合伙制私募股权投资基金"明股实债"涉及的所得税问题　　321

五、有限合伙人"先收回本金，再取得投资收益"涉及的所得税问题　　321

六、对合伙制私募股权基金相关涉税问题的补充说明　　324

第三节　合伙制创业投资企业（基金）的所得税优惠政策　　325

一、享受税收优惠的创业投资企业（基金）之规定条件　　326

二、合伙制创业投资企业（基金）的税收优惠政策　　329

三、公司制创业投资企业按个人股东的持股比例减免企业所得税优惠　　337

参考文献　　339

第一篇
对合伙企业的认知

第一章

我们所认知的合伙企业

第一节 合伙企业的概念

笔者想写一本合伙企业所得税问题的书之想法由来已久,奈何想写时思如泉涌,动笔时却灵感枯竭。在不断卡壳和拖延症之下,还是要战胜个人的惰性,完成这个想法。

这一想法的主要动机:一是合伙企业是一个独立的市场主体,在制度设计、运行规则、责任分担等方面有与众不同之处。在税收方面,其增值税、财产行为税等均与一般法人企业没什么区别,唯独合伙企业的所得税规则是一个"另类",有其内在规则和"小道理",长期思考这些问题,逐步滋生与读者分享的冲动。二是现行合伙企业的所得税规定较为原则化,存在一些"公说公有理,婆说婆有理"的理解,某些市县地方政府和开发园区出于招商引资的需求,某些纳税人基于利益考量,故意浑水摸鱼,错误地理解合伙企业所得税政策管理规定,实践中发生一些啼笑皆非的案例,对此应予以疏导、纠正。三是与公司制企业、个体工商户相比,合伙企业在出资、管理机制、责任分担等方面更为公平、灵活,有其特定规则,目前,风险投资、私募股权基金、创业投资,会计师事务所、律师事务所等中介机构大多采取合伙企业形式。特别是2006年修订《合伙企业法》以来,合伙企业得到较快发展,当然遇到的所得税问题也很多,确应适当研究。

我们先认识一下什么是合伙企业。

一、什么是合伙企业

为谨慎起见，避免误导读者，先分享一下《合伙企业法》的规定：

第二条 本法所称合伙企业，是指自然人、法人和其他组织依照本法在中国境内设立的普通合伙企业和有限合伙企业。

普通合伙企业由普通合伙人组成，合伙人对合伙企业债务承担无限连带责任。本法对普通合伙人承担责任的形式有特别规定的，从其规定。

有限合伙企业由普通合伙人和有限合伙人组成，普通合伙人对合伙企业债务承担无限连带责任，有限合伙人以其认缴的出资额为限对合伙企业债务承担责任。

《民法典》规定：

第一百零二条 非法人组织是不具有法人资格，但是能够依法以自己的名义从事民事活动的组织。

非法人组织包括个人独资企业、合伙企业、不具有法人资格的专业服务机构等。

第一百零四条 非法人组织的财产不足以清偿债务的，其出资人或设立人承担无限责任。法律另有规定的，从其规定。

从某种意义上说，《民法典》(此前为《民法通则》) 是合伙企业概念的法律渊源。从《合伙企业法》上述法律条款可知：其一，合伙企业包括普通合伙企业和有限合伙企业两种类型。其二，自然人、法人、其他组织都可以成为合伙人。允许法人、其他组织创设合伙企业，是2006年修订《合伙企业法》的一项创举。《合伙企业法》第三条规定："国有独资公司、国有企业、上市公司以及公益性的事业单位、社会团体不得成为普通合伙人。"言外之意，未限制其成为有限合伙人。其三，不论普通合伙企业，还是有限合伙企业，普通合伙人对合伙企业债务承担"无限+连带"责任[1]。读者对"连带责任"要心存敬畏，这意味着其他合伙人不能履行的债务，也可能让你承担责任。有限合伙人以其认缴的出资额为限，对合伙企业债务承担"有限+不连带"责任。

在《合伙企业法》及其实践中，普通合伙人、有限合伙人的出资、执行合伙事务、入伙退伙、财产份额转让、权责设计等，均与这两类合伙企业的划分密切相关。为加深理解，拟从合伙企业历史发展方面说明如下：

第一阶段：1997年合伙企业立法至2006年修订《合伙企业法》，普通合伙企业成为一种新型市场主体，其亮眼之处是"只征收一道所得税"。

1996年正值我国建立完善社会主义市场经济时期，当时主要市场主体包括公司制企业，原国有企业、集体企业、乡镇企业、民营企业等非公司制法人企业，以及大量个体工商户等。合伙企业作为一种新型市场主体，是对当时市场主体组织形式的一个有益补充。合伙企业可以视为个体户和法人制企业优势的组合升级，其合伙人对合伙企业债务承担无限责任，类似于两个个体户、个人独资企业[2]的拼盘；但又同属于同一个市场主体，有近似于法人企业的独立对外经营权，可以对外签订合同、进行市场交易，有独立人格权。

合伙企业是一个"人合性"很高的契约型平台企业，多个合伙人因共同信念和契约关系走到一起，合伙人之间难免发生矛盾，需要磨合。为此，合伙企业的重要事项都需要通过合伙协议提前规范，对合伙协议没有规定的，由合伙人会议商定。合伙协议在合伙企业中占极其重要的地位，是合伙企业设立、运营、分配、清算的"小宪法"和总章程。合伙企业设立时，需向登记机关（市场监管部门）报送合伙协议，合伙企业重要事项的调整，包括吸收新合伙人入伙、合伙人退伙等，需要重新修订合伙协议，以此对合伙人形成约束。合伙人对合伙企业财产是"按份共有"，普

---

[1] 普通合伙人对合伙企业的债务，在纵向上、总量上、对外方面承担无限责任；在合伙人内部，与其他普通合伙人之间，在横向上承担连带责任。
[2] 《个人独资企业法》于1999年立法，2000年实施，其立法和具体运行时间，均晚于合伙企业。

通合伙人承担"无限+连带"责任后，可以向其他合伙人追偿，这就需要合伙人之间齐心协力、出钱出力、合作共赢。"人合性"意味着合伙人之间既要相互熟悉、配合、容忍，又要分工合作，各负其责、利益共享、风险共担、亏损共负，这是合伙企业在所得税方面不向合伙人分配亏损的逻辑根源所在。

这一阶段的合伙企业还限于普通合伙企业，合伙人需对合伙企业债务承担"无限+连带"责任，其吸引力有限，最大亮点是合伙企业不再缴纳企业所得税，对合伙人按照"先分后税"规则量化应税利润，按"个体户生产经营所得"（2019年新《个人所得税法》改称"经营所得"）适用5%至35%税率，只征收一道个人所得税。实践中，由于合伙企业规模较小，有些合伙企业财务核算不规范，有的税务局对其核定征收个人所得税，税负较低。

第二阶段：2007年实施修订后的《合伙企业法》至2022年，合伙企业得到较快发展，同时在各县市区招商引资、核定征税等刺激下，野蛮生长。

2007年版《合伙企业法》借鉴国际经验，引入有限合伙企业，这是"普通合伙+有限责任公司"制度优势的完美融合，是合伙制度设计方面的伟大创举，为合伙企业注入了新的灵魂。一方面，普通合伙人仍然按合伙企业规则管理运营，突出"人合性"要求，对合伙企业债务承担"无限+连带"责任，保证了合伙企业的运营效率和对外融资信用。有限合伙人实际上是一个理性投资人，不参与合伙企业管理事务，对合伙企业运营基本没有管理权，但有监督权、建议权、起诉权等，对合伙企业债务承担有限责任，其以有限合伙人身份参与合伙企业的主要目标是获取投资收益，具有"资合性"特点，投资多的有限合伙人，能分享更多收益，分担更多亏损。另一方面，一个有限合伙企业必须同时包括普通合伙人和有限合伙人，如普通合伙人因故缺失，必须推选新的普通合伙人，否则，合伙企业只能解散；同时合伙人不得超过50人，这就使得合伙企业有一定开放性，可以通过新增合伙人，利用"有限责任"身份融资，扩大规模，同时又避免合伙人数量过多误入"非法集资"陷阱。此外，《合伙企业法》对会计师事务所、律师事务所等有针对性地引入"特殊普通合伙企业"，在普通合伙企业基础上，对特殊普通合伙企业的合伙人的债务、责任分担方面做出特殊规定。

有限合伙企业的引入，其运行机制、利益分享、责任机制等更加灵活，提升了有限合伙企业制度的魅力，是合伙企业快速发展的一个内在原因。从外因看，其一，有限合伙企业与风险投资、创业投资、私募基金等具有天然适配性，在21世纪前20年，是我国经济持续快速发展的黄金时期，居民财富不断增多，有限合伙制度与经济发展形势有机结合，促进了有限合伙企业大发展。其二，公司上市、对外融资、搭建股权激励架构等，均设计有限合伙企业架构，既用其持股，使企业上市等符合股东人数的要求，又能发挥有限合伙企业吸收新合伙人的融资功能，同时实控人、主要股东在设计有限合伙企业架构时，实控人、主要股东自任普通合伙人，利用执行合伙企业事务的权限，控制投票权，保证对持股企业、被投资项目的控制。其三，部分县市地方政府、工业园区等为招商引资，擅自违规出台合伙企业、股权投资基金等优惠政策，将有限合伙人个人所得税原应按"经营所得"适用5%至35%税率，擅自默认按20%征税，降低了税负；有的市县政府甚至允许合伙人将股权装入空壳合伙企业中，或者允许明星、网红设立空壳合伙企业，将劳务报酬所得转化为经营所得，对其核定征收个人所得税，大大降低税负，刺激了合伙企业野蛮生长。

第三阶段：2022年后，国家逐步加强持股合伙企业的所得税管理，合伙企业进入规范发展阶段，但有些涉税问题仍需进一步完善。

为从根上堵死市县地方政府、工业园区等以"招商引资"之名，行合伙企业股票减持收入核定征税、税收返还等低劣作法之实，2021年底，财政部、税务总局印发的《关于权益性投资经营所得个人所得税征收管理的公告》（财政部 税务总局公告2021年第41号）规定，对持有股权、股票、合伙企业财产份额等权益性投资的个人独资企业、合伙企业，一律适用查账征收方式计征个人所得税。个人独资企业、合伙企业应自持有上述权益性投资之日起30日内，主动向税务机关报送持有权益性投资情况，对其实行查账征税。

这份政策文件是对滥用合伙企业逃避税问题的"釜底抽薪",包括此后审计部门、税务局对合伙制私募基金个人所得税的持续整治,有限合伙企业在税收政策及执行方面逐步规范,但合伙企业仍然存在一些政策和操作问题,需要进一步厘清。

二、合伙企业是较为灵活的企业组织形式

合伙企业组织形式有无制度优势、是否灵活,不是"自我标榜"的。现就合伙企业与公司制企业、个体户、个人独资企业对比说明如表1-1所示。

表1-1　　　　合伙企业与公司制企业、个体户等对比表

对比项目	合伙企业	公司制企业	个体户、个人独资企业	点评意见
投资人数	普通合伙企业的合伙人为2人以上;有限合伙企业的合伙人为2至50人	有限公司的股东为1人以上,50人以下;可以设立1人有限公司。股份有限公司为1人以上200人以下为发起人,如上市后,其股东人数很多	个体户多为家庭经营。个人独资企业强调的是个人投资成立无限责任的企业。个体户、个人独资企业的投资者为1人	合伙人数不低于2人,否则就不能称为合伙企业了。有限合伙人不能超过50人,避免非法集资
出资数额	无直接规定,由合伙协议约定	一般有限公司对出资数额不直接规定。但有的行业,如金融保险、房地产等行业对最低出资数额有具体要求	无直接限定,由投资人决定	合伙企业未作限制,将决定权交给合伙人协商,更为灵活
出资有无认缴	有认缴制,具体由合伙协议约定。对普通合伙人的认缴可能宽松一些,但有限合伙人应按合伙协议约定期限缴纳	有限公司可以认缴,但全体股东认缴的出资额由股东按照公司章程的规定自公司成立之日起5年内缴足。股份公司没有认缴制,均为实缴	未直接规定	在公司法对有限公司认缴制规定5年期限后,合伙企业的认缴制更为灵活,属于"承诺出资",避免资金占压。但普通合伙人承担无限责任,对其认缴管理可能适当放宽

续表

对比项目	合伙企业	公司制企业	个体户、个人独资企业	点评意见
出资方式	均可以货币性资产、非货币性资产出资。但普通合伙人可以劳务出资，有限合伙人不得以劳务出资。实践中，真正以劳务出资的并不多，主要原因是劳务的价值不好评估，难以定价。同时合伙企业的利润分配不完全按照出资比例确定，可以自行约定。从某种意义上说，普通合伙人即使没有以劳务出资，分享超出其投资比例的部分，实际上也是对劳务出资的认可			普通合伙人可以劳务出资，更为灵活
股权（合伙份额）转让	除合伙协议另有约定外，普通合伙人对外转让合伙财产份额，需经其他合伙人同意；其他合伙人有优先购买权。有限合伙人需提前30天通知其他合伙人	股东对外转让股权，需经其他股东过半数同意，且其他股东有优先购买权		合伙企业对合伙人转让合伙份额，比公司要求高。主要原因是合伙企业是"人合性+资合性"
行业限制	律所等要求采取合伙形式。有些风险投资是自愿选择合伙企业	最主流的企业组织形式，几乎对所有行业开放。有些行业如金融、保险、房地产等均要求必须采取公司制	出于社会责任、风险考虑，有很多行业限制。金融、保险、房地产、食盐批发、新闻出版、电影、医药、医疗器械、烟草、测绘、城市供水、期货、烟花爆竹、矿山经营等，不得采取个体户、个人独资企业	公司制是行业限制最少的组织形式。但合伙企业主要是搭建持股平台，设立私募基金。其他情形，可以选择公司制
对外融资	以借款为主，同时可以吸收新合伙人带资入伙。不可发行股票。私募基金一般限制对外借款	融资渠道较宽，可以对外借款，吸收新投资者，可以通过股权激励等融资。有限责任公司不可发行股票。股份有限公司经批准上市，可发行股票	以借款为主	有限合伙架构通过吸收新合伙人方式，在民间投融资中，天然具有较强融资功能。但难以通过上市等方式融资

续表

对比项目	合伙企业	公司制企业	个体户、个人独资企业	点评意见
治理机构	普通合伙：合伙人不论出资多少，均有执行合伙事务权力；也可委托某一、某些普通合伙人对内对外管理合伙事务。 有限合伙：以普通合伙人，或执行合伙事务的合伙人管理合伙事务。有限合伙人只分享收益，不参与合伙事务管理	建立专门管理机构。最高权力机构为股东大会。董事会为执行机构，可聘请职业经理人，另设监事会。股东大会、董事会、监事会有规范的决策机制。 经营规模较小的有限责任公司，其董事会、监事会人数可适当减少。不设董事会的，可设立执行董事	由投资者决定	与公司相比，合伙企业的治理机构简单、灵活，管理成本低。普通合伙人均有管理权，也可委托其他合伙人代行合伙事务，无须建立类似公司制企业的管理机构。合伙企业规模可大可小，事务可多可少，可以结合实际确定治理机构，相对灵活
投资者和管理层之间关系	执行合伙事务的合伙人，与其他合伙人之间是委托代理关系	职业经理人与董事会之间是受雇关系	可以聘任管理人员，为受雇关系。一般由投资者自行管理	合伙企业的委托代理关系，遵循合伙企业协议，明确管理事项和授权范围，较为灵活
关联交易	普通合伙人：不得自营或者同他人合作经营与本合伙企业相竞争的业务。除合伙协议另有约定或者经全体合伙人一致同意外，合伙人不得同本合伙企业交易。合伙人不得从事损害本合伙企业利益的活动。 有限合伙人：未限制同本合伙企业交易，合伙协议另有约定的除外。有限合伙人可以自营或者同他人合作经营与本有限合伙企业相竞争业务；但合伙协议另有约定的除外	公司的控股股东、实际控制人、董事、监事、高级管理人员不得利用关联关系损害公司利益。 违反前款规定，给公司造成损失的，应承担赔偿责任	个体户、个人独资企业只有一个投资者，基本不存在关联交易限制问题。 其一，《个人独资企业法》第十八条规定，个人独资企业投资人在申请企业设立登记时明以其家庭共有财产作为个人出资的，应当依法以家庭共有财产对企业债务承担无限责任。 其二，个体户、个人独资企业可能与家庭财产、家庭支出存在混同问题，税收对此不提倡，有时采取核定或其他方法调整	合伙企业主要限制普通合伙人与合伙企业的同业竞争、关联交易等，但经合伙人同意后，可以发生交易，但不得损害本合伙企业利益。对有限合伙人限制不多。 公司制企业对关联交易是禁止的

续表

对比项目	合伙企业	公司制企业	个体户、个人独资企业	点评意见
设立分支机构	可以	可以	个体户不可以，个人独资企业可以	同等灵活
是否可撤资	经合伙协议约定或合伙人协商一致，可以退伙、转让合伙财产份额，可以减资	原则上不可以撤资。公司经履行程序可以减资。持股人可以股权转让方式退出	未规定减资、撤资问题。投资者可以解散、清算收回投资	合伙企业经批准，可以采取退伙方式撤资，比公司制企业多一条路径
投资者的责任	普通合伙人：承担"无限+连带"责任。有限合伙人：承担"有限+不连带"责任	投资者以其投资金额，对公司债务承担有限责任。公司股东滥用公司法人地位和股东有限责任，逃避债务，严重损害公司债权人利益的，应当对公司债务承担连带责任。只有一个股东的公司，股东不能证明公司财产独立于股东自己的财产的，应当对公司债务承担连带责任	承担无限责任	对普通合伙人的责任要求更多，这是其机制灵活的对价，从法理上看，是平衡的。普通合伙人的"无限+连带"责任，是以合伙财产、私募基金财产先行偿付，有限合伙人履行完其财产份额内的责任之后，再由普通合伙人承担"无限+连带"责任，是一种"劣后"责任
利润分配	合伙企业的利润分配、亏损分担，按照合伙协议的约定办理；合伙协议未约定或者约定不明确的，由合伙人协商决定；协商不成的，由合伙人按照实缴出资比例分配、分担；无法确定出资比例的，由合伙人平均分配、分担	基本上按股权占比、出资比例分配利润。有的公司为增强大股东的控制权，可以设立A、B股，牢牢掌握控制权，但可以让渡利润分配的利益	均归投资者一人所有	合伙企业的利润分配，可以与出资比例不一致；有时允许有限合伙人先收回投资；甚至亏损时也可对执行合伙事务的普通合伙人给予一定管理报酬
对外形象	规模可大可小，多限定为某些特定行业。可贷款、引入新投资者。对从事制造业的，在招投标中处于不利地位	规模可大可小，可以贷款、引入新投资者，甚至上市融资，在招投标中占据有利地位	规模较小，不易贷款	从私募股权投资、持股平台、律所等行业看，合伙模式较为合适。从事制造业且有志于上市的，应选择公司制

三、普通合伙企业与有限合伙企业的对比，有限合伙制度是一项伟大创举

有限合伙企业是我国合伙企业制度层面的伟大创举。笔者结合《合伙企业法》相关条款，从不同层面对比剖析普通合伙企业、有限合伙企业的不同特点。

（一）从合伙企业设立条件、出资方式等方面对比

普通合伙企业、有限合伙企业的设立条件近似，有限合伙人更强调其"出资"，普通合伙人更强调其"人合性"。具体如表1-2所示（表格中相关条款引用自《合伙企业法》）。

表1-2　普通合伙企业、有限合伙企业设立条件、出资方式对比

对比项目	普通合伙企业	有限合伙企业	区别点或点评意见
设立条件	第十四条　设立合伙企业，应当具备下列条件： （一）有二个以上合伙人。合伙人为自然人的，应当具有完全民事行为能力； （二）有书面合伙协议； （三）有合伙人认缴或者实际缴付的出资； （四）有合伙企业的名称和生产经营场所； （五）法律、行政法规规定的其他条件		相同
出资方式	第十六条　合伙人可以用货币、实物、知识产权、土地使用权或者其他财产权利出资，也可以用劳务出资	第六十四条　有限合伙人可以用货币、实物、知识产权、土地使用权或者其他财产权利作价出资。 有限合伙人不得以劳务出资	普通合伙人可以劳务出资，有限合伙人不得以劳务出资
合伙人数	二人以上，未设上限	第六十一条　有限合伙企业由二个以上五十个以下合伙人设立；但是，法律另有规定的除外。 有限合伙企业至少应当有一个普通合伙人	普通合伙人承担无限责任，"人合性"企业，合伙人数量不会过多，也不必限定。有限合伙企业的合伙人不宜过多，否则可能变成非法集资

（二）从合伙协议方面对比，认识合伙协议的崇高地位

合伙协议是合伙企业的根本制度安排，相当于"小宪法"，合伙企业的重要事项均需通过合伙协议约定，这表明合伙企业有高度自治权。就《合伙企业法》第十八条规定内容发生变化的，需重新修订合伙协议。对合伙协议未约定事项，一般经合伙人协商确定。普通合伙企业、有限合伙企业在合伙协议方面不存在本质区别。具体如表1-3所示（表格中相关条款引用自《合伙企业法》）。

表1-3　　普通合伙企业、有限合伙企业在合伙协议方面的对比

对比项目	普通合伙企业	有限合伙企业	区别点或点评意见
合伙协议的地位	相当于"小宪法"，是合伙企业的基石性文件。合伙协议对重要事项作出约定，如有变化，需重新修订合伙协议，并报登记机关		
合伙协议载明事项	第十八条　合伙协议应当载明下列事项： （一）合伙企业的名称和主要经营场所的地点； （二）合伙目的和合伙经营范围； （三）合伙人的姓名或者名称、住所； （四）合伙人的出资方式、数额和缴付期限； （五）利润分配、亏损分担方式； （六）合伙事务的执行； （七）入伙与退伙； （八）争议解决办法； （九）合伙企业的解散与清算； （十）违约责任	第六十三条　合伙协议除符合本法第十八条的规定外，还应当载明下列事项： （一）普通合伙人和有限合伙人的姓名或者名称、住所； （二）执行事务合伙人应具备的条件和选择程序； （三）执行事务合伙人权限与违约处理办法； （四）执行事务合伙人的除名条件和更换程序； （五）有限合伙人入伙、退伙的条件、程序以及相关责任； （六）有限合伙人和普通合伙人相互转变程序	有限合伙人只掏钱，不参与执行合伙企业事务，为保护其权益，第六十三条之第（二）、第（三）、第（四）项对执行事务合伙人进行相关限定。第（五）、第（六）项针对有限合伙企业新增规定

（三）从合伙企业财产份额、合伙企业债务、入伙退伙方面对比

合伙企业财产份额、合伙企业债务偿还、合伙人入伙退伙都关系到合

伙企业财产的稳定性，合伙企业虽然强调"人合性"，但财产是合伙企业持续经营的物质基础和前提条件；基金财产是一个"整体性"概念，不是全体合伙人个人财产的机械性累加，有其特定"独立性"。同时，合伙人的入伙、退伙，普通合伙人和有限合伙人之间身份转换，既牵扯到合伙企业稳定经营，又关系到外部债权人、交易相对人的利益。合伙企业的运行规则，既要保证合伙企业稳定，又不能破坏外部交易的契约精神。普通合伙人、有限合伙人权责不同，对其分别作出不同规定。具体如表1-4所示（表格中相关条款引用自《合伙企业法》）。

表1-4 普通合伙企业、有限合伙企业财产份额、债务、入伙退伙对比

对比项目	普通合伙企业	有限合伙企业	区别点或点评意见
合伙企业财产稳定	第二十一条 合伙人在合伙企业清算前，不得请求分割合伙企业的财产；但是，本法另有规定的除外。合伙人在合伙企业清算前私自转移或者处分合伙企业财产的，合伙企业不得以此对抗善意第三人		1.保证合伙企业财产稳定，对合伙人适当限制；2.合伙人因私行为，不能破坏社会契约精神
合伙企业财产份额之转让	第二十二条 除合伙协议另有约定外，合伙人向合伙人以外的人转让其在合伙企业中的全部或者部分财产份额时，须经其他合伙人一致同意。合伙人之间转让在合伙企业中的全部或者部分财产份额时，应当通知其他合伙人。第二十三条 合伙人向合伙人以外的人转让其在合伙企业中的财产份额的，在同等条件下，其他合伙人有优先购买权；但是，合伙协议另有约定的除外。第二十四条 合伙人以外的人依法受让合伙人在合伙企业中的财产份额的，经修改合伙协议即成为合伙企业的合伙人，依照本法和修改后的合伙协议享有权利，履行义务	第七十三条 有限合伙人可以按照合伙协议的约定向合伙人以外的人转让其在有限合伙企业中的财产份额，但应当提前三十日通知其他合伙人	1.普通合伙人转让财产份额，受让者将成为新合伙人，对"人合性"有影响，需其他合伙人一致同意。为避免负面影响，内部合伙人同等条件下有优先购买权。2.合伙企业财产份额受让者，经修改合伙协议后，成为新合伙人，对此，新的普通合伙人也要承担无限责任，有限合伙人承担有限责任。3.有限合伙人转让财产份额，不涉及"人合性"问题，没什么大麻烦，30日内通知其他合伙人

续表

对比项目	普通合伙企业	有限合伙企业	区别点或点评意见
合伙企业财产份额之出质	第二十五条 合伙人以其在合伙企业中的财产份额出质的，须经其他合伙人一致同意；未经其他合伙人一致同意，其行为无效，由此给善意第三人造成损失的，由行为人依法承担赔偿责任	第七十二条 有限合伙人可以将其在有限合伙企业中的财产份额出质；但是，合伙协议另有约定的除外	财产份额出质，有可能引起财产份额转让，对普通合伙人的要求较高，对有限合伙人要求较低。这与普通合伙人执行合伙事务、合伙企业"人合性"相关
合伙企业财产份额之偿还合伙人的个人债务	第四十二条 合伙人的自有财产不足清偿其与合伙企业无关的债务的，该合伙人可以以其从合伙企业中分取的收益用于清偿；债权人也可以依法请求人民法院强制执行该合伙人在合伙企业中的财产份额用于清偿。人民法院强制执行合伙人的财产份额时，应当通知全体合伙人，其他合伙人有优先购买权；其他合伙人未购买，又不同意将该财产份额转让给他人的，依照本法第五十一条的规定为该合伙人办理退伙结算，或者办理削减该合伙人相应财产份额的结算	第七十四条 有限合伙人的自有财产不足清偿其与合伙企业无关的债务的，该合伙人可以以其从有限合伙企业中分取的收益用于清偿；债权人也可以依法请求人民法院强制执行该合伙人在有限合伙企业中的财产份额用于清偿。人民法院强制执行有限合伙人的财产份额时，应当通知全体合伙人。在同等条件下，其他合伙人有优先购买权	1.为保证合伙企业财产稳定，轻易不用财产份额还债。2.普通合伙人、有限合伙人的财产份额被强制执行，对合伙企业的影响不同，前者影响"人合性"，如能协商一致，则导致老合伙人退伙，新合伙人入伙；如不能协商一致，只能退伙。这对合伙企业经营规模有影响，不得已而为之。后者不影响"人合性"，尽到通知义务即可
合伙人与合伙企业债务	第三十八条 合伙企业对其债务，应先以其全部财产进行清偿。第三十九条 合伙企业不能清偿到期债务的，合伙人承担无限连带责任。第四十条 合伙人由于承担无限连带责任，清偿数额超过本法第三十三条第一款规定的其亏损分担比例的，有权向其他合伙人追偿	同左栏。有限合伙人在此基础上，承担有限责任	注意合伙企业债务的清偿顺序。合伙企业有独立人格，先由合伙企业偿债，之后再由普通合伙人、有限合伙人按规定承担无限责任、有限责任
合伙人债务	第四十一条 合伙人发生与合伙企业无关的债务，相关债权人不得以其债权抵销其对合伙企业的债务；也不得代位行使合伙人在合伙企业中的权利	同左栏	合伙人债务与合伙企业债权隔离，保护合伙企业财产、经营稳定

续表

对比项目	普通合伙企业	有限合伙企业	区别点或点评意见
入伙	第四十三条 新合伙人入伙，除合伙协议另有约定外，应当经全体合伙人一致同意，并依法订立书面入伙协议。 订立入伙协议时，原合伙人应当向新合伙人如实告知原合伙企业的经营状况和财务状况。 第四十四条 入伙的新合伙人与原合伙人享有同等权利，承担同等责任。入伙协议另有约定的，从其约定。 新合伙人对入伙前合伙企业的债务承担无限连带责任	第七十七条 新入伙的有限合伙人对入伙前有限合伙企业的债务，以其认缴的出资额为限承担责任	1.新合伙人入伙，对此前债务实际上很难分清。因此，普通合伙人不分新旧，一律承担无限连带责任，有限合伙人承担有限责任。 2.老合伙人对新合伙人有告知义务，如未履行此程序，或此程序有瑕疵，可能有后续纠纷。 3.有限合伙人，只分享收益、亏损，不参与管理，承担有限责任
退伙之1：条件和责任	第四十五条 合伙协议约定合伙期限的，在合伙企业存续期间，有下列情形之一的，合伙人可以退伙： （一）合伙协议约定的退伙事由出现； （二）经全体合伙人一致同意； （三）发生合伙人难以继续参加合伙的事由； （四）其他合伙人严重违反合伙协议约定的义务。 第四十六条 合伙协议未约定合伙期限的，合伙人在不给合伙企业事务执行造成不利影响的情况下，可以退伙，但应当提前三十日通知其他合伙人。 第四十七条 合伙人违反本法第四十五条、第四十六条的规定退伙的，应当赔偿由此给合伙企业造成的损失	同左栏	合伙人退伙，应符合约定条件，不符合约定条件的退伙，应承担损失，以此保证合伙企业稳定
退伙之2：当然退伙	第四十八条 合伙人有下列情形之一的，当然退伙： （一）作为合伙人的自然人死亡或者被依法宣告死亡； （二）个人丧失偿债能力；	第七十九条 作为有限合伙人的自然人在有限合伙企业存续期间丧失民事行为能力的，其他合伙人不得因此要求其退伙	由于普通合伙人与有限合伙人对"人合性"影响不同，对发生当然退伙的情形，其处理规定也不同

续表

对比项目	普通合伙企业	有限合伙企业	区别点或点评意见
退伙之2：当然退伙	（三）作为合伙人的法人或者其他组织依法被吊销营业执照、责令关闭、撤销，或者被宣告破产； （四）法律规定或者合伙协议约定合伙人必须具有相关资格而丧失该资格； （五）合伙人在合伙企业中的全部财产份额被人民法院强制执行。 合伙人被依法认定为无民事行为能力人或者限制民事行为能力人的，经其他合伙人一致同意，可以依法转为有限合伙人，普通合伙企业依法转为有限合伙企业。其他合伙人未能一致同意的，该无民事行为能力或者限制民事行为能力的合伙人退伙。 退伙事由实际发生之日为退伙生效日		
退伙之3：除名退伙	第四十九条 合伙人有下列情形之一的，经其他合伙人一致同意，可以决议将其除名： （一）未履行出资义务； （二）因故意或者重大过失给合伙企业造成损失； （三）执行合伙事务时有不正当行为； （四）发生合伙协议约定的事由 对合伙人的除名决议应当书面通知被除名人。被除名人接到除名通知之日，除名生效，被除名人退伙； 被除名人对除名决议有异议的，可以自接到除名通知之日起三十日内，向人民法院起诉	除未履行出资义务外，有限合伙人被除名的情况较少	1.除名退伙相当于"被开除"，注意与当然退伙的区别。 2.有限合伙人不影响"人合性"，犯错概率低。除出资存在瑕疵外，除名退伙的情形较少

续表

对比项目	普通合伙企业	有限合伙企业	区别点或点评意见
退伙之4：合伙人死亡	第五十条 合伙人死亡或者被依法宣告死亡的，对该合伙人在合伙企业中的财产份额享有合法继承权的继承人，按照合伙协议的约定或者经全体合伙人一致同意，从继承开始之日起，取得该合伙企业的合伙人资格。 有下列情形之一的，合伙企业应当向合伙人的继承人退还被继承合伙人的财产份额： （一）继承人不愿意成为合伙人； （二）法律规定或者合伙协议约定合伙人必须具有相关资格，而该继承人未取得该资格； （三）合伙协议约定不能成为合伙人的其他情形。 合伙人的继承人为无民事行为能力人或者限制民事行为能力人的，经全体合伙人一致同意，可以依法成为有限合伙人，普通合伙企业依法转为有限合伙企业。全体合伙人未能一致同意的，合伙企业应当将被继承合伙人的财产份额退还该继承人	第八十条 作为有限合伙人的自然人死亡、被依法宣告死亡或者作为有限合伙人的法人及其他组织终止时，其继承人或者权利受人可以依法取得该有限合伙人在有限合伙企业中的资格	1.普通合伙人的继承人有能力、有意愿的，转为普通合伙人；无能力、无意愿的，退还财产份额。 2.有限合伙人的继承人，可成为新的有限合伙人
退伙之5：财产份额返还和相关责任	第五十一条 合伙人退伙，其他合伙人应当与该退伙人按照退伙时的合伙企业财产状况进行结算，退还退伙人的财产份额。退伙人对给合伙企业造成的损失负有赔偿责任的，相应扣减其应当赔偿的数额。 退伙时有未了结的合伙企业事务的，待该事务了结后进行结算	第八十一条 有限合伙人退伙后，对基于其退伙前的原因发生的有限合伙企业债务，以其退伙时从有限合伙企业中取回的财产承担责任	有限合伙人退伙，只是承担的责任不同，例如，不会分担亏损。其他方面与普通合伙人基本一致

续表

对比项目	普通合伙企业	有限合伙企业	区别点或点评意见
退伙之5：财产份额返还和相关责任	第五十二条 退伙人在合伙企业中财产份额的退还办法，由合伙协议约定或者由全体合伙人决定，可以退还货币，也可以退还实物。 第五十三条 退伙人对基于其退伙前的原因发生的合伙企业债务，承担无限连带责任。 第五十四条 合伙人退伙时，合伙企业财产少于合伙企业债务的，退伙人应当依照本法第三十三条第一款的规定分担亏损		
普通合伙人、有限合伙人的身份转换	第八十二条 除合伙协议另有约定外，普通合伙人转变为有限合伙人，或者有限合伙人转变为普通合伙人，应当经全体合伙人一致同意。 第八十四条 普通合伙人转变为有限合伙人的，对其作为普通合伙人期间合伙企业发生的债务承担无限连带责任	第七十五条 有限合伙企业仅剩有限合伙人的，应当解散；有限合伙企业仅剩普通合伙人的，转为普通合伙企业。 第八十三条 有限合伙人转变为普通合伙人的，对其作为有限合伙人期间有限合伙企业发生的债务承担无限连带责任	1.普通合伙人转为有限合伙人，对之前合伙企业债务承担无限责任，对之后债务则承担有限责任。 2.有限合伙人转为普通合伙人，改为对前后债务均承担无限责任

（四）从合伙事务执行方面对比

合伙事务执行主要指对内经营权、对外缔约权，在合伙人之间体现权责对等原则。一方面，普通合伙人有执行权，承担无限连带责任；有限合伙人无执行权，承担有限责任。另一方面，在普通合伙人之中，如每一合伙人均有执行权，这必然造成低效、矛盾，为此，在合伙人之间有必要建立一种"委托代理"关系，从而进一步提高效率，但委托方对由此带来的盈亏后果要"认账"。但分别执行合伙事务的合伙人之间，不是"委托代理"关系，是分别执行不同的合伙事务，是一种"平行"关系，合伙人之间相互制衡，一旦其他合伙人提出异议，暂停执行此项事务，从而启动新一轮决策机制。具体如表1-5所示（表格中相关条款引用自《合伙企业法》）。

表1-5　　　　普通合伙企业、有限合伙企业事务执行方面对比

对比项目	普通合伙企业	有限合伙企业	区别点或点评意见
合伙企业事务执行权	第二十六条　合伙人对执行合伙事务享有同等的权利。 按照合伙协议的约定或者经全体合伙人决定，可以委托一个或者数个合伙人对外代表合伙企业，执行合伙事务。 作为合伙人的法人、其他组织执行合伙事务的，由其委派的代表执行。 第二十七条　依照本法第二十六条第二款规定委托一个或者数个合伙人执行合伙事务的，其他合伙人不再执行合伙事务。 不执行合伙事务的合伙人有权监督执行事务合伙人执行合伙事务的情况	第六十七条　有限合伙企业由普通合伙人执行合伙事务。执行事务合伙人可以要求在合伙协议中确定执行事务的报酬及报酬提取方式。 第六十八条　有限合伙人不执行合伙事务，不得对外代表有限合伙企业（略，具体规定参见本表最后一栏）	1.与普通合伙企业相比，有限合伙企业并无特殊之处。 2.普通合伙人与有限合伙人之间，在经济上是代理关系，在法律上是一种信托契约关系。但双方建立在信任基础上，这是"人合性"的体现。 3.与公司制企业相比，合伙企业有更高的自治性
执行合伙事务风险归属	第二十八条　由一个或者数个合伙人执行合伙事务的，执行事务合伙人应当定期向其他合伙人报告事务执行情况以及合伙企业的经营和财务状况，其执行合伙事务所产生的收益归合伙企业，所产生的费用和亏损由合伙企业承担。 合伙人为了解合伙企业的经营状况和财务状况，有权查阅合伙企业会计账簿等财务资料	同上栏，并与左栏相同	与普通合伙企业相比，有限合伙企业无特殊之处。不执行合伙事务的合伙人，有监督权

续表

对比项目	普通合伙企业	有限合伙企业	区别点或点评意见
分别执行合伙事务	第二十九条 合伙人分别执行合伙事务的，执行事务合伙人可以对其他合伙人执行的事务提出异议。提出异议时，应当暂停该项事务的执行。如果发生争议，依照本法第三十条规定作出决定。受委托执行合伙事务的合伙人不按照合伙协议或者全体合伙人的决定执行事务的，其他合伙人可以决定撤销该委托	同上栏，并与左栏相同	与普通合伙企业相比，有限合伙企业无特殊之处。"平行"执行合伙事务的合伙人之间，发生争议需暂停被异议的合伙事务，并启动相应决策机制
合伙企业与第三人	第三十七条 合伙企业对合伙人执行合伙事务以及对外代表合伙企业权利的限制，不得对抗善意第三人	第七十六条 第三人有理由相信有限合伙人为普通合伙人并与其交易的，该有限合伙人对该笔交易承担与普通合伙人同样的责任。有限合伙人未经授权以有限合伙企业名义与他人进行交易，给有限合伙企业或者其他合伙人造成损失的，该有限合伙人应当承担赔偿责任	1.保证对外交易相对人的合法利益，保证交易有序。2.有限合伙人如滥用合伙企业名义对外交易，对该笔交易的损失承担无限责任，对合伙企业有赔偿责任
有限合伙人的管理权		第六十八条 有限合伙人不执行合伙事务，不得对外代表有限合伙企业。有限合伙人的下列行为，不视为执行合伙事务： （一）参与决定普通合伙人入伙、退伙； （二）对企业的经营管理提出建议； （三）参与选择承办有限合伙企业审计业务的会计师事务所； （四）获取经审计的有限合伙企业财务会计报告； （五）对涉及自身利益的情况，查阅有限合伙企业财务会计账簿等财务资料； （六）在有限合伙企业中的利益受到侵害时，向有责任的合伙人主张权利或者提起诉讼； （七）执行事务合伙人怠于行使权利时，督促其行使权利或者为了该企业的利益以自己的名义提起诉讼； （八）依法为该企业提供担保	有限合伙人不执行合伙事务，但并非毫无权利，对一些重大事项，仍有相关权利。第六十八条是有限合伙人参与管理事务的"安全港"规则

（五）从同业竞争、关联方交易方面对比

普通合伙人执行合伙事务，存在通过关联方交易、同业竞争谋私、影响合伙企业集体利益的嫌疑，有限合伙人不执行合伙事务，基本上没有谋私空间，《合伙企业法》对普通合伙人、有限合伙人分别作出不同规定。具体如表1-6所示（表格中相关条款引用自《合伙企业法》）。

表1-6　普通合伙企业、有限合伙企业同业竞争、关联交易方面对比

对比项目	普通合伙企业	有限合伙企业	区别点或点评意见
同业竞争和关联交易	第三十二条　合伙人不得自营或者同他人合作经营与本合伙企业相竞争的业务。 除合伙协议另有约定或者经全体合伙人一致同意外，合伙人不得同本合伙企业进行交易。 合伙人不得从事损害本合伙企业利益的活动	第七十条　有限合伙人可以同本有限合伙企业进行交易；但是，合伙协议另有约定的除外。 第七十一条　有限合伙人可以自营或者同他人合作经营与本有限合伙企业相竞争的业务；但是，合伙协议另有约定的除外	1.普通合伙人禁止同业竞争，以此避免其道德风险，让其履行勤勉尽责义务；有限合伙人可以同业竞争，合伙协议可限制。 2.普通合伙人原则上不得关联交易，经批准可以；有限合伙人可关联交易，合伙协议可限制底线：不得从事损害本合伙企业利益的活动

（六）从合伙企业利润分配角度对比

合伙企业的一个最魔幻、最有魅力之处，就是其利润分配比例不等于"出资"比例，这体现了"人合性"特点。一方面，普通合伙人可以"劳务"出资，此处"劳务"可以是特殊技能、某种资源禀赋等，"劳务"价值可能被夸大，存在泡沫。另一方面，利润分配比例不等于"出资"比例，本身就存在利益让渡空间。当然，有限合伙人之间一般按"出资"比例确定利润分配比例，但普通合伙人之间，及其与有限合伙人之间，有可能脱离"出资"比例，另行约定分配比例。具体如表1-7所示（表格中相关条款引用自《合伙企业法》）。

表1-7　普通合伙企业、有限合伙企业领取报酬、利润分配方面对比

对比项目	普通合伙企业	有限合伙企业	区别点或点评意见
提取报酬	第三十五条　被聘任的合伙企业的经营管理人员应当在合伙企业授权范围内履行职务。被聘任的合伙企业的经营管理人员，超越合伙企业授权范围履行职务，或者在履行职务过程中因故意或者重大过失给合伙企业造成损失的，依法承担赔偿责任	第六十七条　有限合伙企业由普通合伙人执行合伙事务。执行事务合伙人可以要求在合伙协议中确定执行事务的报酬及报酬提取方式	普通合伙企业执行事务的合伙人，如领取报酬，应在合伙协议中注明，否则不领报酬
利润分配	第三十三条　合伙企业的利润分配、亏损分担，按照合伙协议的约定办理；合伙协议未约定或者约定不明确的，由合伙人协商决定；协商不成的，由合伙人按照实缴出资比例分配、分担；无法确定出资比例的，由合伙人平均分配、分担。合伙协议不得约定将全部利润分配给部分合伙人或者由部分合伙人承担全部亏损	第六十九条　有限合伙企业不得将全部利润分配给部分合伙人；但是，合伙协议另有约定的除外	1.原则上不得将全部、部分利润分配给部分合伙人。对于投资基金类有限合伙企业，投资回收期长，有可能先对部分有限合伙人分配利益；但不可向部分合伙人分配亏损。2.在私募有限合伙中，利润分配比例由合伙人约定，赋予合伙企业更灵活的激励机制，普通合伙人出资很少，但可分享20%左右的利润。有些普通合伙人在收取一定管理费后，等全部资本收回后，还会提取一定超额收益，即采取"管理费+超额收益"模式

（七）从合伙企业解散清算角度对比

普通合伙企业与有限合伙企业在合伙企业解散清算流程、前期清算中没有本质区别，其最大区别是，普通合伙人对未了结债务负无限连带清偿责任，有限合伙人在清算亏损时，以其出资额为限承担有限责任。此外，在合伙企业存续期间，利润分配比例一般不等于"出资"比例，但在解散

清算时，执行合伙事务的普通合伙人的"劳务"出资，不宜再作为剩余财产分配依据。合伙人之间可以协商约定清算分配比例。具体如表1-8所示（表格中相关条款引用自《合伙企业法》）。

表1-8　　普通合伙企业、有限合伙企业解散清算方面对比

对比项目	普通合伙企业	有限合伙企业	区别点或点评意见
解散清算情形	第八十五条　合伙企业有下列情形之一的，应当解散： （一）合伙期限届满，合伙人决定不再经营； （二）合伙协议约定的解散事由出现； （三）全体合伙人决定解散； （四）合伙人已不具备法定人数满三十天； （五）合伙协议约定的合伙目的已经实现或者无法实现； （六）依法被吊销营业执照、责令关闭或者被撤销； （七）法律、行政法规规定的其他原因		
确定清算人	第八十六条　合伙企业解散，应当由清算人进行清算。清算人由全体合伙人担任；经全体合伙人过半数同意，可以自合伙企业解散事由出现后十五日内指定一个或者数个合伙人，或者委托第三人，担任清算人。 自合伙企业解散事由出现之日起十五日内未确定清算人的，合伙人或者其他利害关系人可以申请人民法院指定清算人		注意清算人的确定流程。合伙企业的解散清算，是合伙人的共同职责。一方面，这是法律、官方要求；另一方面，切割后续责任
清算人职责	第八十七条　清算人在清算期间执行下列事务： （一）清理合伙企业财产，分别编制资产负债表和财产清单； （二）处理与清算有关的合伙企业未了结事务； （三）清缴所欠税款； （四）清理债权、债务； （五）处理合伙企业清偿债务后的剩余财产； （六）代表合伙企业参加诉讼或者仲裁活动		清算的流程、主要事项清单
债权申报	第八十八条　清算人自被确定之日起十日内将合伙企业解散事项通知债权人，并于六十日内在报纸上公告。债权人应当自接到通知书之日起三十日内，未接到通知书的自公告之日起四十五日内，向清算人申报债权。债权人申报债权，应当说明债权的有关事项，并提交证明材料。清算人应当对债权进行登记。 清算期间，合伙企业存续，但不得开展与清算无关的经营活动		申报债权，须提供债权证明，经清算组审核，方有效。 一方面，看有无账外债务；另一方面，未经申报的债权，以后就不认账了，这也是对合伙人的一种保护

续表

对比项目	普通合伙企业	有限合伙企业	区别点或点评意见
清算支付项目、剩余财产的分配	第八十九条　合伙企业财产在支付清算费用和职工工资、社会保险费用、法定补偿金以及缴纳所欠税款、清偿债务后的剩余财产，依照本法第三十三条第一款的规定进行分配		此处规定剩余财产按第三十三条第一款规定分配。实践中，合伙人也可对此重新约定
清算后报告	第九十条　清算结束，清算人应当编制清算报告，经全体合伙人签名、盖章后，在十五日内向企业登记机关报送清算报告，申请办理合伙企业注销登记		保护债权人利益，登记机关发挥适当约束作用
普通合伙人的清算偿还责任	第九十一条　合伙企业注销后，原普通合伙人对合伙企业存续期间的债务仍应承担无限连带责任。第九十二条　合伙企业不能清偿到期债务的，债权人可以依法向人民法院提出破产清算申请，也可以要求普通合伙人清偿。合伙企业依法被宣告破产的，普通合伙人对合伙企业债务仍应承担无限连带责任	以出资额为限，承担有限责任	体会普通合伙人、有限合伙人的不同责任

（八）特殊普通合伙企业

特殊普通合伙企业形式适用于以专业知识、专门技能为客户提供有偿服务的专业服务机构，如会计师事务所、评估师事务所、建筑师事务所等；非专业服务机构不能采取特殊普通合伙企业形式。特殊普通合伙不是有限合伙企业，而是一个普通合伙企业。其精髓是在普通合伙人之中，区分有无过错的合伙人，有过错合伙人带来较大损失，承担无限责任或无限连带责任；无过错合伙人以财产份额为限承担有限责任。有些专业服务机构规模大，合伙人众多，每一项业务相互独立、相互隔离，并有较高专业要求，在承担责任方面不能"连坐"。具体如表1-9所示（表格中相关条款引用自《合伙企业法》）。

表 1-9　　　　　　　　特殊普通合伙企业的主要规定

项目	特殊普通合伙企业	点评意见
什么是特殊普通合伙？	第五十五条　以专业知识和专门技能为客户提供有偿服务的专业服务机构，可以设立为特殊的普通合伙企业。 特殊的普通合伙企业是指合伙人依照本法第五十七条的规定承担责任的普通合伙企业	
特殊普通合伙的责任划分	第五十七条　一个合伙人或者数个合伙人在执业活动中因故意或者重大过失造成合伙企业债务的，应当承担无限责任或者无限连带责任，其他合伙人以其在合伙企业中的财产份额为限承担责任。 合伙人在执业活动中非因故意或者重大过失造成的合伙企业债务以及合伙企业的其他债务，由全体合伙人承担无限连带责任	专业服务机构的每项业务之间比较独立，一项业务由一个或若干个合伙人完成，其他合伙人不参与，合伙人之间的责任划分很清楚。也应分别承担不同责任，不搞"连坐"
有过错者多赔偿	第五十八条　合伙人执业活动中因故意或者重大过失造成的合伙企业债务，以合伙企业财产对外承担责任后，该合伙人应当按照合伙协议的约定对给合伙企业造成的损失承担赔偿责任	
职业风险基金	第五十九条　特殊的普通合伙企业应当建立执业风险基金、办理职业保险。 执业风险基金用于偿付合伙人执业活动造成的债务。执业风险基金应当单独立户管理。具体管理办法由国务院规定	

第二节　合伙企业为什么广受青睐

1997年版《合伙企业法》只设定了普通合伙企业一种形式。普通合伙企业可以算是多个个体户（或个人独资企业）[①]的叠加组合，合伙人承担无限连带责任，这一阶段合伙企业的吸引力和社会影响不大，主要限于一些制造业和咨询服务类企业。2007年版《合伙企业法》借鉴美国、德国、中

---

①　这句话表述为"多个个人独资企业的叠加组合"更合适，但我国《个人独资企业法》于1999年出台，当时尚无个人独资企业。

国台湾等国家和地区经验，在《合伙企业法》中引入"有限合伙企业"概念，将普通合伙人的人力资本与有限合伙人的财务资本结合，实现"人合性"与"资合性"有机融合。有限合伙企业在私募股权基金、创业投资基金、持股平台中得到广泛选择应用。

一、合伙企业在鉴证咨询服务等中介机构中的应用

回顾一下《合伙企业法》对"特殊的普通合伙企业"的规定：

第五十五条　以专业知识和专门技能为客户提供有偿服务的专业服务机构，可以设立为特殊的普通合伙企业。

特殊的普通合伙企业是指合伙人依照本法第五十七条的规定承担责任的普通合伙企业。

特殊的普通合伙企业适用本节规定；本节未作规定的，适用本章第一节至第五节的规定。

第五十七条　一个合伙人或者数个合伙人在执业活动中因故意或者重大过失造成合伙企业债务的，应当承担无限责任或者无限连带责任，其他合伙人以其在合伙企业中的财产份额为限承担责任。

合伙人在执业活动中非因故意或者重大过失造成的合伙企业债务以及合伙企业的其他债务，由全体合伙人承担无限连带责任。

第五十八条　合伙人执业活动中因故意或者重大过失造成的合伙企业债务，以合伙企业财产对外承担责任后，该合伙人应当按照合伙协议的约定对给合伙企业造成的损失承担赔偿责任。

综上所述，"特殊的普通合伙企业"是普通合伙企业中的一种，是为"以专业知识和专门技能为客户提供有偿服务的专业服务机构"进行"私人订制"的一种组织形式。目前，会计师事务所、税务师事务所、评估师

事务所，既存在有限责任公司，也存在合伙企业，其中普华、德勤、安永、毕马威"四大"会计师事务所，按财政部要求改制为"特殊的普通合伙企业"。

《律师法》规定，律师事务所只有合伙企业和个人律师事务所，不允许设立有限责任公司。具体规定如下：

> 第十五条　设立合伙律师事务所，除应当符合本法第十四条规定的条件外，还应当有三名以上合伙人，设立人应当是具有三年以上执业经历的律师。
>
> 合伙律师事务所可以采用普通合伙或者特殊的普通合伙形式设立。合伙律师事务所的合伙人按照合伙形式对该律师事务所的债务依法承担责任。
>
> 第十六条　设立个人律师事务所，除应当符合本法第十四条规定的条件外，设立人还应当是具有五年以上执业经历的律师。设立人对律师事务所的债务承担无限责任。

注册会计师、税务师、律师、评估师等鉴证中介从业者在社会经济运行中地位特殊、责任重大，其机构出具的鉴证意见可视为对被服务单位"盖章"，相当于"经济警察"。广大中小投资者看不懂财务报表，不了解投资机会的可信度和风险，不掌握交易对象的实际估值，只能依赖会计师、税务师、律师、评估师等出具的中介鉴证意见作为判断决策依据。这些鉴证意见应当是客观公正的，不能有误导误读遗漏等问题，特别是在企业并购重组、上市融资、债券发行、破产重整、重大交易、司法裁定鉴定等业务中，交易金额较大，涉及交易双方切身利益以及社会公共利益，收益与风险并存，有的投资者还加了杠杆，这些中介机构的鉴证意见的影响很大。最近，财政部、证监会处理某些企业上市融资过程中的造假行为，除责令相关企业退市、赔偿损失，对相关人员罚款外，还对相关会计师事务所的纵容、默许等行为予以重罚，责令在一定期限内暂停业务，遭此处罚的中介机构基本上只有"关门"一条路了。

鉴证中介机构在社会经济发展和重大交易中责任重大、作用突出，让其选择普通合伙企业形式，就是让合伙人为其"一时冲动""把关不严""流程不规范""重大遗漏""利令智昏"，以及为了中介费、咨询费而对造假行为"睁一只眼，闭一只眼"的行为承担无限或无限连带责任。

"特殊的普通合伙企业"是《合伙企业法》对"以专业知识和专门技能为客户提供有偿服务的专业服务机构"的发明创造和责任分割。如果让没有过错的合伙人一并承担无限责任，一方面不公平，另一方面风险大于收益，就会从根基上影响此类合伙企业的发展。以会计师事务所为例，大的会计师事务所在各地设有分所，其合伙人有的达到一二千人，各有其不同的业务条线；有的合伙人之间并不熟识；各专业条线相对独立，每条业务线都由专门的合伙人带队实施，各业务线的利益和风险也相对独立。在此情况下，某一合伙人犯错，不应当让其他无关合伙人"连坐"，这样不利于合伙企业本身的稳定，对其他合伙人也是一种伤害。为此，《合伙企业法》设计了"特殊的普通合伙企业"，与一般的普通合伙企业在承担责任方面有所区别。一方面，让因故意、重大过失造成损失的合伙人承担无限责任或无限连带责任，让无过错的合伙人承担有限责任，即有限"背锅"；另一方面，对非因故意、重大过失造成损失的，建立容错机制，由全体合伙人承担无限连带责任。

二、有限合伙企业在私募股权基金、创业投资基金、持股平台等领域中颇受青睐

私募股权基金、创业投资基金、持股平台等投资期限较长、投资额度大，只能盯住少数特定投资者，"圈子小、门槛高"，不能公开募资，否则有"非法集资"嫌疑。当然，也尽量不选择契约型基金，因为契约型基金"没人、没机构"，只是一个银行账号，或者说只能算一个投资产品。对于拟上市企业，如其股东中存在契约型基金，或以信托产品为持股人，证监会往往不同意其上市，让其重新整理股东架构，全部置换为实体股东。这样，私募股权投资基金、创业投资基金、持股平台等必须在有限合伙企业、有限责任公司中选择其一作为组织形式，以便对外签订合同、履行交易、享受或承担相应权责。

（一）有限合伙企业架构能够保证发起人、普通合伙人掌握控制权

在有限合伙架构下，私募股权投资基金、创业投资基金的发起人、大股东往往充当普通合伙人，或者由发起人、大股东控制的有限责任公司充当普通合伙人；有限合伙持股平台企业，更多作为拟上市企业的股权激励持股平台，由拟上市企业的大股东、实控人为普通合伙人，高管和核心技术人员为有限合伙人。上述架构的好处是，发起人、大股东、实控人能牢牢控制私募股权投资基金、创业投资基金、有限合伙持股平台的决策权、投票权，决定合同签订、投资项目推进、利润分配、项目退出、解散清算等重大事项。

在有限合伙架构下，有限合伙人只是财务投资者，没有执行合伙事务的权力。反之，如果采取公司制架构，那就要按出资额、"一股一票"，发起人、大股东、实控人在其中不一定说了算数。

（二）有限合伙企业架构是普通合伙人的人力、智力与有限合伙人的财力相结合的组织形式，有利于发挥各自优势

在有限合伙企业中，普通合伙人可以劳务出资。此处"劳务"含义很广，既包括管理能力、特殊技能、协调能力、投资理财的对接落地能力，也包括政商关系、人脉资源等。有限合伙人主要是财务投资者，重点关注投资的安全和收益的稳定。普通合伙人的职责就是把有限合伙人的钱管好，选择合适项目，保证收益率并向有限合伙人分配；有限合伙人的职责是按合伙协议及时出资。

（三）有限合伙企业架构是一个开放的融资机制

按照《合伙企业法》《私募投资基金监督管理暂行办法》（证监会令第105号）规定，有限合伙企业的合伙人为2至50人，其中至少1名普通合伙人，意味着最多可以有49名有限合伙人。同时，《私募投资基金监督管理

暂行办法》对合格投资者（有限合伙人）作出规定：

第十二条 私募基金的合格投资者是指具备相应风险识别能力和风险承担能力，投资于单只私募基金的金额不低于100万元且符合下列相关标准的单位和个人：

（一）净资产不低于1 000万元的单位；

（二）金融资产不低于300万元或者最近三年个人年均收入不低于50万元的个人。

前款所称金融资产包括银行存款、股票、债券、基金份额、资产管理计划、银行理财产品、信托计划、保险产品、期货权益等。

"开放性"融资机制主要体现：普通合伙人办一家有限合伙企业A，可以吸引49名"金主"，可以横向再办一家有限合伙企业B，可以吸引另外49名"金主"，有限合伙企业A、有限合伙企业B均可在普通合伙人的控制之下，集中投资某一项目或多个项目，加之这些"金主"多为"大富"之人，在投资人数、投资金额方面有较大的开放性。

（四）有限合伙企业的管理机制较为灵活

与有限公司相比，有限合伙企业的管理机制更为灵活。如公司制企业需设立股东大会、董事会、监事会等管理机构，有其完整的内部决策机制。对规模较大的公司而言，完善的内部治理可以控制风险，一切按流程办，但也会造成低效率、内部"扯皮"，以及相应运行成本。而在有限合伙企业中，每一普通合伙人理论上都有管理权，但为提高效率，可以委托一名或数名普通合伙人执行合伙事务，其他合伙人行使监督权。《合伙企业法》对合伙企业的管理机构未作规定，可由合伙协议统一决定，也可由合伙人协商，其管理机构、管理模式可以自行设计。特别是合伙制私募基金等，主要任务是"募、投、管、退"，平时没多少日常工作，对投资项目、规模、时间、方式，以及退出方式，有的可由普通合伙人（本身可能是某一企业，或其实控人、大股东等及相关团队）与被投资企业协商。被投资企业能够上市的，皆大欢喜；对不能上市的，可能也有一些担保、质押、回购等条款，基本能保障相对收益。

需要说明的是，《合伙企业法》规定：

> 第三条　国有独资公司、国有企业、上市公司以及公益性的事业单位、社会团体不得成为普通合伙人。

上述条款未限制其他企业成为普通合伙人，存在制度"漏洞"。在有些私募股权投资企业中，为规避普通合伙人的无限连带责任，不设自然人合伙人，由发起人、实控人出面，或委托相关人员设立有限公司、有限合伙企业充当普通合伙人，让有限公司承担无限责任，导致"无限连带责任"落空。对此，建议下一步修改《合伙企业法》，明确不论普通合伙企业，还是有限合伙企业，均应有至少一名自然人普通合伙人。当然，"规定是死的，人是活的"，如发起人、实控人可以通过私下利益让渡协议，让一个"穷兄弟"充当普通合伙人，实际上也能对冲无限连带责任。

（五）有限合伙企业的分配机制较为灵活

本章第一节介绍《合伙企业法》时，已介绍合伙企业的利润分配机制。重温一下《合伙企业法》的相关规定：

> 第三十三条　合伙企业的利润分配、亏损分担，按照合伙协议的约定办理；合伙协议未约定或者约定不明确的，由合伙人协商决定；协商不成的，由合伙人按照实缴出资比例分配、分担；无法确定出资比例的，由合伙人平均分配、分担。
>
> 合伙协议不得约定将全部利润分配给部分合伙人或者由部分合伙人承担全部亏损。
>
> 第六十九条　有限合伙企业不得将全部利润分配给部分合伙人；但是，合伙协议另有约定的除外。

上述条款说明：

其一，合伙企业的利润分配比例，不是完全按照出资比例确定，普通合伙人的分配比例往往高于其实际出资比例，但有限合伙人之间基本按照出资比例确定利润分配比例。这样处理，既考虑普通合伙人的特殊贡献，又保证有限合伙人之间的利益公平。

其二，合伙协议在合伙企业中具有尊崇地位，是基石性文件，相当于"小宪法"。合伙协议约定的分配比例是有效的，如未作约定，法律再给一次协商机会；如协商不成，只能按合伙人的出资比例分配。

笔者提示，在合伙企业解散清算时，剩余财产也按照《合伙企业法》第三十三条规定分配。如果普通合伙人出资很少，但利润分配比例较大，意味着在合伙企业持续经营期间，主要依赖普通合伙人的"超能力"；那么合伙企业清算时，大家已经决定"不干了"，还有没有必要再给普通合伙人多分剩余财产？对此，应在合伙协议中作出约定，或者届时由合伙人再协商确定。

其三，普通合伙企业不能将全部利润分配给部分合伙人，或由部分合伙人承担全部亏损。

有限合伙企业基本遵循这一规定，但合伙协议另有约定的除外。这实际上给有限合伙企业"留一个口子"。在私募股权投资、创业投资中，投资期限较长，普通合伙人可以有一些管理报酬，而有限合伙人很长时间内没有收入，有的合伙协议就约定，在投资项目初见收益的前几年，优先向有限合伙人分配，让其退出，后续普通合伙人最后收尾并承担无限责任。对有限合伙企业而言，上述条款是在一定情况下，可以先将利益更多地向有限合伙人分配，并不意味着部分合伙人可以承担全部亏损。

（六）合伙企业的合伙人，只缴一道所得税，税负不算高

公司制企业，除公司层面按规定缴纳一道25%（一般情况下）企业所得税外，公司向个人投资者分配利润，还需按"利息、股息、红利所得"项目，再缴一道20%的个人所得税，理论税负为40%［25%+（1-25%）×20%］。

对合伙企业的税收问题,《合伙企业法》规定:

第六条　合伙企业的生产经营所得和其他所得,按照国家有关税收规定,由合伙人分别缴纳所得税。

1997年,我国《合伙企业法》首次立法,1999年,《个人独资企业法》首次立法,为规范合伙企业、个人独资企业的所得税问题,《国务院关于个人独资企业和合伙企业征收所得税问题的通知》(国发〔2000〕16号)规定:

为公平税负,支持和鼓励个人投资兴办企业,促进国民经济持续、快速、健康发展,国务院决定,自2000年1月1日起,对个人独资企业和合伙企业停止征收企业所得税,其投资者的生产经营所得,比照个体工商户的生产、经营所得征收个人所得税。具体税收政策的征收办法由国家财税主管部门另行制定。

对合伙企业、个人独资企业本身不征收企业所得税,只对其合伙人、投资者征收所得税。如其投资者为自然人,按照经营所得项目,适用5%至35%超额累进税率,征收一道个人所得税。此时,《合伙企业法》还未创设"有限合伙企业"。

对合伙企业的所得税问题,将在以后章节详细介绍。

第 二 篇
合伙企业所得税问题的基本规则

本篇从合伙企业的设立、运营、利润分配、合伙份额转让、优惠政策、解散清算、税收征管等不同层面介绍合伙企业及其合伙人涉及的企业所得税、个人所得税政策及管理，意在帮助读者构建合伙企业所得税政策框架体系、基本规则的宏观认知。第三篇主要讲述特殊的普通合伙企业和投资类合伙企业、私募基金等企业的具体纳税问题。本篇是第三篇合伙企业具体所得税问题的知识基础。

与法人企业的企业所得税政策体系相比，合伙企业的所得税政策体系和规则还不够完善，有些问题暂无明确政策规定，让征纳双方既无所适从，又随意而为，这增加了写书之难度，又使合伙企业所得税问题成为一个充满魅力、有变数的事情，此时更需对所得税政策原理有一个基本的、有逻辑的底线把握。

合伙企业设立涉及的所得税问题

第一节　个人设立合伙企业的所得税问题

2019年，我国个人所得税改革建立综合与分类相结合的税制模式，改革后的个人所得税法，包括三类所得：

一是综合所得。包括工资薪金所得、劳务报酬所得、稿酬所得、特许权使用费所得，适用3%至45%的超额累进税率。综合所得平时预扣预缴税款，次年3月1日至6月30日办理汇算清缴，多退少补。

二是经营所得。采取综合算税方法，对其全年所得汇总计算，又称"分类综合所得"。其纳税人主要包括个体户业主、个人独资企业投资者、合伙企业的个人合伙人，按其从该3类经营实体中获取或"先分"所得，适用5%至35%的超额累进税率，平时预缴税款，次年3月31日前办理汇算清缴，多退少补。

三是分类所得。包括利息股息红利所得、财产租赁所得、财产转让所得、偶然所得，适用20%税率，由扣缴义务人按月按次扣缴税款，无汇算清缴补退税机制。

个人与其他合伙人联合投资设立合伙企业的情形较多。个人主要以个人或家庭财产投资到合伙企业，换取合伙企业财产份额。此种情形属于上述分类所得项下的"财产转让所得"，应按20%税率核算是否缴纳个税。对相关所得税问题分述如下：

一、个人以现金资产、劳务出资，不缴纳个人所得税

（一）个人以现金资产出资设立合伙企业

个人以现金资产出资设立合伙企业，将所持现金投资到合伙企业，转变为持有合伙企业财产份额，将现金转换为财产份额。这一投资行为，现金资产未增值，个人无所得，不征收个人所得税。

（二）个人以"劳务"出资设立合伙企业

经合伙协议约定，或其他合伙人一致同意，普通合伙人可以"劳务"出资，有限合伙人不得以"劳务"出资。此处"劳务"实际上指个人合伙人特殊的无形资产，但不属于会计核算意义上的无形资产。如个人特殊才能、专业技能、管理销售才能、所掌控的特殊资源、沟通协调能力、人脉关系等，经其他合伙人一致同意，可作为"劳务"出资。对"劳务"出资的估值，有较大主观性、不确定性，难以科学评估，在个别"伯乐"眼中价值连城，在其他人眼中一文不值。允许个人普通合伙人以"劳务"出资，恰恰反映了合伙企业"人合性"特征，为减少争议，对个人普通合伙人"劳务"价值的确定，应当由其他合伙人协商一致。

需要说明的是：一是允许以"劳务"出资的，仅限于个人普通合伙人，法人企业担任普通合伙人，不得以"劳务"出资。二是据以出资的"劳务"，与个人普通合伙人深度绑定、不可分割，个人"劳务"出资仅作为合伙企业存续期间的利润分配依据，但其无法编入资产负债表，即在资产负债表中的出资体现为0。以"劳务"出资的个人普通合伙人退伙，因其对合伙企业"不再有用"，难以据此分回财产份额；合伙企业解散清算，该个人普通合伙人也不能据此分配剩余财产。

个人以"劳务"出资设立合伙企业，表明其未来将为合伙企业作贡献，不属于现实"劳务"服务，也不属于非货币性资产，更不属于会计概念上的无形资产，未列入个税征税范围。对个人以"劳务"出资，无法计算缴纳个人所得税。

二、个人以非货币性资产出资设立合伙企业，需要视同销售，对非货币性资产的增值部分计算缴纳个人所得税

实践中，个人设立合伙企业，多为会计师、律师、税务师、评估师、咨询鉴证等专业服务类合伙企业，以及私募股权投资基金等，更多以现金资产出资，以非货币性资产出资的很少。从写书角度需详细列举各种情形，故对此予以介绍。

（一）个税法实际上承认，并自觉不自觉地应用视同销售规则

目前，《个人所得税法》及其实施条例未明确规定视同销售原则，但在个税部分税收政策和日常征管中，又引入了视同销售原则。主要原因：

其一，《个人所得税法》及其实施条例的政策体系不够完整，有些问题暂无全面规定。意思是说，税法没有规定视同销售条款，不意味个税政策不能适用视同销售原则。

其二，"资产所有权转移"是增值税、企业所得税、土地增值税等视同销售的一般规则，也是流转税、所得税类的通行的税法精神，国外个税法基本也有视同销售的规定。看一下《个人所得税法实施条例》规定：

> 第八条 个人所得的形式，包括现金、实物、有价证券和其他形式的经济利益；所得为实物的，应当按照取得的凭证上所注明的价格计算应纳税所得额，无凭证的实物或者凭证上所注明的价格明显偏低的，参照市场价格核定应纳税所得额；所得为有价证券的，根据票面价格和市场价格核定应纳税所得额；所得为其他形式的经济利益的，参照市场价格核定应纳税所得额。

上述条款表明，应税所得形式很广，肯定包括股权形式所得。言外之意，个人以非货币性资产换取股权类所得，对换取股权类所得的此项交易所得是要征税的，而此项拟征税的交易所得，正是建立在视同销售基础之上，这从侧面承认了视同销售规则。

其三，视同销售规则是公平税负和反避税的一个利器，《个人所得税法》离不开视同销售规则。增值税、企业所得税、土地增值税等交易类税法均有视同销售条款，就是对"非交易外形"的业务往来按其"交易实质内核"视同正常交易，以此确认税收义务，保证纳税人不论采用"交易外壳"，还是回避"交易外壳"，只要引起资产所有权转移的利益让渡，均比照交易处理。以此实现公平税负和反避税。

在视同销售的框架精神之下，个税对个人家庭、婚姻、捐赠等范围内的"资产所有权转移"进行税收递延或无限递延，这不是免税。为便于人民群众理解，税收宣传时解释为免税，但其实属于税收递延。例如，父亲将房子送给子女，个税方面是免税的，但该房子的计税基础仍为父亲购置房子的价款和相关税费之和，如果子女对房子只是居住，不再触发纳税义务，税收无限递延；如果子女将房屋再出售，其计税成本即为父亲原来发生的成本，加上子女对该房屋新投入的支出，这其实是一项税收递延。

有了上述铺垫后，我们看一下《财政部 国家税务总局关于个人非货币性资产投资有关个人所得税政策的通知》（财税〔2015〕41号）相关规定如下：

> 为进一步鼓励和引导民间个人投资，经国务院批准，将在上海自由贸易试验区试点的个人非货币性资产投资分期缴税政策推广至全国。现就个人非货币性资产投资有关个人所得税政策通知如下：
>
> 一、个人以非货币性资产投资，属于个人转让非货币性资产和投资同时发生。对个人转让非货币性资产的所得，应按照"财产转让所得"项目，依法计算缴纳个人所得税。

二、个人以非货币性资产投资，应按评估后的公允价值确认非货币性资产转让收入。非货币性资产转让收入减除该资产原值及合理税费后的余额为应纳税所得额。

个人以非货币性资产投资，应于非货币性资产转让、取得被投资企业股权时，确认非货币性资产转让收入的实现。

三、个人应在发生上述应税行为的次月15日内向主管税务机关申报纳税。

纳税人一次性缴税有困难的，可合理确定分期缴纳计划并报主管税务机关备案后，自发生上述应税行为之日起不超过5个公历年度内（含）分期缴纳个人所得税。

四、个人以非货币性资产投资交易过程中取得现金补价的，现金部分应优先用于缴税；现金不足以缴纳的部分，可分期缴纳。

个人在分期缴税期间转让其持有的上述全部或部分股权，并取得现金收入的，该现金收入应优先用于缴纳尚未缴清的税款。

（二）个人以非货币性资产对合伙企业投资，换取合伙企业财产份额的个税处理

财税〔2015〕41号文件规定的是个人以非货币性资产对外投资换取法人企业股权，需要征税，但可分五年缴税。同理，个人以非货币性资产对外投资换取合伙企业财产份额，也是需要分解为"出售资产"+"再投资"两个动作，计算征收个税的。由于《个人所得税法》对不同的非货币性资产转让的征税规定有所不同，对于各类不同非货币性资产，其对外投资征税的规定也有所差异。

笔者整理了个人以非货币性资产对外投资适用的个税政策对比表。具体如表2-1所示。

表2-1　个人以非货币性资产投资设立合伙企业的个税规定对比

资产类型	视同销售	税收规定	实际操作及点评
个人以货物对外投资	是	一般货物未列入个税"财产转让所得"的财产范畴，不征个税	不征个税。个人一般以其现有货物对外投资，而且必须是合伙企业所需，并征得其他合伙人同意
个人以机器设备对外投资	是	机器设备属于个税"财产转让所得"的财产范畴，应计算个税	一般征不到个税。个人多以旧机器设备投资，合伙企业认定的出资额一般低于原购置价款，未增值，亦无个税
个人以住房对外投资	是	住房属于个税"财产转让所得"的财产范畴。计税方法有二：一是按合伙企业确认的投资"出资额"（相当于转让收入）减去该住房计税成本、相关税费后的余额，为应纳税所得额，按20%税率计算个税 二是对于不提供房产原值，相关部门亦无法查询房产原值的，可按合伙企业确认的投资"出资额"（相当于转让收入）核定个税，征收率为1%至3%。 税收优惠：对家庭自用五年以上唯一住房对外投资，可以免征个税	1.实践中，很多省市采取核定征税方法。过去20年来，我国住房增值较多，如按规定征税，税负过重，征纳矛盾过大。 2.个人住房投资难以享受"五年唯一"的免税政策。主要原因是个人投资后，家人住在哪里
个人以住房以外的不动产对外投资	是	基本同上栏，但无税收优惠	1.税务局一般不核定征税，除非个人拒不提供财产原值，税务局穷尽相关方法后仍难以查询原值的，也可采取核定征税方法。 2.根据财税〔2015〕41号文件规定，对一次性缴税有困难的，可以分5年缴税
个人以非上市企业股权对外投资	是	非上市企业股权属于个税"财产转让所得"的财产范畴。计税方法：按合伙企业确认的投资"出资额"（相当于转让收入）减去非上市企业股权的计税成本、相关税费后的余额，为应纳税所得额，按20%税率计算个税	根据财税〔2015〕41号文件规定，对一次性缴税有困难的，可以分5年缴税

续表

资产类型	视同销售	税收规定	实际操作及点评
个人以上市公司股票对外投资	是	1.个人转让上市公司流通股，免征个税。实践中以流通股投资的情形不多，个人卖股票后以现金投资更方便，涉税问题更少。 2.个人以所持限售股票对外投资，此时暂难办理股票过户，待股票解禁后，个人按限售股征税规定，按"财产转让所得"项目，适用20%税率计算个税	对以限售股票对外投资，解禁后个人有现金收入，不享受5年分期缴税规定
个人以合伙企业财产份额对外投资	是	合伙企业财产份额属于个税"财产转让所得"财产范畴。计税方法：按合伙企业确认的投资"出资额"（相当于转让收入）减去其在原合伙企业的"出资额"（在原合伙企业的财产份额）的余额，为应纳税所得额，按20%税率计算个税	1.相当于原合伙企业，增加一个合伙企业身份的合伙人，即多层合伙嵌套架构。需经原合伙企业、新设立合伙企业的合伙人协商一致。 2.参照财税〔2015〕41号文件规定，对一次性缴税有困难的，可以分5年缴税
个人以技术成果对外投资	是	《财政部 国家税务总局关于完善股权激励和技术入股有关所得税政策的通知》（财税〔2016〕101号）第三条规定： 1.企业或个人以技术成果投资入股到境内居民企业，被投资企业支付的对价全部为股票（权）的，企业或个人可选择继续按现行有关税收政策执行，也可选择适用递延纳税优惠政策。 选择技术成果投资入股递延纳税政策的，经向主管税务机关备案，投资入股当期可暂不纳税，允许递延至转让股权时，按股权转让收入减去技术成果原值和合理税费后的差额计算缴纳所得税。 2.企业或个人选择适用上述任一项政策，均允许被投资企业按技术成果投资入股时的评估值入账并在企业所得税前摊销扣除。 3.技术成果是指专利技术（含国防专利）、计算机软件著作权、集成电路布图设计专有权、植物新品种权、生物医药新品种，以及科技部、财政部、国家税务总局确定的其他技术成果。 4.技术成果投资入股，是指纳税人将技术成果所有权让渡给被投资企业、取得该企业股票（权）的行为	个人可以选择： 1.当期缴税，不递延； 2.按财税〔2015〕41号文件规定，一次性缴税有困难的，可以分5年缴税； 3.按左栏规定，长期递延

（三）相关税收政策完善建议

1. 个人以非货币性资产对外投资设立合伙企业，换取合伙企业财产份额，暂无钱缴税的，建议亦在5年内分期缴税

表2-1中，对个人以非货币性资产投资设立合伙企业换取合伙企业份额，对个人一次缴税有困难的，比照财税〔2015〕41号文件在5年内分期缴税。实际上，财税〔2015〕41号文件适用范围暂不包括个人以非货币性资产对外投资换取合伙企业财产份额的情形。

这表明，我国合伙企业税收政策还不够完善，有关部门可以适时"打补丁"明确此项政策。一方面，有利于公平税负，支持合伙企业发展；另一方面，在税收政策暂不明确情况下，个人以非货币性资产投资合伙企业，暂时确无现金流，不宜强迫个人贷款缴税，也不宜让个人"从兜里另外掏钱缴税"，这不符合税收原理。基层税务局、审计部门对个人以非货币性资产投资设立合伙企业暂无现金缴税的，建议适当宽容，个人如在5年内完税，未引起税收流失，不算"大过"。

2. 个人以非货币性资产对外投资换取上市公司股票，分5年缴税，遇到股票大幅贬值，能不能豁免后续纳税义务

对个人以非货币性资产投资设立非上市企业，该企业不论是否上市，一般发生股权大幅贬值的情况不多。实践中有些非上市企业老板，其所办企业被上市公司收购，上市公司除向原老板支付一定现金外，更多以股票支付。此类股票多规定3年左右限售期，并授权原老板继续经营企业。原老板的身份发生变化，由老板变成职业经理人，或持有一定限售股的"打工人"。3年限售期满后，其所持上市公司股票有的大幅贬值，此时有的纳税人"卖股票的钱"可能不够缴税的。

财税〔2015〕41号文件上述分期缴税政策，是一项税额递延，不是税基递延。虽然分5年缴税，但在金税四期中记载的是纳税人欠缴实际税款，这笔欠税在现行政策框架下"抹不掉"。财税〔2015〕41号文件出台时，我国股票市场还在高歌猛进，未想到近几年跌得有点惨。建议对上述欠税确实不宜直接豁免，但如果纳税人把上述投资换取的上市公司股票全都卖了，能缴多少缴多少；如果还不够缴税的，建议给一个豁免，不宜逼着纳税人贷款缴税，以免滋生社会问题。

第二节 法人企业设立合伙企业的所得税问题

根据《合伙企业法》规定，法人企业可以与其他合伙人共同投资设立合伙企业，法人企业既可担当普通合伙人，也可成为有限合伙人。法人企业以其资产对外投资，将涉及企业所得税问题。本节先简要介绍企业所得税相关核算规定，再介绍法人企业投资设立合伙企业的纳税问题。

一、企业所得税的核算规定

（一）企业所得税基本规定

我国企业所得税全面建立法人税制，以企业利润为征税对象，纳税人包括居民企业和非居民企业。

其中：居民企业是按中国法律在中国境内设立的企业。对于依照外国法律在境外成立（注册地在境外，但实际管理机构和主要经营活动在境内），经企业申请或税务局依职权，也可认定为境外注册的居民企业。

居民企业需就其全球所得在境内申报纳税，适用25%税率，符合规定条件的可以享受优惠政策。对其境内所得按月或按季在中国境内预缴税款，次年5月底前，将其境内所得、境外所得在中国境内汇算清缴申报，多退少补。在此过程中，其境外所得及其境外已纳税额，在境内同步办理汇算清缴和税收抵免。

非居民企业包括两种情形：

其一，在中国境内设立机构、场所的（不具有法人资格的分支机构），应当就其所设机构、场所取得的来源于中国境内的所得，以及发生在中国境外但与其所设境内机构、场所有实际联系的所得，缴纳企业所得税，比照一个独立市场主体，适用25%税率。

其二，非居民企业在中国境内未设立机构、场所的，或者虽设立机构、场所但取得的所得与其所设境内机构、场所没有实际联系的，仅就其来源于中国境内的所得缴纳企业所得税，又称预提所得税。主要指股息、利息所得，财产转让所得，特许权使用费所得等。法定税率20%，《企业所得税法实施条例》对其减半征收，按10%扣缴税款。

（二）应纳税所得额核算的简要规定

应纳税所得额是企业所得税的计税依据，相当于会计核算的利润总额，企业所得税就是对会计利润征税，会计利润中归属于国家和企业之间的分配比率，就是税率。

税法规定，企业每一纳税年度的收入总额，减除不征税收入、免税收入、各项扣除以及允许弥补的以前年度亏损后的余额，为应纳税所得额。

从上述规定看，应纳税所得额的核算与会计利润计算公式、核算流程是基本一致或"神似"的。为体现税收政策调节作用，体现政府支持鼓励、限制禁止等意图，税法对企业的收入、成本、费用、损失、税金等规定了确认标准和税前扣除项目及规则。如资产损失、工资薪金支出、职工福利费、工会经费、职工教育经费、业务招待费、广告和业务宣传费、佣金支出、借款利息、关联方交易、社会保险费、补充保险费、住房公积金、商业保险费、公益性捐赠支出等，均规定了扣除标准。

在上述税收政策宏观框架下，为降低企业财税核算的遵从成本，现行企业所得税的纳税申报表借用、分享、共用企业会计核算成果。一方面，税法未要求企业建立专门的所得税核算体系，而是在其会计核算基础上，以会计利润总额为起点，对其收入、成本、费用、损失、税金等项目经"纳税调整"核算出应纳税所得额，降低了企业的遵从成本；另一方面，税法核算借用会计核算成果，便于协同财政、金融等部门加强财经纪律监管，规范会计信息质量，保护中小投资者的利益。

（三）享受税收优惠

为体现国家政策，税法规定了若干税收优惠政策。企业所得税是优惠政策最多、优惠方式最多、优惠力度最大的税种。企业所得税优惠政策，既包括税基类优惠（免税收入、减计收入、加计扣除、创业投资抵扣等），也包括税率类优惠（如高新技术企业、西部大开发企业适用15%税率，比正常税率低10%；小型微利企业减按5%税率；公共基础设施等项目所得"三免三减半"；涉农项目所得免税或减半征税；软件、集成电路企业等"二免三减半""十免"，对重点软件企业按10%征税等多项优惠），还包括税额类优惠（如购置环保、节能节水等设备按其购置金额的10%抵减应纳税额，按安置就业人员的人数定额减免应纳税额等）。

上述优惠政策均规定了相关政策条件、享受资格，享受优惠政策的办理流程等，由纳税人自行申报享受、相关资料留存备查。

（四）企业所得税的征管

居民企业按季度、月份，以其实际利润预缴税款，年度终了后5个月内办理汇算清缴，多退少补。非居民企业在中国境内设立机构、场所的，比照居民企业的纳税规定处理。

对居民企业在境内设立多层级分支机构的，由总机构统一汇总纳税。其中50%税款在总机构所在地缴纳，50%税款由各二级分支机构按"销售收入、工资数额、资产数额"三因素分配税款，就地入库，年终汇算清缴时，亦按三因素法确定在各地缴纳的税款。三级及以下分支机构的所得税问题，由二级分支机构统一处理。

非居民企业在中国境内未设立机构、场所的，对其取得的利息、股息、财产转让所得、特许权使用费等所得，由支付单位按10%扣缴税款。

二、法人企业投资设立合伙企业的所得税核算

（一）法人企业以非货币性资产投资设立合伙企业，换取合伙企业财产份额，应当视同销售

根据《合伙企业法》规定，法人企业可用现金资产、非货币性资产对

外投资，但不得以"劳务"出资。国有独资公司、国有企业、上市公司以及公益性的事业单位、社会团体不得成为普通合伙人，但可成为有限合伙人；其他企业可以成为普通合伙人或有限合伙人。

法人企业以现金资产出资，往往"有多少现金，换多少股权"，这一过程中没有增值行为，也就没有所得，不征收企业所得税。本章第一节已介绍个人以现金出资不征收所得税，法人企业与此相同，不再赘述。

法人企业以非货币性资产对外投资设立合伙企业，换取合伙企业财产份额，实际上应分解为转让非货币性资产、再投资两个行为。此处转让非货币性资产涉及非货币性资产的增值行为，即溢价，这是征收所得税的经济基础；再投资行为本身不涉税，但这一过程发生"资产所有权转移"，应当视同销售。此处视同销售确认的增值，就是第一个行为——非货币性资产转让过程中的"溢价"。

《企业所得税法实施条例》规定如下：

> 第二十五条 企业发生非货币性资产交换，以及将货物、财产、劳务用于捐赠、偿债、赞助、集资、广告、样品、职工福利或者利润分配等用途的，应当视同销售货物、转让财产或者提供劳务，但国务院财政、税务主管部门另有规定的除外。

以非货币性资产对外投资，相当于上述条款中的"非货币性资产交换"，即用非货币性资产换取股权，或合伙企业的财产份额。

（二）法人企业以非货币性资产对外投资，换取合伙企业财产份额的处理

1. 法人企业以非货币性资产对外投资换取股权，可以递延纳税

《财政部 国家税务总局关于非货币性资产投资企业所得税政策问题的通知》（财税〔2014〕116号）对企业以非货币性资产对外投资换取股权，规定如下：

一、居民企业（以下简称企业）以非货币性资产对外投资确认的非货币性资产转让所得，可在不超过5年期限内，分期均匀计入相应年度的应纳税所得额，按规定计算缴纳企业所得税。

二、企业以非货币性资产对外投资，应对非货币性资产进行评估并按评估后的公允价值扣除计税基础后的余额，计算确认非货币性资产转让所得。

企业以非货币性资产对外投资，应于投资协议生效并办理股权登记手续时，确认非货币性资产转让收入的实现。

三、企业以非货币性资产对外投资而取得被投资企业的股权，应以非货币性资产的原计税成本为计税基础，加上每年确认的非货币性资产转让所得，逐年进行调整。

被投资企业取得非货币性资产的计税基础，应按非货币性资产的公允价值确定。

四、企业在对外投资5年内转让上述股权或投资收回的，应停止执行递延纳税政策，并就递延期内尚未确认的非货币性资产转让所得，在转让股权或投资收回当年的企业所得税年度汇算清缴时，一次性计算缴纳企业所得税；企业在计算股权转让所得时，可按本通知第三条第一款规定将股权的计税基础一次调整到位。

企业在对外投资5年内注销的，应停止执行递延纳税政策，并就递延期内尚未确认的非货币性资产转让所得，在注销当年的企业所得税年度汇算清缴时，一次性计算缴纳企业所得税。

五、本通知所称非货币性资产，是指现金、银行存款、应收账款、应收票据以及准备持有至到期的债券投资等货币性资产以外的资产。

本通知所称非货币性资产投资，限于以非货币性资产出资设立新的居民企业，或将非货币性资产注入现存的居民企业。

财税〔2014〕116号文件是法人企业对外投资换取股权有关企业所得税处理的"通用规定"。2016年，《财政部 国家税务总局关于完善股权激励和技术入股有关所得税政策的通知》（财税〔2016〕101号）是法人企业以技术成果入股设立居民企业有关所得税处理的"特别规定"，可以长期递延纳税。规定如下：

三、对技术成果投资入股实施选择性税收优惠政策

（一）企业或个人以技术成果投资入股到境内居民企业，被投资企业支付的对价全部为股票（权）的，企业或个人可选择继续按现行有关税收政策执行，也可选择适用递延纳税优惠政策。

选择技术成果投资入股递延纳税政策的，经向主管税务机关备案，投资入股当期可暂不纳税，允许递延至转让股权时，按股权转让收入减去技术成果原值和合理税费后的差额计算缴纳所得税。

（二）企业或个人选择适用上述任一项政策，均允许被投资企业按技术成果投资入股时的评估值入账并在企业所得税前摊销扣除。

（三）技术成果是指专利技术（含国防专利）、计算机软件著作权、集成电路布图设计专有权、植物新品种权、生物医药新品种，以及科技部、财政部、国家税务总局确定的其他技术成果。

（四）技术成果投资入股，是指纳税人将技术成果所有权让渡给被投资企业、取得该企业股票（权）的行为。

从上述规定可知，法人企业以技术成果入股设立居民企业的，可以适用财税〔2014〕116号文件，在5年内均允许纳税；也可以选择适用财税〔2016〕101号文件，在换取的股权再次转让时统一计算税款。

2. 法人企业以非货币性资产投资设立合伙企业，暂无递延纳税政策

目前，上述财税〔2014〕116号、财税〔2016〕101号文件主要适用于法人企业投资设立居民企业换取股权情形，对法人企业以非货币性资产设立合伙企业，暂时还不能比照执行。

法人企业以非货币性资产设立合伙企业换取合伙份额，也应分解为"非货币性资产评估增值+再投资（相当于转让）"两个动作。以合伙协议或合伙人协商一致认可的非货币性资产的入账价值为转让收入，以非货币性资产计税成本为扣除项目，计入法人企业的利润总额。之后由法人企业按规定预缴税款，次年按规定纳税调整，核算整个企业的应纳税所得额，办理企业所得税的汇算清缴，多退少补。

目前，我国合伙企业的所得税规定还不够完善。为公平税负，优化营商环境，建议适时将财税〔2014〕116号文件规定的递延纳税政策，扩大到法人企业投资合伙企业亦能适用。对财税〔2016〕101号文件，暂不急于扩大到投资设立合伙企业。主要考虑：一是法人企业投资设立合伙企业，如能采取财税〔2014〕116号文件，基本解决法人企业投资设立合伙企业的大部分问题，税负总体公平；二是以技术成果入股的企业，大多具有一定科研实力，后续可能申请认定高新技术企业，或谋求上市，合伙企业对这方面需求略少些；三是法人企业的股权转让，有较为成熟的管理规定。财税〔2016〕101号文件有关技术成果入股后续管理难度较大，目前对合伙企业份额转让，市场监管部门管理还不够全面规范，而且有些法人企业以技术成果投资于异地的合伙企业，管理难度更大。

第三章

合伙企业的"先分后税"和适用税率

第一节 什么是合伙企业的"先分后税"

第一章开篇已述,合伙企业在增值税、财产行为税等诸多税种方面的规定与其他市场主体是基本一致的,只是在所得税方面与其他市场主体差异很大,"独树一帜"。

合伙企业所得税实行"先分后税",既是与国际惯例接轨,又属于"另辟蹊径"。目前,我国合伙企业的所得税规则还不是很完善,这也是笔者写书的立意之一。在增值税、原营业税的语境下,个人独资企业、合伙企业是归入"企业"范畴的,个体户和个人归入"个人"范畴,其中自然人被称为"其他个人"。但在所得税语境下,个人独资企业、合伙企业被排除在"企业所得税法之外",个人独资企业、合伙企业的税基核算,一直遵循个人所得税规定。上述各种差异,有时让人主动或不自觉地"犯错误"。

合伙企业与其他市场主体在所得税方面的另一不同之处在于,其他市场主体直接属于企业所得税或者个人所得税的纳税人;而合伙企业本身不属于所得税纳税人,合伙企业实现利润后,其所得税实行"先分+后税",其合伙人是所得税的纳税人。

一、什么是合伙企业的"先分后税"

（一）单层合伙企业的"先分后税"

合伙企业所得税"先分后税"，即先核算合伙企业利润（税收上，经纳税调整后，称之为应纳税所得额[①]），之后，按照合伙企业约定分配比例，将应纳税所得额"量化分割"给每一法人合伙人、个人合伙人。此时，不一定实际分配。

法人合伙人将其从合伙企业"量化分割"（或称"先分"）的应纳税所得额，"带回去"作为税前利润，并入其应纳税所得额"大盘子"中，可用于弥补亏损，统一办理企业所得税汇算清缴，多退少补。

个人合伙人将其从合伙企业"量化分割"的应纳税所得额，按照个人所得税的"经营所得"项目，适用5%至35%超额累进税率，计算个人所得税。对于个人在同一纳税年度内有两处以上经营所得的，分别均应按季度、月份预缴税款，次年3月底前，汇总申报，将两处以上经营所得合并后办理汇算清缴，多退少补。

（二）多层嵌套合伙企业的"先分后税"

实践中，在私募基金、持股平台等合伙企业中，有的投资人故意设立多层嵌套的合伙企业，以此强化实控人、大股东等普通合伙人的控制权，或者规避某些法律风险。在多层嵌套的合伙企业架构中，上层合伙企业作为底层合伙企业的合伙人，底层合伙企业按约定分配比例向上层合伙企业分配，上层合伙企业再按约定分配比例，向其法人合伙人、个人合伙人，乃至有合伙企业身份的合伙人分配，直至全部合伙人为法人企业、个人为止。在多层嵌套的合伙企业架构中，底层合伙企业利润向上层合伙企业"先分"的机制，被称为"穿透"机制。如图3-1所示：

[①] 企业所得税的计税依据是其应纳税所得额，个人所得税经营所得项目的计税依据也是其应纳税所得额。所得税相当于对会计利润征税，但为体现税收政策性，对某些收入规定了减免，对某些成本、费用等规定了不同扣除标准，因此，应纳税所得额是以企业会计利润为基础、为起点，经纳税调整后核算出的一个数额。

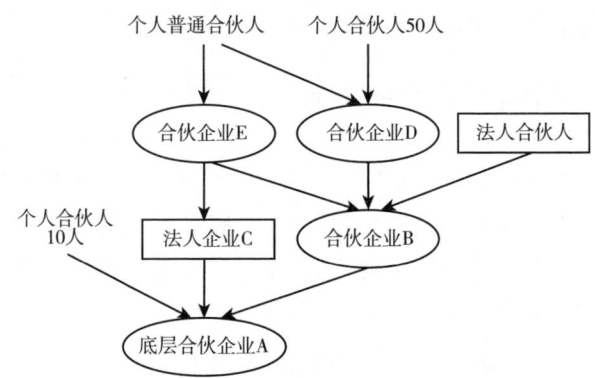

图 3-1　合伙企业多层嵌套架构"先分后税"示意图

如图 3-1 所示，在多层嵌套合伙企业"先分后税"的"穿透"机制下，其纳税情况如下：

其一，底层合伙企业 A 的"先分后税"。合伙企业 A 实现利润核算出应纳税所得额后，按照约定分配比例，进行"先分后税"。其中个人合伙人 10 人，在底层合伙企业 A 所在地，按经营所得项目，适用 5% 至 35% 税率缴纳个人所得税。法人企业 C 按"先分后税"规则"量化分割"的利润，作为税前利润并入法人企业 C 的应纳税所得额，在法人企业 C 的注册地缴纳企业所得税。对合伙企业 B 按照"先分后税"规则应分配的应纳税所得额，穿透到合伙企业 B 另行处理。

其二，合伙企业 B 的"先分后税"。合伙企业 B 有 3 个合伙人，其可能是空壳企业，也可能是实体企业。其将从底层合伙企业 A "先分后税"的应纳税所得额与其本身利润合并算账，如其有相关费用，可从底层合伙企业 A "先分后税"的应纳税所得额中扣除。之后，合伙企业 B 再按照"先分后税"原则，将本层应纳税所得额向上"先分"给合伙企业 D、合伙企业 E 和法人合伙人。法人合伙人将其"先分后税"的应纳税所得额，并入当期会计利润，在其所在地缴纳企业所得税。

其三，合伙企业 D、合伙企业 E 的"先分后税"。合伙企业 D、合伙企业 E 的合伙人均为个人合伙人，分别在合伙企业 D、合伙企业 E 所在地缴纳个人所得税。另外，图中有一部分个人普通合伙人，同时为合伙企业 D、合伙企业E的合伙人,其从两处以上取得经营所得。这些经营所得可能在同一省市,也可能不在同一省市,该个人普通合伙人需将从两个合伙企业"先分后税"的应纳税所得额合并申报,汇算清缴,多退少补。

图3-1是3层嵌套的合伙企业,对于超过3层嵌套合伙企业,其利润"先分后税"的路径和处理方法,与图3-1基本相同。

(三)外商投资合伙企业的"先分后税"

1.外商投资合伙企业是怎么回事

《合伙企业法》第一百零八条规定:"外国企业或者个人在中国境内设立合伙企业的管理办法由国务院规定"。2009年,国务院印发了《外国企业或者个人在中国境内设立合伙企业管理办法》(国务院令第567号),明确了外资合伙企业的相关规定。但是,2020年,《国务院关于修改和废止部分行政法规的决定》(国务院令第732号)规定,《外国企业或者个人在中国境内设立合伙企业管理办法》废止,那么,目前外资合伙企业是否就没有上位法了?是不是不允许设立了?

对此,这并不意味着外商投资合伙企业"不能办了"!主要证据:根据国务院发布的《外国企业或者个人在中国境内设立合伙企业管理办法》规定,原国家工商行政管理总局2010年印发了《外商投资合伙企业登记管理规定》(国家工商行政管理总局令第47号公布,2019年,国家市场监督管理总局令第14号修订),这是外商投资合伙企业办理工商登记的部门规章,目前这一规章仍然有效。如果外资投资合伙企业"不让办了",国家市场监督管理总局令第14号也应废止了。上述外商投资合伙企业相关规定的"立改废"表明,外商投资合伙企业仍然是现行规定允许设立的合伙企业组织形式。

原《外国企业或者个人在中国境内设立合伙企业管理办法》规定:

> 第二条 本办法所称外国企业或者个人在中国境内设立合伙企业,是指2个以上外国企业或者个人在中国境内设立合伙企

业,以及外国企业或者个人与中国的自然人、法人和其他组织在中国境内设立合伙企业。

可见,外商投资合伙企业是指由2个以上外国企业、外国个人在中国境内设立的合伙企业,以及外国企业、外国个人与中国企业、个人设立的合伙企业,只要有一个合伙人为外国企业、外国个人,即为外商投资合伙企业。注意,此处外国企业不等同于我国境内的外商投资企业,外商投资企业是依照中国法律、在中国境内设立的,是我国的居民企业。外商投资企业如作为中国境内合伙企业的合伙人,该合伙企业属于境内正常的合伙企业,不属于外商投资合伙企业。

2.外商投资合伙企业"先分后税"怎么办

外资合伙企业也是中国境内的企业组织形式,其所得税也应当遵循本部分前述第(一)、第(二)项情形之"先分后税"规则。所不同的是,其合伙人可能包括1名以上外国企业、外国个人。此处外国企业、外国个人不一定都在中国境内。目前,对外国企业合伙人如何在境内缴纳所得税,暂无明确规定。说明如下:

(1)外国企业合伙人的"先分后税"。外国企业身份的合伙人属于我国的非居民企业,其在中国境内没有设立机构、场所,从税收规则上看,不宜把外国合伙人投资兴办的境内合伙企业视为外国企业在境内的常设机构(这样"牵扯面"太大,国际上对此不一定有共识),但该合伙企业经常代替外国企业履行外国企业的职责除外。

按照非居民税收管理规定和税收协定条款约定,外国企业合伙人从境内合伙企业"先分"应纳税所得额,只能在其"实际汇出境外"时,征收一道预提所得税。但境内合伙企业"先分后税",是在当年底算出利润之时,即履行"先分"流程,境内的法人合伙人、个人合伙人此时即已发生纳税义务,需分别按国内企业所得税、个人所得税经营所得汇算清缴规定,分别在次年5月底前、次年3月底前分别办理企业所得税、个人所得税的汇算清缴,多退少补。

对于外国企业合伙人，合伙企业应纳税所得额只是进行了税法上的"先分"流程，并不代表实际分配，外国企业合伙人也没有拿到实际利益，此时更不可能汇出境外，也没办法扣缴预提所得税。对"先分未汇出"利润，在"先分"环节未征收所得税，那么在其实际汇出境外时，又该怎么征税？

鉴于现行政策对此没有明确规定，实践中对外国企业合伙人从中国境内汇出的利润，只能作为非居民企业在中国境内未设立机构、场所，但取得来源于中国境内的"其他所得"[①]，按10%税率征一道预提所得税。

客观而言，这是迫不得已而为之的征税方法，既是无奈之举，又是权宜之计。一方面，非居民企业在中国境内取得所得，我国不能放弃此项税收权益，按10%征一道预提所得税，也算维护了国家税收权益。非居民企业缴纳10%的预提所得税后，回其母国需进行税收抵免申报，还可能补税。另一方面，非居民企业取得的合伙企业利润，实际上是一项税前利润，不是税后利润，只征收一道10%的预提所得税，其税负还是比较低。在没有明确规定之前，也有利于缓和国家之间的征税矛盾。

（2）外国个人合伙人的"先分后税"。根据个人所得税规定，无住所的个人，在一个纳税年度内，在中国居住满183天的，属于我国居民个人，需就全球所得在中国缴纳个人所得税；在中国居住不满183天的，为我国非居民个人。外国个人合伙人如果只是合伙企业的投资者，属于有限合伙人，并不一定来中国境内；对于承担普通合伙人职责的，一般需来境内"打理"合伙企业，其有可能属于我国居民个人。

需要说明，上述划分境内外居住时间，确定其在境内纳税义务的所得，主要针对劳动类所得。但是，外国个人合伙人在中国境内设立合伙企业，不论其是否来华，合伙企业的所得在税收协定中均认定为营业利润，按照税收协定相关规则，营业利润是优先在其机构所在国家征税的。也就是说，对外国个人合伙人从中国境内合伙企业"先分"的所得，属于税收

[①] 除利息、股息、特许权使用费、财产转让所得之外，非居民企业如再有其他收益项目，只能按"其他所得"征收预提所得税，适用税率10%。

协定中的营业利润，我国有优先征税权，可以按照本部分前述第（一）、第（二）项情形的"先分后税"规则，对其先按经营所得项目适用5%至35%税率征税，之后由其回其母国进行税收抵免。目前，在税收协定中，对合伙企业的经营所得的规定较少，在没有税收协定的情况下，我国税务局也只能如此操作。

二、合伙企业为什么实行"先分后税"？税收法理何在

前面讲述"先分后税"的"知其然"，下面讲述"知其所以然"，即"先分后税"的法理何在？逻辑道理何在？

（一）从《合伙企业法》规定的层面看

合伙企业是一个办理了营业执照的从事生产经营活动的契约合作型平台，实际上，其与信托计划、契约型基金等契约型平台相比，并没有本质区别，只不过后者不算一个组织、机构，也未办理营业执照而已。

按照《民法典》第一百零二条规定，合伙企业属于非法人组织，有人员、有机构甚至办公场所，在法律上有独立人格，这就使得合伙企业能够对外签订协议、履行合同、发生交易、核算损益，从事生产经营活动。而上述信托计划、契约型基金等契约型平台是没有独立人格的，一切活动由其"管理人"代办。

对于合伙企业纳税问题，《合伙企业法》只明确了其所得税问题。对于除所得税之外的其他税种，与其他企业等市场主体相比并无特殊性，也不用另行规定。《合伙企业法》相关规定如下：

> 第六条　合伙企业的生产经营所得和其他所得，按照国家有关税收规定，由合伙人分别缴纳所得税。

合伙企业作为一个市场主体，应当在合伙企业层面核算利润。但合伙企业不是所得税的纳税主体，而是由其合伙人缴纳所得税，这一由合伙企业利润向合伙人负责纳税义务之间的技术过渡，就是"先分后税"。即

合伙企业先将其利润"虚拟分给"合伙人，之后，再由合伙人分别缴纳所得税。

需要说明，由于合伙企业"先分后税"中的"先分"不是实际分配，有些合伙人对"先分"即征税表示不理解，往往推迟到实际分配再缴所得税，这是不符合税法规定的。

合伙企业所得税的"先分后税"，要求在年末计算出应纳税所得额时即征税，而不是等到实际分配再征税，其税理逻辑何在？主要考虑如下：

其一，可以把合伙企业看作两个个体户、个人独资企业的叠加拼盘；个体户、个人独资企业不论"分不分利润"，都在年末统一计算缴纳个人所得税。客观而言，个体户、个人独资企业的"企业与投资者"是重合的，年末实现利润即视为分配，实际上是"先分同时征税"。对合伙企业而言，合伙企业与合伙人是分离的，"先分"立即"后税"，与个体户、个人独资企业年末"先分同时征税"在逻辑上是一致的。

其二，合伙企业本身是一个"人合性"企业，有独立人格但无法人资格，每个合伙人的出资额不同、能力不同、贡献不同，这决定了每个合伙人利益不同、分享的利润份额也不同，法人合伙人、个人合伙人缴纳的税种也不同。为在技术上体现这些诸多不同之处并对其征税，在逻辑上和（虚拟）流程上，合伙人之间就需要有一个"先分"的过程，之后，才能分别课税。

其三，在有限合伙架构下，既有普通合伙人、有限合伙人之区分，其承担的责任不同[①]，又有法人合伙人、个人合伙人、合伙企业身份的合伙人[②]之不同，这些合伙人可能分别缴纳企业所得税、个人所得税，适用的纳税规定各不相同；其中对合伙企业身份的合伙人，还需向上层合伙企业再进一步"穿透"计税，这决定了合伙企业所得税，在"先分"基础上，必须要有一个"后税"过程。

[①] 普通合伙人承担无限连带责任，有限合伙人承担有限责任。
[②] 即多层合伙企业嵌套，形成合伙企业多层投资设立合伙企业，底层合伙企业就会出现合伙企业身份的合伙人。

（二）从财税部门的政策文件层面看

第一章已述，《国务院关于个人独资企业和合伙企业征收所得税问题的通知》（国发〔2000〕16号）规定，自2000年1月1日起，对个人独资企业和合伙企业停止征收企业所得税，其投资者的生产经营所得，比照个体工商户的生产、经营所得（2019年后，改为经营所得）征收个人所得税。这是对合伙企业在税收上的一次"松绑"，与公司制企业相比，简化了征税流程，由原来征收两道所得税[①]，合并为只征收一道个人所得税（5%至35%累进税率），实际税负有所降低。

2007年，我国修订后的《合伙企业法》第六条，将上述合伙企业只征收一道所得税的税法精神上升到法律层面。为配套实施该项法律规定，2008年，财政部、国家税务总局印发了《关于合伙企业合伙人所得税问题的通知》（财税〔2008〕159号），原文辑录如下：

> 根据《中华人民共和国企业所得税法》及其实施条例和《中华人民共和国个人所得税法》有关规定，现将合伙企业合伙人的所得税问题通知如下：
>
> 一、本通知所称合伙企业是指依照中国法律、行政法规成立的合伙企业。
>
> 二、合伙企业以每一个合伙人为纳税义务人。合伙企业合伙人是自然人的，缴纳个人所得税；合伙人是法人和其他组织的，缴纳企业所得税。
>
> 三、合伙企业生产经营所得和其他所得采取"先分后税"的原则。
>
> 具体应纳税所得额的计算按照《关于个人独资企业和合伙企业投资者征收个人所得税的规定》（财税〔2000〕91号）及《财政部 国家税务总局关于调整个体工商户个人独资企业和合

---

① 公司制企业层面先征收一道25%的企业所得税，之后，税后利润向个人股东分配，再按"利息、股息、红利所得"，征收一道20%的个人所得税，综合税负40%。

伙企业个人所得税税前扣除标准有关问题的通知》(财税〔2008〕65号)的有关规定执行。

前款所称生产经营所得和其他所得,包括合伙企业分配给所有合伙人的所得和企业当年留存的所得(利润)。

四、合伙企业的合伙人按照下列原则确定应纳税所得额:

(一)合伙企业的合伙人以合伙企业的生产经营所得和其他所得,按照合伙协议约定的分配比例确定应纳税所得额。

(二)合伙协议未约定或者约定不明确的,以全部生产经营所得和其他所得,按照合伙人协商确定的分配比例确定应纳税所得额。

(三)协商不成的,以全部生产经营所得和其他所得,按照合伙人实缴出资比例确定应纳税所得额。

(四)无法确定出资比例的,以全部生产经营所得和其他所得,按照合伙人数量平均计算每个合伙人的应纳税所得额。

合伙协议不得约定将全部利润分配给部分合伙人。

五、合伙企业的合伙人是法人和其他组织的,合伙人在计算其缴纳企业所得税时,不得用合伙企业的亏损抵减其盈利。

六、上述规定自2008年1月1日起执行。此前规定与本通知有抵触的,以本通知为准。

财税〔2008〕159号文件是《合伙企业法》修订之后的一项税收政策的配套规定,该文件第三条明确"合伙企业生产经营所得和其他所得"采取"先分后税"的原则。前已述及,此处"先分"不等同于实际利润分配,而是按照合约协议约定的分配比例"应分配""可分配"的意思,不管实际上"分不分",都要先征税。同时,该文件第三条规定,"前款所称生产经营所得和其他所得,包括合伙企业分配给所有合伙人的所得和企业当年留存的所得(利润)"。翻译成大白话,意思是说,"先分后税"的征税范围包括:"当年实现并实际分配的所得+当年留存所得",即"当年留存所得"也要先征税。这从侧面印证了"先分后税"规则。

税法是讲道理的,"以理服人"。尽管"先分后税",但需避免重复征税。上述"当年留存所得"征税之后未实际分配，将形成"已税未分配利润"，这在资产负债表中是一个"累积税后利润池"，这一部分在以后实际分配、清算环节都不能再征税。为保证"税不重征"，笔者建议在会计处理中，在合伙企业的所有者权益项下，设立一个"已税未分配利润"二级会计科目。如以后用这部分"已税未分配利润"实际分配，不再征税；这部分利润如果一直不分配，待合伙企业解散清算时，可以从清算所得中减除，以此保证对其不重复征税。否则，合伙企业的未分配利润中，如果既包括"已税未分配利润"，又包括"未税未分配利润"，难免到时说不清，从而导致重复征税，这就吃亏了。

三、财税〔2008〕159号文件规定，"合伙协议不得约定将全部利润分配给部分合伙人"，如何理解，怎么应用

《合伙企业法》第六十九条规定："有限合伙企业不得将全部利润分配给部分合伙人；但是，合伙协议另有约定的除外。"财税〔2008〕159号文件第四条规定："合伙协议不得约定将全部利润分配给部分合伙人。"从字面直观地看，《合伙企业法》和财税政策文件之间存在矛盾，财税政策文件缩小了《合伙企业法》规定，曾有律师质疑，财税〔2008〕159号文件是否超越、修改了《合伙企业法》？

笔者不赞同这一观点，主要考虑：

其一，不论普通合伙企业，还是有限合伙企业，都是"人合性"契约型经营平台，每一合伙人均应按约定分配比例享受利润，承担亏损，这符合对等原则。利润分配应当"雨露均沾""人人有份"，不应当只向部分合伙人分配利润，更不能由部分合伙人承担全部亏损。这是《合伙企业法》的基本立法精神，"合伙协议另有约定的除外"，只是有限合伙企业的例外情形，是《合伙企业法》对有限合伙企业"留一个口子"，不具有普遍性。

其二，财税〔2008〕159号文件上述规定实际上是一项反避税措施，不要人为树立二者对立情绪，建议合理规避之。合伙人之间的利润分配，均由合伙协议约定，或由合伙人协商一致，这本身是一个"利益平衡"。在有限合伙企业中，有的有限合伙人并不是真正入伙，其向合伙企业附条件投

资，索取固定收益或者要求先收回资金，不符合合伙企业"人合性"契约精神；从另一角度看，部分合伙人分享利润，很可能合伙人之间背后另有其他交易，将其体现为某些合伙人先分或不分利润。笔者认为，合伙人之间背后的交易，应由其自行解决，不宜通过向某部分合伙人"多分配利润"或"不分利润"方式解决，将其掺杂在合伙协议中"有点难受"，不宜鼓励。

虽然合伙协议允许不同合伙人"多分"或"少分"利润，这是一个"定性"问题，财税政策文件有必要在"定量"角度适当限制，否则，在某些极端的合伙人看来，"少分"利润是没有底线的，可以"少分"至0，甚至让某些合伙人额外承担亏损，这都不符合合伙企业精神。

实际上，财税〔2008〕159号文件中关于"不得约定将全部利润分配给部分合伙人"的规定，算是一项形式上约束，合伙人之间完全可以通过"少分"利润方式解决。例如，将大部分利润给少数合伙人，对某些合伙人分配100元、1 000元等"小数额"，并不违反财税〔2008〕159号文件此项规定。

笔者建议，财税政策文件的上述规定为既成事实，做人应通透一些，想开一些。既然改变不了现实，而且影响不太大，何不苟且一点，不必耿耿于怀。

这里需要说明的是，在某些股权激励合伙持股平台中，有些普通合伙人只是单纯管理，掌控投票权，确实不参与高管人员（其他合伙人）的利益分享；有的高管人员合伙人通过持股平台减持其对应份额的股票，当然收益也仅由该高管人员分享，这些都属于正常现象，不宜将其与前述"将利润向少数人分配"混为一谈。

第二节　合伙人的适用税率

先说两个问题：一是提请注意，本节标题"合伙人的适用税率"，而非"合伙企业的适用税率"。原因很简单，合伙企业不是所得税纳税人，对其利润"先分后税"，由其合伙人缴纳所得税，纳税人是其合伙人。二是近十几年来，有些县市区地方政府，甚至乡镇政府、招商园区，以招商引资名义，擅自越权制定了合伙企业的税收优惠政策，如对合伙私募股权基金、合伙制投资平台企业等，对其股权转让所得擅自规定20%税率，对合伙企业的个人有限合伙人，擅自规定20%税率，或大面积核定征税。笔者不赞同这一做法。

一、境内法人企业合伙人、境外非居民企业合伙人的适用税率

（一）境内法人企业合伙人的适用税率

境内法人企业与其他合伙人投资设立合伙企业，不论其为普通合伙人，还是有限合伙人，其从合伙企业"先分"的应纳税所得额，不单独算税，并入该法人企业合伙人的利润"大账"中，可以用其弥补以前年度亏损，统一计算应纳税所得额。

按照《企业所得税法》规定，企业所得税的法定税率是25%，一般情况下，法人企业合伙人"先分"应纳税所得额，适用25%税率。对企业有税率优惠的，如西部大开发、高新技术企业等（假定符合优惠政策相关条件），可以享受15%税率。

理论上，法人企业合伙人的资产总额不超过5 000万元、员工人数不超过300人、当年度应纳税所得额（含从合伙企业"先分"应纳税所得额，以及弥补亏损后）不超过300万元的，属于"小型微利企业"。自2010年以来，我国对小型微利企业减税政策多次"加码"，持续加大优惠力度。按现行规定，在2027年底前，小型微利企业减按25%计算应纳税所得额，适用20%税率，其实际税负率为5%。当然，一家法人企业如对外大额投资，其资产总额一般超过5 000万元，基本上不符合"小型微利企业"条件。

另外，境内法人企业合伙人转让合伙企业财产份额，以及取得清算所得，属于"财产转让所得"，按上述不同情形分别适用25%、15%税率，以及"小型微利企业"的5%税负率。

(二)境外非居民企业合伙人的适用税率

外国企业与境内其他合伙人共同投资设立合伙企业,对外国企业从境内合伙企业"先分"利润,暂无法征收预提所得税。主要原因是,非居民预提所得税,在其实际汇出境外时再征税,未汇出境外时暂不征税。

前已述及,现行政策对外国企业在中国设立合伙企业取得的利润,虽然属于税收协定中的营业利润条款,但在税收协定、国内税法对此暂无具体规定情况下,只好视为在境内未设立机构场所的非居民企业的"其他所得",暂按10%征收预提所得税。

对境外非居民企业转让境内合伙企业的财产份额,以及取得清算所得,应视为"财产转让所得",按10%征收预提所得税。

二、境内个人合伙人、外国个人合伙人的适用税率

(一)境内个人合伙人的适用税率

前已述及,境内个人与其他合伙人共同投资设立合伙企业,对境内个人从合伙企业"先分后税"利润,适用个人所得税"经营所得"项目,适用5%至35%的超额累进税率。税率如表3-1所示。

表3-1　　　　　个人所得税经营所得税率表(2019年后)

级数	应纳税所得额(含税)	应纳税所得额(不含税)	税率(%)	速算扣除数
1	不超过30 000元的部分	不超过28 500元的部分	5	0
2	超过30 000元到90 000元的部分	超过28 500元至82 500元的部分	10	1 500
3	超过90 000元至300 000元的部分	超过82 500元至250 500元的部分	20	10 500
4	超过300 000元至500 000元的部分	超过250 500元至390 500元的部分	30	40 500
5	超过500 000元的部分	超过390 500元的部分	35	65 500

需要说明，对于个人合伙人退伙、合伙企业解散清算取得的清算所得，也按照个人所得税"经营所得"项目，适用5%至35%的超额累进税率。

对合伙企业取得利息、股息等收入，不并入合伙企业的应纳税所得额，不适用5%至35%的超额累进税率；单独按照"利息、股息、红利所得"项目，适用20%税率征收个人所得税。对此，将在第四章第二节之"四"中另述。

对个人合伙人转让合伙企业份额取得的所得，按照"财产转让所得"项目，适用20%税率征收个人所得税。对此，将在第五章第一节另述。

（二）外国个人合伙人的适用税率

外国个人与境内其他合伙人共同投资设立合伙企业，合伙企业按照"先分后税"规则向合伙人分配利润，属于税收协定规定的"营业利润"。外国个人合伙人从中国境内取得"营业利润"，全部作为来源于中国境内所得，中国有优先征税权，对该项所得，不论外国个人是否来中国境内，也不论其是否构成居民纳税人身份，均按照个人所得税"经营所得"项目，适用5%至35%的超额累进税率。之后，再由外国个人合伙人回其所在国家、地区进行税收抵免。

对合伙企业取得利息、股息等收入，不并入合伙企业的应纳税所得额，不适用5%至35%超额累进税率，单独按照"利息、股息、红利所得"项目征税。其中，对外国个人合伙人的"利息、股息、红利所得"，外国个人可按税收协定有关利息收入、股息收入的协定条款，申请享受协定税率。如其不申请享受税收协定税率，则按20%税率征收个税。

对外国个人合伙人转让合伙企业份额取得的所得，按照"财产转让所得"项目征收个人所得税。外国个人可按税收协定有关财产转让所得的协定条款，申请享受协定税率。如其不申请享受税收协定税率，则按20%税率征收个税。

第四章

合伙企业层次的税基核算

合伙企业所得税"先分后税",是合伙人对合伙企业的税基(即应纳税所得额)在合伙人之间按照约定分配比例"先分",之后再由法人合伙人、个人合伙人分别依照《企业所得税法》《个人所得税法》规定,分别缴纳企业所得税、个人所得税,此即"后税"。本章主要讲述合伙企业层次应纳税所得额(税基)的"生成"过程,这是"先分"的经济基础。

第一节 合伙企业层次应纳税所得额"纳税调整"是怎么回事

本节介绍合伙企业层次应纳所得税的"纳税调整",以及合伙企业遵循的会计制度等情形。合伙企业层次的会计利润核算,与法人企业并无本质区别,对此暂不多述,有需求的读者可自行学习财务会计核算的具体规定。

一、合伙企业层次的税基,是在会计利润总额的基础上,经"纳税调整"计算得出

本书定位于合伙企业的所得税问题。按照"先分后税"的逻辑,"先分"的"蛋糕"就是指合伙企业层次的应纳税所得额。在个人所得税综合与分类相结合的税制模式下,合伙人"先分"的经营所得可以算作一个"另类",其既不是一项综合所得,也不是一项分类所得,其对税款实行综合计算,对收支项目实行全年统算,称之为"分类综合所得"项目更合适,以便与个人所得税的综合所得项目进行区分。

合伙企业层次的应纳税所得额,与法人企业所得税的应纳税所得额,

在税收原理、计算方法、"生成"过程方面，没有本质区别，二者极为"神似"。目前，法人企业所得税的税基核算规则较为系统完善，规定较为全面，合伙企业层次的税基核算规定相对笼统、原则，不够细致。

从会计核算角度看，合伙企业本身作为一个持续经营的市场主体，主要目标是开展经营活动获取利润，其与法人企业在经营目标、经营方法上基本相似。按财务会计规定，合伙企业需对其实际发生的经济业务事项进行会计核算，填制会计凭证，登记会计账簿，准确反映资产、负债、所有者权益的变化，依照会计规定确认收入、成本费用、税金、损失等；月末、季末、年末将收支项目结转为合伙企业的利润总额，之后编制财务会计报告（资产负债表、损益表、现金流量表等）。

如上所述，合伙企业层次应纳税所得额与会计利润、企业所得税核算有较大相似性。对比来看，法人企业所得税是一个年度性税种，按年度作为一个核算周期，核算全年应纳税额；按月或按季预缴税款，年终汇算清缴，多退少补。简言之，法人企业所得税的纳税义务，是以一个年度为一个单元，以此判断企业的完税情况，这与会计核算上的"会计分期"假设、按年度核算会计利润等规则是一致的。个人所得税经营所得项目，也是按年度计税，按月份、季度预缴税款，年度终了后办理汇算清缴，多退少补。就合伙人而言，不论法人合伙人缴纳企业所得税，还是个人合伙人缴纳个人所得税，都是一个年度性税种，以纳税年度（1月1日至12月31日）为一个核算周期，计算年度应纳税额。

合伙人季度、月份预缴所得税的主要考虑：一是保证财政收支平衡。由于财政支出是连续进行的，这就要求财政收入也要稳定、持续地"进账"。二是避免合伙人一次性缴纳全年税款有"痛感"。假如某纳税人全年缴税120万元，如果每个季度分别缴税30万元，这样"痛感"不明显，有利于平时加强资金调度和企业管理。三是便于税收监管。通过季度征税，税务局代表国家能够及时掌握微观经济运行情况，密切有为政府和有效市场的关系。

合伙企业以会计上的利润总额为基础，经纳税调整，计算出合伙企业层次应纳税所得额，之后再进行"先分"+"后税"。需要说明：

其一，现行税收政策对合伙企业层次应纳税所得额的核算，对收入确认、成本费用扣除项目标准等作了基本规定,这只是从"税收"角度对合伙企业税基管理加以制度性规范,是税收政策口径,并不影响合伙企业会计利润的财会核算。

其二,现行个人所得税经营所得项目年度汇算清缴的纳税申报表(B表),设计了"纳税调整"行次,相对简单,与企业所得税"神似"。

二、合伙企业会计利润核算,执行哪些会计规定

本书定位合伙企业的所得税问题。笔者不是会计专家,不想用更多笔墨介绍合伙企业的会计利润核算,在此简要介绍合伙企业适用哪些会计制度。

目前,对这一问题并无严格规定,同时,我国会计制度也有一个发展过程,合伙企业适用的会计制度,与我国会计制度的完善过程息息相关。2006年之前,现行《企业会计准则》尚未出台,当时合伙企业主要选择执行《企业会计制度》或《小企业会计制度》。在2006年之后,不排除有些合伙企业选择执行《企业会计准则》或《小企业会计制度》。

2006年,财政部公布《企业会计准则》,将原来零散的具体会计准则上升为体系化的会计准则,一方面与国际财务会计报告准则接轨,实现国际上会计语言相通,会计信息可比;另一方面对会计核算、财务会计报告、对外信息披露等作出"升级版"规定。目前,国有及国有控股企业、金融企业、上市公司等均强制执行《企业会计准则》,其他企业鼓励适用《企业会计准则》。由于原《企业会计制度》没有规定金融资产、金融负债、金融工具等业务,有些私募股权基金投资金融业务的,改为选择适用《企业会计准则》。

2011年,财政部发布《关于印发〈小企业会计准则〉的通知》(财会〔2011〕17号),印发了《小企业会计准则》,废止原《小企业会计制度》,进一步降低了中小企业会计核算难度。

客观而言,大中型企业选择适用《企业会计准则》较为"高大上",中小企业执行原《小企业会计制度》略显"层次低"。为解决中小企业不愿、不能适用《企业会计准则》问题,财政部在原《小企业会计制度》基础上,结合中小企业对外投资业务较少、相关信息披露简单等情形,吸收

《企业会计准则》的精华，制定了《小企业会计准则》。根据财会〔2011〕17号文件规定，《小企业会计准则》适用范围为：

第二条 本准则适用于在中华人民共和国境内依法设立的、符合《中小企业划型标准规定》所规定的小型企业标准的企业。

下列三类小企业除外：

（一）股票或债券在市场上公开交易的小企业。

（二）金融机构或其他具有金融性质的小企业。

（三）企业集团内的母公司和子公司。

前款所称企业集团、母公司和子公司的定义与《企业会计准则》的规定相同。

从国家会计监督角度看，鼓励企业适用《企业会计准则》，但对执行《小企业会计准则》的中小企业，在某些情况下可以参照《企业会计准则》相关规定，建立了《小企业会计准则》与《企业会计准则》的相融机制。财会〔2011〕17号文件规定如下：

第三条 符合本准则第二条规定的小企业，可以执行本准则，也可以执行《企业会计准则》。

（一）执行本准则的小企业，发生的交易或者事项本准则未作规范的，可以参照《企业会计准则》中的相关规定进行处理。

（二）执行《企业会计准则》的小企业，不得在执行《企业会计准则》的同时，选择执行本准则的相关规定。

（三）执行本准则的小企业公开发行股票或债券的，应当转为执行《企业会计准则》；因经营规模或企业性质变化导致不符合本准则第二条规定而成为大中型企业或金融企业的，应当从次年1月1日起转为执行《企业会计准则》。

（四）已执行《企业会计准则》的上市公司、大中型企业和小企业，不得转为执行本准则。

综上所述，大多数合伙企业执行《小企业会计准则》，在此基础上，有的业务借鉴《企业会计准则》部分规定。

第二节　合伙企业层次应纳税所得额的具体核算

一、合伙企业层次的税基核算，遵循个人所得税规定，而非企业所得税规定

（一）从"否定"角度看，合伙企业层次的税基核算不执行企业所得税规定

在我国税法语境下，合伙企业天然属于《个人所得税法》规范范围，《企业所得税法》拒绝接纳"个人独资企业、合伙企业"。《企业所得税法》规定如下：

> 第一条　在中华人民共和国境内，企业和其他取得收入的组织（以下统称企业）为企业所得税的纳税人，依照本法的规定缴纳企业所得税。
>
> 个人独资企业、合伙企业不适用本法。

从上述条款可知，合伙企业的所得税问题，已被排除在《企业所得税法》体系之外，合伙企业层次的税基核算，不可能遵循企业所得税规定。

（二）从"肯定"角度看，合伙企业层次的税基核算，执行个人所得税规定

第一章已述，1997年《合伙企业法》首次立法后，根据《国务院关

于个人独资企业和合伙企业征收所得税问题的通知》(国发〔2000〕16号)规定,自2000年1月1日起,对个人独资企业和合伙企业停止征收企业所得税,其投资者的生产经营所得,比照个体工商户的生产、经营所得(2019年个人所得税改革,已改为经营所得)征收个人所得税。这是合伙企业税基核算遵循个人所得税规定的税收政策渊源。

回想一下,在国发〔2000〕16号文件印发之时的2000年,在原《合伙企业法》语境下,只有普通合伙企业,尚无有限合伙企业,合伙企业的合伙人均为个人。对个人独资企业的投资者、合伙企业的合伙人,按经营所得项目征收个税,这从根本上、历史性地决定了合伙企业的税基,只能按个人所得税规定核算。

2007年修订后的《合伙企业法》,首次创设有限合伙企业组织形式,这是合伙企业发展史上的制度创新,从此,我国有限合伙企业得到较快发展。当时,我国现行《企业所得税法》也刚刚内外资所得税"两法合并",《财政部 国家税务总局关于合伙企业合伙人所得税问题的通知》(财税〔2008〕159号)"应景而生",再次明确合伙企业按照个人所得税规定核算税基,明确提出"先分后税"原则。具体规定如下:

三、合伙企业生产经营所得和其他所得采取"先分后税"的原则。

具体应纳税所得额的计算按照《关于个人独资企业和合伙企业投资者征收个人所得税的规定》(财税〔2000〕91号)及《财政部 国家税务总局关于调整个体工商户个人独资企业和合伙企业个人所得税税前扣除标准有关问题的通知》(财税〔2008〕65号)的有关规定执行。

前款所称生产经营所得和其他所得,包括合伙企业分配给所有合伙人的所得和企业当年留存的所得(利润)。

二、合伙企业层次的税基核算的税法规定较为简单，主要靠财税政策文件规范

与《企业所得税法》相比，《个人所得税法》本身的税法政策体系、逻辑规则等不够完善。《个人所得税法》对经营所得，包括对合伙企业的规定"寥寥"，合伙企业的税基核算以及相关管理，主要依赖财税部门的政策文件规定。

（一）税法规定较为简单

《个人所得税法》相关规定（摘录主要规定）如下：

第六条　应纳税所得额的计算：

（三）经营所得，以每一纳税年度的收入总额减除成本、费用以及损失后的余额，为应纳税所得额。

第十二条　纳税人取得经营所得，按年计算个人所得税，由纳税人在月度或者季度终了后十五日内向税务机关报送纳税申报表，并预缴税款；在取得所得的次年三月三十一日前办理汇算清缴。

《个人所得税法实施条例》相关规定（摘录主要规定）如下：

第六条　个人所得税法规定的各项个人所得的范围：

（五）经营所得，是指：

1.个体工商户从事生产、经营活动取得的所得，个人独资企业投资人、合伙企业的个人合伙人来源于境内注册的个人独资企业、合伙企业生产、经营的所得；

2.个人依法从事办学、医疗、咨询以及其他有偿服务活动取得的所得；

3.个人对企业、事业单位承包经营、承租经营以及转包、转

租取得的所得；

4.个人从事其他生产、经营活动取得的所得。

第十五条　个人所得税法第六条第一款第三项所称成本、费用，是指生产、经营活动中发生的各项直接支出和分配计入成本的间接费用以及销售费用、管理费用、财务费用；所称损失，是指生产、经营活动中发生的固定资产和存货的盘亏、毁损、报废损失，转让财产损失，坏账损失，自然灾害等不可抗力因素造成的损失以及其他损失。

取得经营所得的个人，没有综合所得的，计算其每一纳税年度的应纳税所得额时，应当减除费用6万元、专项扣除、专项附加扣除以及依法确定的其他扣除。专项附加扣除在办理汇算清缴时减除。

从事生产、经营活动，未提供完整、准确的纳税资料，不能正确计算应纳税所得额的，由主管税务机关核定应纳税所得额或者应纳税额。

综上所述，"合伙企业"概念在《个人所得税法》中未出现，在《个人所得税法实施条例》中出现1次。也就是说，税法层次的规定较为简单、原则，具体税收政策口径，主要通过财税政策文件解决。

（二）财税政策文件有哪些

经梳理，目前规范合伙企业的税收政策文件主要包括：

（1）《个体工商户个人所得税计税办法》（国家税务总局令第35号[①]，国家税务总局令第44号修正）；

（2）《财政部 国家税务总局关于印发〈关于个人独资企业和合伙企业投资者征收个人所得税的规定〉的通知》（财税〔2000〕91号）；

---

① 1997年，国家税务总局印发《个体工商户个人所得税计税办法》（国税发〔1997〕43号），该文件为税务总局部门规章。2015年起，税务总局以35号令公布实施。2018年国地税机构合并后，税务总局44号令就税务机构称谓进行修订。

（3）《国家税务总局关于〈关于个人独资企业和合伙企业投资者征收个人所得税的规定〉执行口径的通知》（国税函〔2001〕84号）；

（4）《财政部 国家税务总局关于合伙企业合伙人所得税问题的通知》（财税〔2008〕159号）。

在合伙企业层次的税基核算方面，主要政策依据是《个体工商户个人所得税计税办法》，财税〔2000〕91号文件规定：

> 第六条　凡实行查账征税办法的，生产经营所得比照《个体工商户个人所得税计税办法（试行）》（国税发〔1997〕43号）的规定确定。但下列项目的扣除依照本办法的规定执行：
> ……

上述引文中的《个体工商户个人所得税计税办法（试行）》（国税发〔1997〕43号）为国家税务总局原部门规章，已被国家税务总局令第35号替代。国家税务总局令第35号虽然标题为个体户的计税办法，但实际上同时适用于个人独资企业、合伙企业的税基核算。2008年实施新《企业所得税法》之后，国家税务总局令第35号起草过程中，努力"拉平"企业所得税、个人所得税的税基核算规定。除不征税收入、研发费用加计扣除、残疾人工资加计扣除等企业所得税专属政策外，基本上实现两个所得税的税基核算一致。同时，国家税务总局令第35号与时俱进，基本上吸收、修改、覆盖了财税〔2000〕91号文件有关合伙企业的税基核算规定。

三、合伙企业层次应纳税所得额的具体核算

（一）感受一下合伙企业层次税基核算的主要框架因素

图4-1是合伙企业层次应纳税所得额核算的主要因素和流程图。应纳税所得额是在会计利润总额基础上，经"纳税调整"后计算得出，就是把会计利润口径调整为税法上的应纳税所得额口径。弥补以前年度亏损是在"纳税调整"之后，当年应纳税所得额是弥补以前年度亏损之后的数额。

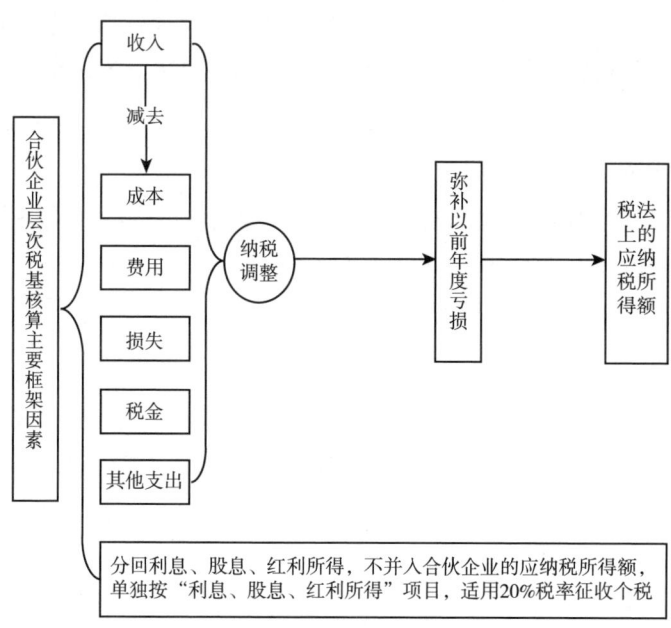

图4-1　合伙企业层次税基核算主要框架因素

（二）合伙企业层次税基核算的基本规定

《个体工商户个人所得税计税办法》（国家税务总局令第35号）名义上规定个体户的个税计税办法，实际上也适用个人独资企业、合伙企业层次的税基核算。国家税务总局令第35号在架构上参考《企业所得税法实施条例》，逻辑清晰、体系完整、内容全面，其第二章"计税基本规定"规定了个体户（亦适用于合伙企业）层次应纳税所得额的核算框架。现结合国家税务总局令第35号说明如下，具体如表4-1所示。

表4-1　合伙企业层次应纳税所得额核算的基本框架规定

定位	第二章具体条款	点评意见
核算总体架构	第七条　个体工商户的生产、经营所得，以每一纳税年度的收入总额，减除成本、费用、税金、损失、其他支出以及允许弥补的以前年度亏损后的余额，为应纳税所得额	借鉴了企业所得税应纳税所得额的核算规定。与会计利润核算流程一致

续表

定位	第二章具体条款	点评意见
核算原则	第五条 个体工商户应纳税所得额的计算，以权责发生制为原则，属于当期的收入和费用，不论款项是否收付，均作为当期的收入和费用；不属于当期的收入和费用，即使款项已经在当期收付，均不作为当期收入和费用。本办法和财政部、国家税务总局另有规定的除外。 第十四条 个体工商户发生的支出应当区分收益性支出和资本性支出。收益性支出在发生当期直接扣除；资本性支出应当分期扣除或者计入有关资产成本，不得在发生当期直接扣除。 前款所称支出，是指与取得收入直接相关的支出。 除税收法律法规另有规定外，个体工商户实际发生的成本、费用、税金、损失和其他支出，不得重复扣除。 第十六条 个体工商户生产经营活动中，应当分别核算生产经营费用和个人、家庭费用。对于生产经营与个人、家庭生活混用难以分清的费用，其40%视为与生产经营有关费用，准予扣除	1.权责发生制、收益性支出与资本性支出相区别的原则，亦是会计核算、企业所得税的核算规定。个税经营所得项目，与此相同。 2.个体户经营所得与个人、家庭费用混同的，国家税务总局令第35号给予人性化处理办法。这是一项重要进步。在其他合伙人属于外部人的情况下，合伙企业很难出现其财产与合伙人家庭支出混同，其他合伙人不会同意。在合伙企业只有夫妻二人两个合伙人时，容易出财产混同
应税收入	第八条 个体工商户从事生产经营以及与生产经营有关的活动（以下简称生产经营）取得的货币形式和非货币形式的各项收入，为收入总额。包括：销售货物收入、提供劳务收入、转让财产收入、利息收入、租金收入、接受捐赠收入、其他收入。 前款所称其他收入包括个体工商户资产溢余收入、逾期一年以上的未退包装物押金收入、确实无法偿付的应付款项、已作坏账损失处理后又收回的应收款项、债务重组收入、补贴收入、违约金收入、汇兑收益等	1.与企业所得税、会计核算的基本规定一致。 2.对收入实行"总额法"管理，避免"净额法"下收支不清、隐瞒收入问题。 3.与企业所得税相比，个人所得税缺少不征税收入等政策
税前扣除的总体项目分述	第九条 成本是指个体工商户在生产经营活动中发生的销售成本、销货成本、业务支出以及其他耗费。 第十八条 个体工商户使用或者销售存货，按照规定计算的存货成本，准予在计算应纳税所得额时扣除。 第十九条 个体工商户转让资产，该项资产的净值，准予在计算应纳税所得额时扣除	1.这三条都是成本确认、资产处置问题，与企业所得税规定一致。 2.销售成本主要适用于生产行业，销货成本主要适用于贸易行业
	第十条 费用是指个体工商户在生产经营活动中发生的销售费用、管理费用和财务费用，已经计入成本的有关费用除外	1.同上栏1。 2."已经计入成本的有关费用除外"，限制重复扣除

续表

定位	第二章具体条款	点评意见
税前扣除的总体项目分述	第十一条 税金是指个体工商户在生产经营活动中发生的除个人所得税和允许抵扣的增值税以外的各项税金及其附加	1.借鉴企业所得税规定，对允许抵扣的增值税，属于价外税，未进合伙企业损益，不得税前扣除。 2.合伙企业的合伙人缴纳个税，不得扣除，避免循环扣除
	第十二条 损失是指个体工商户在生产经营活动中发生的固定资产和存货的盘亏、毁损、报废损失，转让财产损失，坏账损失，自然灾害等不可抗力因素造成的损失以及其他损失。 个体工商户发生的损失，减除责任人赔偿和保险赔款后的余额，参照财政部、国家税务总局有关企业资产损失税前扣除的规定扣除。 个体工商户已经作为损失处理的资产，在以后纳税年度又全部收回或者部分收回时，应当计入收回当期的收入	借鉴企业所得税规定
	第十三条 其他支出是指除成本、费用、税金、损失外，个体工商户在生产经营活动中发生的与生产经营活动有关的、合理的支出	与企业所得税一致。兜底条款，公益捐赠支出可归入此类
亏损结转弥补	第十七条 个体工商户纳税年度发生的亏损，准予向以后年度结转，用以后年度的生产经营所得弥补，但结转年限最长不得超过五年。 第二十条 本办法所称亏损，是指个体工商户依照本办法规定计算的应纳税所得额小于零的数额。 另：（财税〔2000〕91号文件）第十四条 企业的年度亏损，允许用本企业下一年度的生产经营所得弥补，下一年度所得不足弥补的，允许逐年延续弥补，但最长不得超过5年。 投资者兴办两个或两个以上企业的，企业的年度经营亏损不能跨企业弥补	1.国家税务总局令第35号在文字表述上主要针对个体户，其亏损结转与现行企业所得税基本一致。 2.财税〔2000〕91号文件第十四条，对个人兴办两个合伙企业的，其亏损不能横向结转

合伙企业层次的税基核算，建立在会计利润核算基础之上，会计利润是应纳税所得额的"上游"。会计核算质量直接决定着应纳税所得额的核算准不准！很多偷漏税、避税案件，都是从日常财务会计核算开始的，从"基础"上就开始"犯错误""干坏事"。

表4-1列示了国家税务总局令第35号第五条（权责发生制原则）、第十四条（区分收益性支出和资本性支出）、第十六条（减少财务混同）规

定,这些条款都是合伙企业层次税基核算的基本遵循,这几条原则既是会计核算的要求,也是税收核算、税收监管的要求。

(三)合伙企业层次税基核算的纳税调整

税基核算主要包括收入端,以及扣除端的税前扣除项目及其标准。合伙企业收入端的税会差异较小,纳税调整不多,主要是国债利息收入以及部分优惠政策。本节将对此对比说明,参见表4-4的"企业所得税与个人所得税经营所得项目税基'小差异'对比"。

1.合伙企业不得税前扣除的项目

国家税务总局令第35号第十五条明确了个体户(同样适用于合伙企业)不得税前扣除项目,总体上借鉴了企业所得税相关规定。笔者整理了企业所得税、个人所得税经营所得项目均不得税前扣除的项目对比表,如表4-2所示。

表4-2　企业所得税、个人所得税经营所得项目不得税前扣除项目对比

企业所得税	个人所得税经营所得项目
(企业所得税法)第十条　在计算应纳税所得额时,下列支出不得扣除: (一)向投资者支付的股息、红利等权益性投资收益款项; (二)企业所得税税款; (三)税收滞纳金; (四)罚金、罚款和被没收财物的损失; (五)本法第九条规定以外的捐赠支出; (六)赞助支出; (七)未经核定的准备金支出; (八)与取得收入无关的其他支出	(国家税务总局令第35号)第十五条　个体工商户(含合伙企业层次)下列支出不得扣除: (一)个人所得税税款; (二)税收滞纳金; (三)罚金、罚款和被没收财物的损失; (四)不符合扣除规定的捐赠支出; (五)赞助支出; (六)用于个人和家庭的支出; (七)与取得生产经营收入无关的其他支出; (八)国家税务总局规定不准扣除的支出。 第三十条　个体工商户代其从业人员或者他人负担的税款,不得税前扣除。 (财税〔2000〕91号文件)第六条　凡实行查账征税办法的,生产经营所得比照《个体工商户个人所得税计税办法(试行)》(国税发〔1997〕43号)的法规确定。但下列项目的扣除依照本办法的法规执行: …… (八)企业计提的各种准备金不得扣除

《企业所得税法》是一部立法水平较高、相对成熟的税法，关于个税的国家税务总局令第35号对《企业所得税法》有明显"抄袭"痕迹。企业所得税、个人所得税有关不得税前扣除项目的规定"大同小异"，主要不同之处如下：

其一，企业所得税不得扣除向投资者支付的股息，个体户、合伙企业无此情形。

其二，企业所得税税基中，不得扣除缴纳的企业所得税款；个人所得税的税基中，不得扣除缴纳的个人所得税款，也不能扣除为从业人员或其他个人支付的税款。

其三，个人所得税税基中，不得扣除用于个人和家庭的支出。国家税务总局令第35号第十六条规定："……对于生产经营与个人、家庭生活混用难以分清的费用，其40%视为与生产经营有关费用，准予扣除。"对投资者在企业列支的个人和家庭支出，企业所得税也不让扣除，两个所得税对此差异不大。个税在核算的技术口径上作了放宽处理，将其中40%视为与生产经营相关。

2.个税经营所得中可以税前扣除但需纳税调整的项目

笔者整理了企业所得税、个人所得税经营所得均可税前扣除但需纳税调整的项目表。表中个税部分以国家税务总局令第35号为蓝本，也适用于合伙企业。具体如表4-3所示。

表4-3　　企业所得税和个人所得税经营所得项目可税前扣除但需纳税调整项目

《企业所得税法》及其实施条例等	个人所得税经营所得项目
企业发生的合理的工资薪金支出，准予扣除	1.从业人员工资薪金的扣除，同左栏。 2.投资者不应当领工资。对领工资的，不得税前扣除。 3.对既有综合所得，也有经营所得的个人，可选择在综合所得，或经营所得中扣除每人每年6万元①

---

① 根据《个人所得税综合所得汇算清缴管理办法》（国家税务总局令第57号）第十条规定，同时取得综合所得和经营所得的纳税人，可在综合所得或经营所得中申报减除费用六万元、专项扣除、专项附加扣除以及依法确定的其他扣除，但不得重复申报减除。

续表

《企业所得税法》及其实施条例等	个人所得税经营所得项目
企业依照国务院有关主管部门或者省级人民政府规定的范围和标准为职工缴纳的基本养老保险费、基本医疗保险费、失业保险费、工伤保险费、生育保险费等基本社会保险费和住房公积金,准予扣除	1.按规定为员工缴纳的"五险一金",可以税前扣除。 2.对合伙企业为个人合伙人缴纳的"五险一金",考虑到个人合伙人可能有两处以上经营所得,为便于管理,在"先分后税"后,在个人税基中扣除
企业为员工缴纳的补充养老保险,补充医疗保险的缴费支出,不超过职工工资总额5%以内的部分,允许税前扣除	1.与左栏规定基本相同。实际上,合伙企业建立企业年金的很少,此处体现制度公平。 2.个体工商户业主本人缴纳的补充养老保险费、补充医疗保险费,以当地(地级市)上年度社会平均工资的3倍为计算基数,分别在不超过该计算基数5%标准内的部分据实扣除;超过部分,不得扣除。 3.合伙企业为个人合伙人缴纳的补充养老保险费、补充医疗保险费,参照本栏上一条"2.个体工商户业主……"规定
除企业依照国家有关规定为特殊工种职工支付的人身安全保险费和国务院财政、税务主管部门规定可以扣除的其他商业保险费外,企业为投资者或者职工支付的商业保险费,不得扣除	1.如按左栏规定缴纳,可以税前扣除(国家税务总局令第35号)。 2.对个人商业保险的税前扣除限制,亦同左栏。 3.个人合伙人自行负担的商业健康险保险费支出,"先分后税"之后,由个人在税基中扣除
企业在经营活动中发生合理的不需要资本化的借款费用,准予扣除 企业为购置、建造固定资产、无形资产和经过12个月以上的建造才能达到预定可销售状态的存货发生借款的,在有关资产购置、建造期间发生的合理的借款费用,应当作为资本性支出计入有关资产的成本,并依照本条例的规定扣除	同左栏(国家税务总局令第35号第二十四条)

续表

《企业所得税法》及其实施条例等	个人所得税经营所得项目
企业在生产经营活动中发生的下列利息支出，准予扣除： （一）非金融企业向金融企业借款的利息支出、金融企业的各项存款利息支出和同业拆借利息支出、企业经批准发行债券的利息支出。 （二）非金融企业向非金融企业借款的利息支出，不超过按照金融企业同期同类贷款利率计算的数额的部分	（国家税务总局令第35号）第二十五条 个体工商户在生产经营活动中发生的下列利息支出，准予扣除： （一）向金融企业借款的利息支出。 （二）向非金融企业和个人借款的利息支出，不超过按照金融企业同期同类贷款利率计算的数额的部分
企业根据生产经营活动的需要租入固定资产支付的租赁费，按照以下方法扣除： （一）以经营租赁方式租入固定资产发生的租赁费支出，按照租赁期限均匀扣除。 （二）以融资租赁方式租入固定资产发生的租赁费支出，按照规定构成融资租入固定资产价值的部分应当提取折旧费用，分期扣除	与左栏基本相同
企业发生的职工福利费支出，不超过工资薪金总额14%的部分，准予扣除。 企业拨缴的工会经费，不超过工资薪金总额2%的部分，准予扣除。 除国务院财政、税务主管部门另有规定外，企业发生的职工教育经费支出，不超过工资薪金总额8%的部分，准予扣除；超过部分，准予在以后纳税年度结转扣除	1.可比照执行，无太大差异。 2.职工教育经费的扣除比例为2.5%
企业发生的与生产经营活动有关的业务招待费支出，按照发生额的60%扣除，但最高不得超过当年销售（营业）收入的5‰	（国家税务总局令第35号）第二十八条 个体工商户（含合伙企业）发生的与生产经营活动有关的业务招待费，按照实际发生额的60%扣除，但最高不得超过当年销售（营业）收入的5‰。 业主自申请营业执照之日起至开始生产经营之日止所发生的业务招待费，按照实际发生额的60%计入个体工商户的开办费
企业发生的符合条件的广告费和业务宣传费支出，除国务院财政、税务主管部门另有规定外，不超过当年销售（营业）收入15%的部分，准予扣除；超过部分，准予在以后纳税年度结转扣除	可比照执行，基本无差异

续表

《企业所得税法》及其实施条例等	个人所得税经营所得项目
企业参加财产保险，按照规定缴纳的保险费，准予扣除	可比照执行，无差异
企业发生的合理的劳动保护支出，准予扣除	可比照执行，无差异
1.《国家税务总局关于企业所得税若干税务事项衔接问题的通知》（国税函〔2009〕98号）之"九、关于开（筹）办费的处理"规定，新税法中开（筹）办费未明确列作长期待摊费用，企业可以在开始经营之日的当年一次性扣除，也可以按照新税法有关长期待摊费用的处理规定处理，但一经选定，不得改变。 2.《国家税务总局关于贯彻落实企业所得税法若干税收问题的通知》（国税函〔2010〕79号）之"七、企业筹办期间不计算为亏损年度问题"规定，企业自开始生产经营的年度，为开始计算企业损益的年度。企业从事生产经营之前进行筹办活动期间发生筹办费用支出，不得计算为当期的亏损，应按照《国家税务总局关于企业所得税若干税务事项衔接问题的通知》（国税函〔2009〕98号）第九条规定执行	（国家税务总局令第35号）第三十五条　个体工商户自申请营业执照之日起至开始生产经营之日止所发生符合本办法规定的费用，除为取得固定资产、无形资产的支出，以及应计入资产价值的汇兑损益、利息支出外，作为开办费，个体工商户可以选择在开始生产经营的当年一次性扣除，也可自生产经营月份起在不短于3年期限内摊销扣除，但一经选定，不得改变。 开始生产经营之日为个体工商户取得第一笔销售（营业）收入的日期
无此规定	（国家税务总局令第35号）第三十一条　个体工商户按照规定缴纳的摊位费、行政性收费、协会会费等，按实际发生数额扣除
（企业所得税法）第九条　企业发生的公益性捐赠支出，在年度利润总额12%以内的部分，准予在计算应纳税所得额时扣除；超过年度利润总额12%的部分，准予结转以后三年内在计算应纳税所得额时扣除	较为复杂，将在下面第4点中另述

行文至此，谈一个大家关心的问题，合伙企业持有股票、投资性房地产、金融资产等公允价值变动损益，业界称之为"浮盈"，征不征税？

法人企业持有的股票、投资性房地产、金融资产在年末、季末、月末核算确认公允价值变动损益，计入当期会计利润；但并未转让处置，"资产所有权未转移"，企业所得税对公允价值变动损益是不征税的。在纳税申报时，如公允价值变动损益为正数，则纳税调减，如其为负数，则纳税调增。对于合伙企业持有股票、投资性房地产、金融资产，在会计上确认的公允价值变动损益，其"资产所有权也未转移"，也不应征收所得税。

具体纳税调整,与企业所得税的处理相同。

3.个人所得税经营所得项目与企业所得税税基核算规则尽量"拉平",但仍存在"小差异"

个体户、个人独资企业、合伙企业,与法人企业分别适用不同所得税法,但均属经营性所得,且综合计税。为平衡个人所得税与企业所得税的税负,国家税务总局令第35号有关个体工商户、个人独资企业、合伙企业应纳税所得额的核算规则,尽量向企业所得税靠拢,但受《个人所得税法》所限,二者在税基计算方面还有一些"小差异"。具体如表4-4所示。

表4-4 企业所得税与个人所得税经营所得项目税基"小差异"对比

项目	企业所得税	个人所得税
适用对象	居民企业,在中国境内有机构、场所的非居民企业	个体工商户、个人独资企业、合伙企业(层次)
免税收入	1.对居民企业之间直接持股取得的股息,免税。 2.购买国债、地方政府债券利息收入,免税;购买铁路债券利息收入减半征税。 3.非营利组织接受的捐赠收入、会费收入、除财政拨款等不征税收入以外的政府补助收入等,免税。	1.购买国债、地方政府债券利息收入,免税;购买铁路债券利息收入减半征税。 2.左栏其他几项免税收入,合伙企业个税无相关规定。原因是股息免税问题为居民企业所特有,合伙企业无此情况;非营利组织均为法人单位,合伙企业亦无此情形
不征税收入	当年不征税,作纳税调减;但其支出形成的成本费用,不得税前扣除;5年内未使用,结转为应税收入(属于递延纳税)	无此项政策
研发费用加计扣除	企业用于研发活动的支出,当年费用化的,可以据实税前扣除,并可按费用化金额的100%加计扣除;形成无形资产的,可按200%作为计税基础,在以后年度摊销	个税没有加计扣除规定,但也有"小优惠"。 (国家税务总局令第35号)第三十八条个体工商户研究开发新产品、新技术、新工艺所发生的开发费用,以及研究开发新产品、新技术而购置单台价值在10万元以下的测试仪器和试验性装置的购置费准予直接扣除;单台价值在10万元以上(含10万元)的测试仪器和试验性装置,按固定资产管理,不得在当期直接扣除
残疾人工资加计扣除	企业雇佣残疾人支付的工资支出,可以据实扣除,并按100%加计扣除	无此项政策

续表

项目	企业所得税	个人所得税
企业年金、补充医疗保险的缴费	企业根据国家有关政策规定，为在本企业任职或者受雇的全体员工支付的补充养老保险费、补充医疗保险费，分别在不超过职工工资总额5%标准内的部分，在计算应纳税所得额时准予扣除；超过的部分，不予扣除。	为员工缴纳的补充养老保险、补充医疗保险缴费，参照左栏规定。 个体户业主为本人缴纳的补充养老保险、补充医疗保险缴费，不超过当地社平工资的3倍为基数，可以税前扣除。 个人合伙人可选择在综合所得，或经营所得中扣除
公益捐赠支出	企业发生的公益性捐赠支出，在年度利润总额12%以内的部分，准予在计算应纳税所得额时扣除；超过年度利润总额12%的部分，准予结转以后三年内在计算应纳税所得额时扣除。 此外，对目标脱贫地区扶贫捐赠支出，2025年前可以全额税前扣除	将其所得对教育、扶贫、济困等公益慈善事业进行捐赠，捐赠额未超过纳税人申报的应纳税所得额百分之三十的部分，可以从其应纳税所得额中扣除；国务院规定对公益慈善事业捐赠实行全额税前扣除的，从其规定。 此外，财政部、税务总局2008年前批准，对某些基金会、教育事业捐赠，全额税前扣除（具体参见表4-5）
金融准备金支出	金融、保险、证券行业可税前扣除一定的准备金	左栏所述行业均为法人企业。个人所得税中不存在
创业投资企业按投资额的70%抵免应纳税所得额	创业投资企业投资于中小高新企业、初创型科技企业投资满二年，可按投资额的70%抵扣应纳税所得；原投资额仍按正常税收规则税前扣除	天使投资个人、合伙企业的法人合伙人、个人合伙人可以享受本表左栏税收政策。个体工商户、个人独资企业无此政策，并非歧视，创投企业不能选择该组织形式
企业与家庭的混同支出扣除	家庭费用不得在税前扣除。如扣除，除职工福利费等少数项目外，应纳税调增征税	应当分别核算生产经营费用和个人、家庭费用。对于生产经营与个人、家庭生活混用难以分清的费用，其40%视为与生产经营有关费用，准予扣除

4. 合伙企业公益捐赠支出的税前扣除

公益捐赠支出是合伙企业税基核算较为复杂的一项业务。表4-3"企业所得税和个人所得税经营所得项目可税前扣除但需纳税调整项目"、表4-4"企业所得税与个人所得税经营所得项目税基'小差异'对比"中，已列示一些公益捐赠支出的税前扣除情况。对于只有一项收入、只有一项公益捐赠支出的个人，捐赠支出的税前扣除较为简单。对于以非货币性资产捐赠，有多类所得、收入金额不一定太多但捐赠支出较多的个人，如何税前扣除，涉及问题较多，处理较为复杂。

（1）公益捐赠支出的个税处理，是现行个税政策中牵扯头绪较多、较为复杂、操作难度较大,但减税效果不一定最优的一项业务。

根据《财政部 税务总局关于公益慈善事业捐赠个人所得税政策的公告》(财政部 税务总局公告2019年第99号)等规定,笔者整理了个人税前扣除公益捐赠支出需考虑的因素表,具体如表4-5所示。

表4-5　　　　　个人税前扣除公益捐赠支出的考量因素

考量因素	税收规定	分析点评
捐赠是否符合公益条件	通过县以上政府部门、公益基金会的捐赠支出,认定为公益捐赠支出	个人直接向受益主体捐赠,不属于税法上的公益捐赠支出,不得税前扣除
捐赠现金还是非货币性资产	1.现金捐赠,以实际现金支出额为捐赠额。 2.捐赠股权、房产的,按照个人持有股权、房产的财产原值确定捐赠额。 3.捐赠除股权、房产以外的其他非货币性资产的,按照非货币性资产的市场价格确定捐赠支出额	1.个人捐赠非上市企业股权、捐赠不动产,暂不征收增值税。 2.个人捐赠上市公司股票,需按"金融商品转让"税目,按价差的6%缴纳增值税。 3.个人捐赠房产、股权在个税方面不视同销售,捐赠环节不征个税,但税前扣除,也按照财产原值税前扣除
捐赠劳务服务是否可以税前扣除	未直接规定,难以税前扣除	捐赠劳务服务,多为志愿者服务,基金会为志愿者发放小额津贴,基金会不开具公益捐赠票据,不能税前扣除
捐赠扣除比例是怎样的	个人申报的应纳税所得额的30%,但不允许结转扣除	
个人向哪些公益机构捐赠可以全额税前扣除	向教育事业的捐赠、对公益性青少年活动场所的捐赠、对红十字事业的捐赠、对福利性非营利性老年服务机构的捐赠。 个人通过教育发展基金会、宋庆龄基金会、中国福利会、中国残疾人福利基金会、中国扶贫基金会、中国煤矿尘肺病治疗基金会、中华环境保护基金会、中国医药卫生事业发展基金会、中国老龄事业发展基金会、中国华文教育基金会、中国绿化基金会、中国妇女发展基金会、中国关心下一代健康体育基金会、中国生物多样性保护基金会、中国儿童少年基金会、中国光彩事业基金会、中华健康快车基金会、孙冶方经济科学基金会、中华慈善总会、中国法律援助基金会、中华见义勇为基金会等	对于个人同时发生按30%扣除和全额扣除的公益捐赠支出项目。现行政策已作了技术放宽,以未扣除捐赠前的应纳税所得额为计算扣除基数,且这只影响按比例扣除的捐赠支出项目。对于同时有全额扣除的,可以将应纳税所得额扣减至0为止。 上述表明,个人同时有按比例税前扣除、全额税前扣除的捐赠支出,无论先扣哪一个,对核算结果没有影响

续表

考量因素	税收规定	分析点评
只有一项所得（分类所得、综合所得、经营所得），只发生一笔捐赠支出	个人只能在单项所得中，扣除捐赠支出	1.此种情形，操作简单。 2.当年扣除不完的，未扣除的额度作废，不再结转以后年度扣除
扣除捐赠支出的"小技巧"	1.尽量不用免税收入扣除捐赠支出。 2.尽量用高税率所得扣除捐赠支出，扣除不完的，再用较低税率	如选择不好，不能有效抵税
有些分类所得项目，扣除捐赠支出不太方便	在财产租赁所得、财产转让所得、利息股息红利所得、偶然所得4项分类所得中扣除捐赠支出，需通过扣缴义务人办理，或者在取得收入后的90日内，拿到捐赠票据，让扣缴义务人办理退税	财产租赁所得、财产转让所得扣除捐赠支出总体方便些。当面发生的偶然所得，扣除捐赠支出方便。远距离的"利息、股息、红利"所得，扣除捐赠支出操作非常麻烦
分类所得扣除捐赠支出最复杂，特别是个人同时有综合所得、经营所得，且有多笔捐赠支出时，最为复杂	1.每个人分类所得的分布情况不同。有人一月有多笔多项分类所得，有人多月才有一笔分类所得，而且分类所得实行按次征税，本月不扣除，超过90日后不能再补扣；本月扣除了，不能后悔，不能再修改为在其他分类所得、综合所得、经营所得中扣除。 2.分类所得的适用税率是20%，其税负率亦为20%。综合所得适用税率3%至45%，经营所得适用税率5%至35%，但每人收入水平不同，税负率不一定，大多数人税负率低于20%。 3.分类所得按月按次征税，扣缴税款之前扣除捐赠支出，相应涉税事项就办结了。但综合所得、经营所得都有预缴、汇缴制度，预缴时扣除捐赠支出只能算"预扣"，"不作数"；对其预缴扣除的捐赠支出，在汇缴时再重新"算账"。	1.基于左栏列举的相关复杂情况，财政部 税务总局公告2019年第99号文件之"三"中规定，"（三）居民个人根据各项所得的收入、公益捐赠支出、适用税率等情况，自行决定在综合所得、分类所得、经营所得中扣除的公益捐赠支出的顺序"。 实践中，每人的收入项目、收入水平、捐赠金额、捐赠时间、适用税率不同，个人发生捐赠后，难以保证其选择扣除的所得项目、扣除时间一定是最优的。即使税收专家也难以保证最优方案，因此，将这一决定权交给纳税人，一旦选择不"最优"，责任自负。 2.注意分类所得、综合所得、经营所得的报税期限，即扣除公益捐赠支出的最长期限。

续表

考量因素	税收规定	分析点评
分类所得扣除捐赠支出最复杂，特别是个人同时有综合所得、经营所得，且有多笔捐赠支出时，最为复杂	4.分类所得一般是次月征税，假定90日内取得捐赠票据，通过退税解决捐赠扣除问题，其有效扣除期限约4个月。综合所得，特别是工资收入，个人能够预测本年收入水平，可以预估捐赠扣除和适用税率；劳务报酬、稿酬、特许权使用费所得，难以准确预估捐赠扣除和纳税情况。经营所得有一定风险，有的经营所得项目上半年赚钱，下半年亏损，有较大变数，难以准确预估捐赠扣除和纳税情况。 5.个人即使只有经营所得项目，也存在个人办一个个体户、个人独资企业，或者同时属于多个合伙企业的合伙人等不同情况，其捐赠扣除亦各不相同（后续另述）	分类所得约在次月申报期往后推90日。经营所得为次年3月底前，综合所得为次年6月底前。对同时有上述三类所得的，应优先安排在分类所得中扣除的数额（20%的税负率，已跑赢大多数个人综合所得、经营所得的税负率），之后在经营所得、综合所得中统筹安排扣除。当然，在综合所得中扣除不太合适的时候，也可以对经营所得更正申报，享受扣除，进行退税
对同时有分类所得、综合所得、经营所得，但捐赠支出数额不大的	个人申报的应纳税所得额的扣除限额≥捐赠支出扣除额	有可能选择的扣除项目、适用税率等不太合适，但捐赠支出能够扣除完毕
对同时有分类所得、综合所得、经营所得，但捐赠支出数额较大的	个人申报的应纳税所得额的扣除限额＜捐赠支出扣除额	意味着个人捐赠支出，不能在当年应税所得中扣除完毕。建议： 1.捐赠支出尽可能分散开展，分次、分年捐赠，"小额、多次捐"。 2.尽量用高税负率所得扣除捐赠支出，再用低税负率所得扣除（此处是税负率，不是税率）。 3.适当选择全额扣除的捐赠项目
年终奖金、股权激励所得扣除捐赠支出	比照分类所得项目，一次性收入，一次性捐赠扣除	分次、分年捐赠，"小额、多次捐"，减税效果更好

（2）合伙企业层次公益捐赠支出的税前扣除。

表4-5"个人税前扣除公益捐赠支出的考量因素"已述，对同时有分类所得、综合所得、经营所得的个人，其发生捐赠支出的税前扣除颇为复杂。本书定位于合伙企业所得税问题，在此介绍合伙企业的捐赠税前扣除问题。

先看一下财政部 税务总局公告2019年第99号的规定：

六、在经营所得中扣除公益捐赠支出，应按以下规定处理：

（一）个体工商户发生的公益捐赠支出，在其经营所得中扣除。

（二）个人独资企业、合伙企业发生的公益捐赠支出，其个人投资者应当按照捐赠年度合伙企业的分配比例（个人独资企业分配比例为百分之百），计算归属于每一个人投资者的公益捐赠支出，个人投资者应将其归属的个人独资企业、合伙企业公益捐赠支出和本人需要在经营所得扣除的其他公益捐赠支出合并，在其经营所得中扣除。

（三）在经营所得中扣除公益捐赠支出的，可以选择在预缴税款时扣除，也可以选择在汇算清缴时扣除。

（四）经营所得采取核定征收方式的，不扣除公益捐赠支出。

由上述规定可知，个体户发生的捐赠支出，可以直接在个体户层面扣除。但对个人独资企业、合伙企业发生的捐赠支出，不能在企业层次扣除，而是"穿透"到个人投资者、个人合伙人层次扣除。

主要考虑：一是个人有合伙企业的经营所得，可能同时还有分类所得、综合所得等，个人捐赠支出在税前扣除，其实有一个在不同所得项目扣除的"摆布"问题，需要在不同所得项目"分别计算"和最终统算捐赠扣除。从道理上讲，个人合伙人可以在合伙企业层次捐赠，即由合伙企业统一捐赠，也可以由个人合伙人将捐赠支出从合伙企业"先分"出来。这时，个人合伙人如果还有其他所得项目、多笔捐赠支出，扣除情况就会很复杂。同时，个人的多笔公益捐赠支出既有适用"按比例、限额扣除"的，也有适用全额扣除的。当然，对全额扣除的捐赠支出问题不大，但对于"按比例、限额扣除"的捐赠支出，有可能出现一笔捐赠支出既在合伙企业层次扣除一次（利用一次限额），又以个人合伙人名义再扣除一次（又利用一次限额），即重复利用扣除限额，这导致实际工作中，30%的比例限额"根本没法算"，因此，财政部 税务总局公告2019年第99号文件迫不得已将合伙企业层次的捐赠支出"穿透"到合伙人去扣除。二是个体户捐赠支出未"先分"到业主层面扣除，主要是个体户与其业主"合一"。

实际上，个体户与个人独资合伙企业在经营方面没有本质区别，为什么个人独资企业的捐赠支出就要穿透到"个人投资者"层次扣除？笔者认为，个体户多为家庭生计所需创办的，是一个"生产经营行为"，一般一个家庭只兴办一个个体户；但个人独资企业是一个"投资行为"，一个人或家庭可能办多个个人独资企业。税法规定，个人在同一年度内取得两处以上经营所得，需要合并计税。基于此，将个人独资企业、合伙企业层次的捐赠支出，"穿透"到个人投资者、个人合伙人层次扣除。

实践中，个人合伙人有可能同时投资多个合伙企业并发生捐赠支出，其扣除情况较为复杂，笔者梳理了相关情形。具体如表4-6所示。

表4-6　　个人合伙人投资多个合伙企业公益捐赠支出税前扣除情况

	合伙企业	捐赠的税收处理
情形1	张三投资A普通合伙企业，为普通合伙人，约定分配比例30%，合伙企业利润总额70万元，当年合伙企业层次捐赠支出20万元，假定该20万元已从合伙企业层次扣除	A合伙企业不扣除捐赠支出的应纳税所得额应为90万元，张三"先分"27万元，对捐赠支出20万元，张三"先分"6万元＜扣除限额8.1万元（27万元×30%），可扣除完毕
情形2	张三投资A普通合伙企业，为普通合伙人，约定分配比例30%，合伙企业利润总额70万元，当年合伙企业层次捐赠支出50万元，假定该50万元已从合伙企业层次扣除	A合伙企业不扣除捐赠支出的应纳税所得额应为120万元，张三"先分"36万元，对捐赠支出50万元，张三"先分"15万元＞扣除限额10.8万元（36万元×30%），当年扣除不完，不能结转以后年度扣除。如张三还有综合所得，可在综合所得中补扣
情形3	李四投资B有限合伙企业，为有限合伙人，同时，B合伙企业的有限合伙人还包括某法人企业M，李四的约定分配比例为20%，M企业的约定分配比例为65%。当年B合伙企业利润总额1 000万元，合伙企业层次捐赠支出200万元，已在合伙企业中扣除	1.B合伙企业不扣除捐赠支出的应纳税所得额应为1 200万元，李四"先分"240万元，M企业"先分"780万元；对捐赠支出，李四"先分"40万元，M企业"先分"130万元。李四的捐赠支出，可以在此笔经营所得中扣完。 2.M企业扣除捐赠支出较为麻烦，现行政策对法人企业合伙人是否把合伙企业层次的捐赠支出也"穿透"出来，没有规定。合伙企业作为一个有独立人格的单位，应该是有捐赠权的，同时，M企业拿一张B合伙企业的捐赠票据的复印件、"先分"捐赠支出的表格，当地税务局不一定认账。笔者建议，M企业的捐赠支出就在B合伙企业直接扣除了，不再"穿透"出来，M企业向税务局申报"先分"所得为650万元。这样处理，未造成税收流失。但这里有一个问题，如M企业本身捐赠，只能按利润总额的12%扣除，改在合伙企业层次捐赠，就能扣30%，也不能算违反合伙企业的相关规定

续表

	合伙企业	捐赠的税收处理
情形4	在情形3基础上,合伙企业层次捐赠支出改为800万元,其他条件不变	1.李四从B合伙企业"穿透"出来的捐赠支出,用此笔经营所得扣不完,只能在其他所得项目中补扣。 2.M企业的情况就复杂了,李四扣不完,M企业对应的捐赠支出在合伙企业层次肯定也扣不完,超过30%比例了。另外,剩余未扣除的捐赠支出,在合伙企业不能结转以后年度补扣
情形5	1.王五投资A普通合伙企业,为普通合伙人,约定分配比例30%,合伙企业利润总额70万元,当年合伙企业层次捐赠支出20万元,假定该20万元已从合伙企业层次扣除。 2.王五投资B有限合伙企业,为有限合伙人,同时,B合伙企业的有限合伙人还包括某法人企业M,王五的约定分配比例为15%,M企业的约定分配比例为65%。当年B合伙企业利润总额1 000万元,合伙企业层次捐赠支出800万元,已按规定比例在合伙企业中扣除	1. A合伙企业不扣除捐赠支出的应纳税所得额应为90万元,王五"先分"27万元,对捐赠支出20万元,王五"先分"6万元＜扣除限额8.1万元(27万元×30%)。 2.B有限合伙企业未扣除捐赠支出的应纳税所得额应为1 800万元,扣除限额为540万元,因此,800万元实际只能扣除540万元,有260万元需纳税调增,不能在合伙企业扣除。 将应纳税所得额"先分"给王五270万元,如将捐赠额"穿透"后"先分"给王五120万元。王五此项所得的捐赠扣除限额是81万元。 3.将王五通过A、B合伙企业"穿透"的捐赠支出合计126万元,可扣除限额89.1万元,剩余36.9万元不能通过经营所得项目扣除。如其有综合所得,可在其中扣除

(3)公益捐赠支出的纳税申报。

对一个纳税年度内发生多笔捐赠支出的个人,在办理综合所得汇算清缴,以及在分类所得中扣除捐赠支出时,需填写表4-7"个人所得税公益事业捐赠扣除明细表"。个人需要妥善保存公益捐赠票据,在申报表中详细填写每一笔捐赠的捐赠凭证号、捐赠日期、捐赠金额。同时,建议个人知悉其某项捐赠支出是全额扣除还是按30%扣除,如实填写申报表。

需要说明的是,目前,税务机关与基金会之间尚未就公益捐赠票据的开票信息共享。下一步,如实现信息共享,税务部门可以进行数据比对。对未实际捐赠、虚假申报进行捐赠扣除的,将进一步加大其税收风险。

表4-7

个人所得税公益慈善事业捐赠扣除明细表

捐赠年度：年
纳税人姓名：
纳税人识别号：□□□□□□□□□□□□□□□□□□-□□
扣缴义务人名称：
扣缴义务人纳税人识别号：□□□□□□□□□□□□□□□□□□

金额单位：人民币元（列至角分）

序号	纳税人姓名	纳税人识别号	捐赠信息						扣除信息			备注
			受赠单位名称	受赠单位纳税人识别号（统一社会信用代码）	捐赠凭证号	捐赠日期	捐赠金额	扣除比例	扣除所得项目	税款所属期	扣除金额	
1	2	3	4	5	6	7	8	9	10	11	12	13

谨承诺：此表是根据国家税收法律法规及相关规定填报的，是真实的、可靠的、完整的。

纳税人或扣缴义务人负责人签字： 年 月 日

经办人签字：
经办人身份证件号码：
代理机构签章：
代理机构统一社会信用代码：

受理人：
受理税务机关（章）：
受理日期： 年 月 日

国家税务总局监制

（四）合伙企业"亏损结转弥补"如何操作

"亏损结转弥补"是合伙企业层次应纳税所得额核算的一项重要内容，颇为复杂，专题说明如下：

1. 弥补亏损的概念，在2008年实施新《企业所得税法》后有较大变化，由此影响国家税务总局令第35号对"亏损结转弥补"的处理

2008年实施新《企业所得税法》前，不论原内资企业所得税、外资企业所得税，还是个人所得税经营所得项目，应纳税所得额均为"未弥补以前年度亏损"的数额。即先计算出当年度应纳税所得额，再弥补以前年度亏损。2008年实施新《企业所得税法》后，将"弥补以前年度亏损"放在当年应纳税所得额之中，即当年应纳税所得额，是弥补以前年度亏损之后的数额，如弥补以前年度亏损后仍为负数，即表明本年度税收上亏损。具体变化情况如表4-8所示。

表4-8　　企业所得税、个人所得税应纳税所得额有关弥补以前年度亏损的变化

税种	原税收规定	现行税收规定
原内资企业所得税	（原企业所得税暂行条例）第四条　纳税人每一纳税年度的收入总额减去准予扣除项目后的余额为应纳税所得额。 第六条　计算应纳税所得额时准予扣除的项目，是指与纳税人取得收入有关的成本、费用和损失。 （原企业所得税暂行条例实施细则）第六条　条例第三条、第四条所称应纳税所得额，其计算公式为： 应纳税所得额＝收入总额－准予扣除项目金额	（企业所得税法）第五条　企业每一纳税年度的收入总额，减除不征税收入、免税收入、各项扣除以及允许弥补的以前年度亏损后的余额，为应纳税所得额
原外资企业所得税	（原外商投资企业和外国企业所得税法）第四条　外商投资企业和外国企业在中国境内设立的从事生产、经营的机构、场所每一纳税年度的收入总额，减除成本、费用以及损失后的余额，为应纳税的所得额	

续表

税种	原税收规定	现行税收规定
个人所得税	[原个体工商户个人所得税计税办法（试行）]第三条 个体户每纳税年度的收入总额减除成本、费用以及损失后的余额为应纳税所得额，据此计算应纳个人所得税额。其计算公式为： 应纳税所得额=收入总额-成本、费用及损失 应纳个人所得税额=应纳税所得额×适用税率 （财税〔2000〕91号文件）第四条 个人独资企业和合伙企业（以下简称企业）每一纳税年度的收入总额减除成本、费用以及损失后的余额，作为投资者个人的生产经营所得，比照个人所得税法的"个体工商户的生产经营所得"应税项目，适用5%—35%的五级超额累进税率，计算征收个人所得税	（国家税务总局令第35号）第七条 个体工商户的生产、经营所得，以每一纳税年度的收入总额，减除成本、费用、税金、损失、其他支出以及允许弥补的以前年度亏损后的余额，为应纳税所得额

综上所述，在原企业所得税、个人所得税经营所得项目中，是先计算出应纳税所得额，再弥补亏损。在新企业所得税、个人所得税规定中，是先弥补以前年度亏损后，再产生当年度应纳税所得额。

2.同一合伙人投资两个以上合伙企业，为什么不能跨合伙企业横向弥补亏损

财税〔2000〕91号文件规定：

> 第十四条 企业的年度亏损，允许用本企业下一年度的生产经营所得弥补，下一年度所得不足弥补的，允许逐年延续弥补，但最长不得超过5年。
> 投资者兴办两个或两个以上企业的，企业的年度经营亏损不能跨企业弥补。

上述规定，合伙企业的亏损，只能用本合伙企业以后5年内的盈利弥补，不能横跨不同合伙企业弥补亏损。对同一合伙人投资A、B两个合伙

企业，假如A合伙企业盈利，B合伙企业亏损，此时，个人合伙人仍需就A合伙企业"先分"应纳税所得额缴税，不能弥补B合伙企业亏损。下面，通过案例解释这一问题。

【案例4-1】张三与朋友投资兴办甲、乙两家合伙企业，张三在两个合伙企业中均为普通合伙人，张三在甲合伙企业中的分配比例为70%，在乙合伙企业中的分配比例为40%。2025年，甲合伙企业实现应纳税所得额100万元，乙合伙企业亏损400万元，按照"先分后税"规则，张三从甲合伙企业"先分"70万元，理论上，从乙合伙企业可以"先分"负160万元，算总账，张三还亏损90万元。但按照财税〔2000〕91号文件规定，张三需就从甲合伙企业"先分"70万元缴纳个人所得税，对其从乙合伙企业"先分"的负160万元不让扣减甲合伙企业的70万元，只能在以后弥补，张三有点想不通，去找税务局要说法，为什么个人兴办两个合伙企业，如果都盈利要合并缴税，一个赚钱、一个亏损却不能合并缴税？

解答：

（1）两家合伙企业均盈利，需要合并计税的理由：

其一，个人所得税经营所得项目是一个统一税目，其本身属于"分类综合所得"，需就其全年所得统一计税，对个人有两处经营所得的，应与有一处经营所得的承担相同税负，需将个人从两个合伙企业"先分"的所得合并计税，这样有利于公平税负。

其二，如果个人兴办多个合伙企业"先分"的所得，不合并计税，就会在政策上、税收筹划上诱导纳税人拆分所得避税，诱导对同类业务拆分兴办多个小规模合伙企业，不利于做大做强。假如纳税人兴办的甲、乙合伙企业均适用35%税率，对应速算扣除数是6.55万元，如果合并计税，只减一个速算扣除数6.55万元；如果不要求合并计税，纳税人可以减去两个6.55万元，导致少缴税款。如果纳税人应税所得数额较大，通过分拆投资多个合伙企业，可能导致税收流失。

（2）两个合伙企业，一个盈利、一个亏损，则盈利企业"先分"所得单独计税；对企业亏损，合伙人不"先分"亏损，由亏损企业在以后5年内弥补。主要理由：

其一，合伙人履行无限责任的顺序，是先以合伙企业层次的资产偿还债务，合伙企业资产不足以清偿的，再由合伙人履行剩余偿还责任。一方面，合伙企业如出现持续亏损，必然导致"资不抵债"，合伙企业只要持续经营，没有必要将债务分给合伙人，也没有必要"先分"亏损；另一方面，在合伙企业持续经营的语境下，盈亏"乃兵家常事"，今年亏损了，明年盈利了，其亏损可在5年内弥补，与向合伙人"先分"亏损相比，由合伙企业在5年内弥补，是一个更为简洁有效的技术操作。

其二，财税〔2000〕91号文件第十四条第一款规定的"合伙企业亏损逐年延续纵向弥补"与跨合伙企业横向弥补亏损在逻辑上存在冲突，二者只能选其一。实践中，两个合伙企业的合伙人是两个完全不同的群体，两个合伙企业之间除偶有个别合伙人交叉外，并无其他关联，也就是说，两个合伙企业是两个完全独立的主体。在此情况下，一方面，两个合伙企业之间不可能建立横向弥补亏损机制，这无论在法理上，还是操作上都行不通；另一方面，如建立合伙人本身的盈亏互抵机制，那就只能由合伙企业"先分"盈利，也"先分"亏损，这就产生一个矛盾：亏损的合伙企业已把亏损向合伙人"先分"了，后面就不应该再由"合伙企业亏损逐年延续纵向弥补"，否则，就会重复弥补。

其三，税收管理难以操作。从合伙人角度看，其从亏损合伙企业"先分"亏损，之后与其从盈利合伙企业"先分"利润相抵少缴税款是一个合理要求，也确实反映其实际盈亏情况。但从合伙企业层次、税务机关层次看，这根本没法操作。

从合伙企业层次看，个人张三充当多个合伙企业的合伙人，每个合伙企业的合伙人构成不同、每个合伙企业盈亏不同，张三在每个合伙企业的分配比例不同，某合伙企业亏损的后续弥补情况存在不确定性。如果允许张三在乙合伙企业的亏损弥补其在甲合伙企业的盈利，当年盈亏互抵情况也许能算清楚，但乙合伙企业已被弥补的亏损，在以后乙合伙企业盈利时，就不能再弥补。那就会出现新问题，乙合伙企业是不能弥补张三那一份"亏损"，还是要求乙合伙企业每个合伙人都不能弥补与张三那份"亏损"相对应的亏损数额？这根本没法操作。

从税务局角度看，上述情形过于复杂，而且牵扯不同纳税年度核算结转问题，合伙企业、合伙人都搞不清楚，税务局更搞不清。这些合伙企业还可能在不同省市，主管税务局不同，根本没法操作。

需要说明的是，在多层嵌套的合伙企业架构中，上层法人企业合伙人、合伙企业身份的合伙人，可以利用下层合伙企业的盈利抵减其亏损。但对下层合伙企业的亏损，只能自行弥补，无法抵减上层合伙人的盈利。

3. "弥补以前年度亏损"的税会差异情况如何

税法之所以允许企业跨年度纵向弥补亏损，其法理基础是，企业是一个持续经营的市场主体，所得税是对利润征税的，最理想的做法是等企业解散清算时，对其统一征收一次所得税，这样最为公平合理。但为满足政府征税需要，以及投资人对企业经营业绩的考核，会计上有"会计分期"假设，即按每一公历年度为周期计算其年度利润，也就是说，年度利润是在"会计分期"基础上硬造出来的一个概念和评价方法。与此相适应，所得税也按年征收，既然认可企业"持续经营"假设，又要实现按年度征税的目标，就必须允许企业跨年度纵向弥补亏损，这样，变相维持企业"持续经营"假设。

既然"跨年度纵向弥补亏损"建立在"持续经营"假设上，那么允许跨年度结转的时间越长，越接近"持续经营"假设。目前，我国企业所得税、个人所得税亏损结转年限均为5年，高新技术企业、科技型中小企业、集成电路企业的亏损结转期限10年。实际上，很多国家税法的亏损结转时间都比我国税法规定的时间长。在以后的企业所得税、个人所得税改革中，建议考虑将延长亏损结转年限作为一个改革点。

与会计核算相比，税法上的跨年度亏损结转有其现实意义。因为企业需要缴税，亏损跨年度结转，在盈利年度可以将以前亏损"吃掉"一部分，从而减少盈利年度的纳税义务，这是税法与会计对亏损结转弥补的根本区别。

在会计核算中，实际上并没有类似于税法上的跨年度亏损结转，也没有这个必要！

笔者认为，企业虽然在时间上同时编制资产负债表和利润表，但在逻辑次序上，应当是先编制利润表，之后将利润表上的经营成果反映到资产负债表中。利润表是企业在一定期间（一个时间段）的经营成果，是一个动态概念；资产负债表是企业在年末、季末、月末等时间点上的资产、负债、所有者权益情况，是一个静态概念。企业的经营成果，通过利润表过渡，反映到资产负债表上。例如，企业提取了减值准备，反映在利润表中是冲减了利润，反映在资产负债表中是减少了资产；企业出纳人员丢失了现金，表面上是一项资产损失，在资产负债表上减少了资产，但反映在利润表中，计入当期损失，则减少了当期利润。

基于上述理解，法人企业当年实现会计利润，缴纳所得税后，就形成当年税后利润，这笔税后利润就会增加资产负债表中所有者权益项下的"未分配利润"。资产负债表中的"未分配利润"，是自企业成立以来的多年累积数额，是多年来累积、弥补亏损、转增股本、分红之后的余额。对法人企业当年亏损的，利润表上会有一笔亏损，当年无须缴纳所得税，在会计上无须跨年度弥补，形成的亏损数额记入资产负债表，冲减资产负债表中的"未分配利润"。有些企业资产负债表中的"未分配利润"为负数，就是长期亏损所致。对于合伙企业，上述情况亦然。

综上所述，会计核算中并未建立类似税法上的亏损逐年结转机制，也没这个必要。笔者认为，会计核算与《公司法》中"弥补亏损"的概念含义相同，主要指用资产负债表中的"盈余公积"（正数）弥补"未分配利润"（负数），使财务报表看起来更好看些。会计核算、《公司法》"弥补亏损"的规定，更多是服务于债权人、中小投资者、潜在投资者等，主要盯着企业的资产质量和实际盈利能力。税法上的"弥补亏损"，除前述企业"持续经营"假设外，主要用于确定企业的实际纳税义务。而会计核算中的"弥补亏损"，一般不会影响所得税的纳税义务，与税法上的弥补亏损不属于同一个概念，也不属于同一事项。

4.《公司法》有关"弥补亏损"的规定

为对比理解，辑录《公司法》有关弥补亏损的条款如下：

第二百一十条 公司分配当年税后利润时，应当提取利润的百分之十列入公司法定公积金。公司法定公积金累计额为公司注册资本的百分之五十以上的，可以不再提取。

公司的法定公积金不足以弥补以前年度亏损的，在依照前款规定提取法定公积金之前，应当先用当年利润弥补亏损。

公司从税后利润中提取法定公积金后，经股东会决议，还可以从税后利润中提取任意公积金。

公司弥补亏损和提取公积金后所余税后利润，有限责任公司按照股东实缴的出资比例分配利润，全体股东约定不按照出资比例分配利润的除外；股份有限公司按照股东所持有的股份比例分配利润，公司章程另有规定的除外。

公司持有的本公司股份不得分配利润。

第二百一十四条 公司的公积金用于弥补公司的亏损、扩大公司生产经营或者转为增加公司注册资本。

公积金弥补公司亏损，应当先使用任意公积金和法定公积金；仍不能弥补的，可以按照规定使用资本公积金。

法定公积金转为增加注册资本时，所留存的该项公积金不得少于转增前公司注册资本的百分之二十五。

第二百二十五条 公司依照本法第二百一十四条第二款的规定弥补亏损后，仍有亏损的，可以减少注册资本弥补亏损。减少注册资本弥补亏损的，公司不得向股东分配，也不得免除股东交纳出资或者股款的义务。

依照前款规定减少注册资本的，不适用前条第二款的规定，但应当自股东会作出减少注册资本决议之日起三十日内在报纸上或者国家企业信用信息公示系统公告。

公司依照前两款的规定减少注册资本后，在法定公积金和任意公积金累计额达到公司注册资本百分之五十前，不得分配利润。

四、合伙企业取得利息、股息、红利收入的处理

（一）合伙企业取得利息、股息、红利收入，是一项投资收益，与正常经营所得没有本质区别

不论在《合伙企业法》，还是合伙企业实际经营活动中，对合伙企业取得利息、股息收入的处理，与合伙企业销售商品、提供劳务、转让资产等正常经营收入相比，并无特殊之处。会计核算中将利息、股息、红利收入视为一项投资收益，并入当期会计利润，与其他正常经营利润没有本质区别。

从《企业所得税法》角度看，对法人企业取得的利息、股息收入，也未与销售商品、提供劳务、转让资产等收入严格区分，将其统一并入利润总额，经纳税调整后核算出应纳税所得额，据以征收企业所得税。也就是说，会计核算和《企业所得税法》，均未对利息、股息、红利与其他收入进行特殊区分。

从税收协定、反避税规定看，对利息、股息等收入与营业利润（主要指经营主体的经营利润）等进行了区分，分别适用不同的税收规定。这一区分的动因是什么？营业利润一般指在所得来源国设立机构、场所，其利益的取得和这些机构、场所有因果关系，因此，我国《企业所得税法》对外国企业在中国设立的机构、场所按25%税率征税。这与跨境的利息、股息收入征收一道10%的预得所得税是不一样的，后者在中国境内未设立机构、场所，或此笔所得与中国境内的机构、场所没有因果关系。在税收协定的营业利润规则中，有一个引力原则或称吸引力原则，即这些利息、股息、特许权使用费等，如果是境外的非居民企业、个人的收入，境内税务局对其征收一道10%预提所得税；但如果是上述境内机构、场所提供的，

则按25%税率征税,将其按"引力"原则纳入营业利润范畴。笔者想表达的意思是,对境内法人企业、机构、场所等提供的利息、股息、红利等收入,是并入境内法人企业、机构、场所的利润"大账"中征税的,并不是将其独立出来"单独算税"。

(二)对合伙企业取得的利息、股息、红利收入,单独"穿透"计税,是特定历史时期的产物

在合伙企业所得税"先分+后税"的大规则之下,其正常经营所得均遵循这一规则,但合伙企业的"利息、股息、红利所得",不并入合伙企业应纳税所得额"大账"中,未适用5%至35%的超额累进税率。而是单独"穿透",按"利息、股息、红利所得"征收20%的个人所得税。

在税收理论界、合伙企业税收领域,对合伙企业所得税一直有"穿透"征税之说,将其视为税收透明体。即对个人通过合伙企业持股,在税收上享受视为个人直接持股的税收待遇。现行税收政策只能算"半穿透",如《合伙企业法》第六条规定:

> 第六条 合伙企业的生产经营所得和其他所得,按照国家有关税收规定,由合伙人分别缴纳所得税。

对合伙企业的所得税,其实可以选择在合伙企业层次征税,也可以"先分"到合伙人层次征税,这只是制度设计问题,并无优劣之分。我国也可以先在合伙企业层次征一道所得税,之后,再由合伙人按约定比例分配税后利润,不再征税,亦无不可。合伙企业利润分配的精髓是"分配比例灵活",并不完全在乎利润"先分后税"还是"先税后分"。当然,我国税法选择"先分"到合伙人层次征税,增加了合伙企业税制的透明度,算是"半穿透",在技术上能够兼顾对法人合伙人、个人合伙人分别适用不同的所得税制。

根据《国家税务总局关于〈关于个人独资企业和合伙企业投资者征收个人所得税的规定〉执行口径的通知》(国税函〔2001〕84号)规定,对合伙企业取得的"利息、股息、红利所得",不并入合伙企业应纳税所得

额的"大账",单独按"利息、股息、红利所得"项目,适用20%税率单独征税。国税函〔2001〕84号文件相关规定如下:

> 二、关于个人独资企业和合伙企业对外投资分回利息、股息、红利的征税问题
>
> 个人独资企业和合伙企业对外投资分回的利息或者股息、红利,不并入企业的收入,而应单独作为投资者个人取得的利息、股息、红利所得,按"利息、股息、红利所得"应税项目计算缴纳个人所得税。以合伙企业名义对外投资分回利息或者股息、红利的,应按《通知》所附规定的第五条精神确定各个投资者的利息、股息、红利所得,分别按"利息、股息、红利所得"应税项目计算缴纳个人所得税。

上述对合伙企业"利息、股息、红利所得"单独征税的背景何在?我国《合伙企业法》1997年立法实施。2001年时隔4年之后,税务总局印发国税函〔2001〕84号文件,将合伙企业的"利息、股息、红利所得"单列出来,按20%征税。在时间线上、逻辑上,其内在原因是什么?

我国自1980年实施《个人所得税法》之后,对居民个人银行储蓄存款利息一直未征收个人所得税。1997年亚洲金融危机,为拉动内需、刺激消费,对居民存放在银行内的存款利息征收一道个人所得税,以此倒逼、诱导人民群众花钱。1999年8月,第九届全国人大常委会第十一次会议修订原《个人所得税法》,将其第十二条修改为:

> 第十二条 对储蓄存款利息所得征收个人所得税的开征时间和征收办法由国务院规定。

在此基础上,1999年9月30日,国务院发布《对储蓄存款利息所得征收个人所得税的实施办法》(国务院令第272号)。对此,笔者戏称,《个人

所得税法》有两个实施条例，一是国务院配套发布的个税法实施条例；二是《对储蓄存款利息所得征收个人所得税的实施办法》。按上述规定，财政部、税务总局先后印发一系列政策规定，对居民储蓄存款利息收入，按"利息、股息、红利所得"，由银行扣缴20%的个人所得税，主管税务机关为原国税局。

这样，就滋生一个问题，居民个人的银行存款利息收入按20%征收个税，查账征收的个体户、个人独资企业、合伙企业（当时尚无有限合伙人，合伙人均为个人）的银行存款利息却执行5%至35%。理论上、视觉上感觉个体户、个人独资企业、合伙企业的税负偏重。实际情况是，绝大部分个体户都核定征税，其税负非常低。在超额累进税率下，中低收入的个人独资企业投资者、合伙企业的合伙人的税率往往低于20%，有些收入略高的个人独资企业投资者、合伙企业的合伙人适用35%税率。表面上，这一小部分高收入者适用35%税率"吃亏"。这时就有个别"砖家"呼吁"公平税负"，税务总局2001年印发国税函〔2001〕84号文件，将个人独资企业、合伙企业取得的利息、股息、红利收入，单独拿出来"穿透"视为个人独资企业投资者、合伙企业的合伙人直接投资，按"利息、股息、红利所得"征收20%的个人所得税。

需要说明的是，自2013年1月1日起，根据《财政部 国家税务总局 证监会关于实施上市公司股息红利差别化个人所得税政策有关问题的通知》（财税〔2012〕85号）、《财政部 国家税务总局 证监会关于上市公司股息红利差别化个人所得税政策有关问题的通知》（财税〔2015〕101号）、《财政部 税务总局 证监会关于继续实施全国中小企业股份转让系统挂牌公司股息红利差别化个人所得税政策的公告》（财政部 税务总局 证监会公告2019年第78号）等规定，对个人持有境内上市公司股票取得的股息红利所得，按其持股时间实行差别化个税优惠政策。以财税〔2015〕101号文件为例列示如下：

一、个人从公开发行和转让市场取得的上市公司股票，持股期限超过1年的，股息红利所得暂免征收个人所得税。

个人从公开发行和转让市场取得的上市公司股票，持股期限在1个月以内(含1个月)的，其股息红利所得全额计入应纳税所得额；持股期限在1个月以上至1年(含1年)的，暂减按50%计入应纳税所得额；上述所得统一适用20%的税率计征个人所得税。

二、上市公司派发股息红利时，对个人持股1年以内（含1年）的，上市公司暂不扣缴个人所得税；待个人转让股票时，证券登记结算公司根据其持股期限计算应纳税额，由证券公司等股份托管机构从个人资金账户中扣收并划付证券登记结算公司，证券登记结算公司应于次月5个工作日内划付上市公司，上市公司在收到税款当月的法定申报期内向主管税务机关申报缴纳。

在此提示，对个人合伙人通过合伙企业持有上市公司股票取得的股息红利所得，目前未给予股息差别化个税优惠政策。主要原因是，股息差别化个税优惠政策，主要针对个人直接持股，而合伙企业持股属于机构投资者。当然，这一问题的处理不是绝对的，在理论和政策上，对个人通过合伙企业间接持股亦给予差别化优惠，似乎也未无不可。

（三）时至今日，合伙企业的利息、股息、红利收入单独"穿透"按"利息、股息、红利所得"适用20%税率征税政策，遇到3个挑战

1. 挑战之一：对储蓄存款利息暂停征收个税，对合伙企业的利息、股息、红利收入单独"穿透"征税的逻辑、历史原因已经发生变化，还要不要继续单独征税

我国1999年11月1日起对居民储蓄存款利息所得按20%税率征收个税。2007年7月，国务院修订《对储蓄存款利息所得征收个人所得税的实施办法》(国务院令第502号)，自2007年8月15日起，将储蓄存款利息所得税率下调为5%。根据《财政部 国家税务总局关于储蓄存款利息所得有关个人所得税政策的通知》(财税〔2008〕132号)规定，自2008年10月9日起，对储蓄存款利息所得暂免征收个税。财税〔2008〕132号文件规定如下：

为配合国家宏观调控政策需要，经国务院批准，自 2008 年 10 月 9 日起，对储蓄存款利息所得暂免征收个人所得税。即储蓄存款在 1999 年 10 月 31 日前孳生的利息所得，不征收个人所得税；储蓄存款在 1999 年 11 月 1 日至 2007 年 8 月 14 日孳生的利息所得，按照 20% 的比例税率征收个人所得税；储蓄存款在 2007 年 8 月 15 日至 2008 年 10 月 8 日孳生的利息所得，按照 5% 的比例税率征收个人所得税；储蓄存款在 2008 年 10 月 9 日后（含 10 月 9 日）孳生的利息所得，暂免征收个人所得税。

前已述及，对个人独资企业、合伙企业取得利息、股息、红利收入"穿透"出来，单独按"利息、股息、红利所得"征税，是为平衡居民个人储蓄利息与个人独资企业、合伙企业的银行存款利息的税负问题。那么，当居民储蓄利息暂免征收个税后，个人独资企业、合伙企业取得的利息、股息、红利收入是否还需单独适用 20% 税率征税？这是一个挑战。

2. 挑战之二：2006 年，国家修订《合伙企业法》，设立有限合伙人，允许法人企业等充当合伙人，对有限合伙企业的利息、股息、红利所得中，对应法人合伙人的部分征收个税，不太合适

修订后的《合伙企业法》在借鉴国际经验基础上，有多处创新：一是增设有限合伙企业，其普通合伙人承担无限或无限连带责任，有限合伙人作为一个"投资者"，以其出资额为限承担有限责任；二是允许法人企业、事业单位、社会团体等充当合伙人，《合伙企业法》第三条规定："国有独资公司、国有企业、上市公司以及公益性的事业单位、社会团体不得成为普通合伙人"，这从反面意味着国有独资公司、国有企业、上市公司以及公益性的事业单位、社会团体可以充当有限合伙人。

这样就出现一个问题，对个人和法人企业联合设立合伙企业，其合伙人包括个人合伙人、法人合伙人、合伙企业身份的合伙人。此前，对合伙人均为个人的合伙企业，从被投资企业取得利息、股息、红利单独按"利息、股息、红利所得"征收个税，没什么争议。但对个人、法人企业、合伙企业联合设立的合伙企业，取得的利息、股息、红利收入再笼统地征收个税就有歧义，因为法人合伙人、合伙企业身份的合伙人，本身不一定是个税纳税人。在此情况下，有的合伙企业收到利息、股息、红利收入后，对按约定分配比例归属个人合伙人的部分，征收个人所得税。

这又产生一个新问题，合伙企业取得利息、股息、红利收入中，对应个人合伙人部分已征税，对应法人合伙人、合伙企业合伙人部分未征税。未征税的部分怎么办？是向这些合伙人分配吗？还是让其"带回去"征税？对其适当分配能够实现个人合伙人与法人合伙人的税负平衡，但万一合伙企业缺钱不想分配呢？万一合伙企业有钱不想分配呢？会计人员在作账、缴税时就比较麻烦。

3.挑战之三：有些地方政府、招商园区在招商引资中，擅自规定对合伙持股平台、合伙制私募股权投资基金中的投资收益，笼统地按20%缴纳个人所得税，滥用税收政策，导致税负不公，存在税收流失

合伙持股平台、合伙制私募股权投资基金主要有两类收益：一是利息、股息、红利收入；二是投资产品、金融商品、股权等转让收入，即财产转让收入。在合伙企业税收政策架构下，对法人企业合伙人取得财产转让收入应按25%税率缴纳企业所得税，对个人合伙人取得财产转让收入应按经营所得适用5%至35%税率征收个税。有的地方政府、招商园区在招商引资中擅自规定，合伙企业中的个人有限合伙人取得各类投资收益，笼统按20%征收个税，从而在全国出现很多"税收洼地"，扰乱了财经秩序，引起地区之间无序的税收竞争。

笔者知道，地方政府、招商园区之所以敢违规擅自出台此类"土政策"，其法理借口、逻辑依据、政策底气主要是国税函〔2001〕84号文件对利息、股息、红利所得"穿透"按20%征税的规定。

上述三个挑战，就需要反思国税函〔2001〕84号文件对合伙企业取得的取得利息、股息、红利收入，是否还继续"穿透"，单独按"利息、股息、红利所得"征收个税。

（四）如维持对合伙企业利息、股息、红利收入"穿透"按"利息、股息、红利所得"适用20%税率征收个税，有四个问题待明确。

1.问题之一：合伙企业当年亏损，取得利息、股息、红利收入是否可以先弥补亏损，不征税，还是不能弥补亏损，必须先征税

【案例4-2】甲合伙企业有两个合伙人，张三与李四，甲合伙企业当年亏损100万元，同时，甲合伙企业从被投资企业取得股息收入30万元，这就有两种处理意见：方案一，将这30万元股息收入弥补当年亏损，先不征个税；方案二，先征个税，100万元亏损在以后5年内弥补。

解答：

（1）方案一、方案二都有道理，笔者更倾向方案一，即将其弥补亏损，先不征个税。主要理由：

其一，合伙企业层次本身是一个独立利益载体，由于国税函〔2001〕84号文件，将其单独征税，这一前提应当是合伙企业盈利的情形下，现在合伙企业亏损了，先弥补亏损更符合合伙企业的整体利益。

其二，从合伙人角度看，其利益构成中，并不区分正常经营利润、财产转让收益、"利息、股息、红利所得"，其亦无必要区分。

其三，类比一下税收协定的规则，税收协定中的"营业利润"是有吸引力规则的，只要是这个机构、场所发生的"利息、股息、红利"收入、财产转让收益等，都是不单独征税的，而是纳入"营业利润"中统一税收处理。

其四，将"利息、股息、红利所得""穿透"出来，单独按20%税率征税，属于特定历史时期的特殊规定。"穿透"的是消极所得，既然"利息、股息、红利所得"可以"穿透"征税，股权转让所得同样也是消极所得，也可以"穿透"征税的，只是缺乏政策文件支撑而已。

（2）遇到这一问题，还是向主管税务局咨询一下，以免后面加收滞纳金。因为国税函〔2001〕84号文件没有区别合伙企业盈亏等不同场景，只规定了征税。虽然笔者自认为分析得有道理，但文件是既定的。

该案例是只有个人合伙人的情形，假如包括法人合伙人，可能方案一更优。

【案例4-3】接续【案例4-2】，甲合伙企业有三个合伙人，张三、李四、M法人企业，甲合伙企业当年亏损100万元，同时，甲合伙企业从被投资企业取得股息收入30万元，其他条件不变。

解答：

此时方案一更优，即将30万元用于弥补亏损，不征个税。主要优点：

其一，假如合伙企业盈利，对30万元按"利息、股息、红利所得"征税，由于该合伙企业包括M法人企业，M法人企业是不需征个税的。实践中大多数合伙企业也是按合伙协议分配比例，对个人合伙人的部分征税，法人合伙人的部分未征税。现在的问题是，法人合伙人未征税，这一部分怎么处理，暂无规定。如果采用方案一，先补亏，也就回避了法人合伙人这一部分该怎么处理的问题了。

其二，从真实盈利角度看，合伙企业分回的30万元，先弥补亏损，其实是准确反映合伙企业的盈亏情况的，此时对其征税，反而不太好。

为增强国税函〔2001〕84号文件执行效果，笔者出一个"馊主意"，对合伙企业取得"利息、股息、红利所得"，如还保留"穿透"按20%征税方法，建议不再区分其法人合伙人、个人合伙人，直接全部按20%税率征税也是可以的。大多数合伙企业此时不会直接分配，征税后将其归入所有者权益项下"已税未分配利润"，将来向个人合伙人、法人合伙人分配时，也不再征税了。这样简单省事。而且企业所得税、个人所得税的中央与地方分享比例都是6∶4，对法人企业合伙人而言，还把名义税率从25%降到20%，也算给点优惠，有利于加强个税管理，避免各省市处理方法不一致。

2.问题之二：合伙企业取得理财产品、资管产品的"持有收益"，也要"穿透"吗

合伙企业投资理财产品、资管产品，以及其他金融资产、投资性不动产等，其取得的收益中肯定包括利息、股息等"持有收益"，也包括金融资产的处置收益、回购收益等。建议对此不再"穿透"按20%税率征税，这样更符合合伙企业实质，如果合伙企业所有收入项目都"穿透"征税，那就不叫合伙企业了。

实践中，有的合伙企业遇到此种情形，采取"有利"原则，当合伙人税率高于20%时，选择"穿透"按20%税率征税；当合伙人税率低于20%时，将其并入经营所得中，适用5%至35税率，其实际税负率低于20%。这一作法"听起来很美"，但实操性不强。一方面，当合伙企业足够大时，其合伙人也足够多，怎么能保证所有合伙人的税率均高于或低于20%？这是没法做到的。对于一个合伙企业同一事项而言，不能有的合伙人的利息、股息并入利润"大账"统一征税，有的不并入利润"大账"，分别征税，这不具可行性。另一方面，在税收规则不太清晰的情况下，合伙企业应采取统一处理方法，但这个方法不能每年都变，要多年连续一致，这是避免税收风险的一个基本要求。

3.问题之三：合伙企业取得"利息、股息、红利所得"在哪里征税，是扣缴还是自行申报

国税函〔2001〕84号文件执行多年来，这个问题一直未专门规定，由各省市税务局按照《个人所得税法》的一般规则进行判断。

【案例4-4】甲合伙企业注册在浙江杭州，包括5个合伙人，张三的经常居住地在河北，李四的经常居住地在山东，王五的经常居住地在浙江，杜六的经常居住地在江苏，甲合伙企业另有1

法人企业合伙人M注册在安徽，上述5个合伙人的约定分配比例分别为1∶2∶2∶1∶4。甲合伙企业投资于江西南昌的S上市公司。假如S公司向甲合伙企业分配股息5 000万元，该如何缴纳个税。

解答：

（1）由于合伙企业不属于自然人，S上市公司派发5 000万元股息时，不会扣缴个税，因此，这笔个税一般在甲合伙企业所在地杭州缴纳。

（2）按上述约定分配比例，张三、李四、王五、杜六、法人合伙人的分配数额（不代表实际分配，此处为"先分"）分别为500万元、1 000万元、1 000万元、500万元、2 000万元。对4名个人合伙人分别征收个税100万元、200万元、200万元、100万元，在合伙企业所在地杭州入库。对法人合伙人的2 000万元，目前不一定实际分配。此时出现两种情形：

情形1：上述5 000万元征税后，直接分配。那么，张三、李四、王五、杜六在杭州缴纳个税后，实际获取税后利润400万元、800万元、800万元、400万元；法人合伙人直接分回2 000万元，并入其利润缴纳企业所得税。

情形2：上述5 000万元征税后，不分配。甲合伙企业当年会计利润1.5亿元（包括上述5 000万元），假如纳税调增2 000万元，那么当年应纳税所得额为1.2亿元（1.5亿元+2 000万元−5 000万元）。由于5 000万元中的3 000万元已征个税，那么应纳税所得额1.2亿元按约定分配比例"先分"如下：张三1 200万元、李四2 400万元、王五2 400万元、杜六1 200万元、法人合伙人4 800万元；另法人合伙人应分配的2 000万元股息还未征税，则法人合伙人为6 800万元。个人合伙人在合伙企业所在地杭州缴纳个人所得税，6 800万元由法人合伙人并入其利润总额，在安徽缴纳企业所得税。

这样，甲合伙企业"先分后税"之后，实际并未向合伙人分配，在其所有者权益项下，增设"已税未分配利润"科目。记账如下：

已税未分配利润——张三1 186.55万元（400万元+786.55万元）（说明，张三1 200万元，按35%税率，缴税413.45万元，杜六下同）；

已税未分配利润——李四2 366.55万元（800万元+1 566.55万元）（说明，李四2 400万元，按35%税率，缴税833.45万元，王五下同）；

已税未分配利润——王五2 366.55万元（800万元+1 566.55万元）；

已税未分配利润——杜六1 186.55万元（400万元+786.55万元）；

已税未分配利润——法人合伙人6 800万元（法人合伙人在安徽自行另掏钱完税，未分配）。

这样，会计核算中对每一合伙人均记载"已税未分配利润"，就会出现新问题：

其一，个别合伙人转让财产份额，还需考虑新合伙人对原合伙人"已税未分配利润"的继承关系，较为复杂。

其二，合伙企业清算时，核算的是整个合伙企业清算的应纳税所得额，之后应减去"已税未分配利润"，相当于用一个公共的应纳税所得额减去一个可以细分你我的已税未分配利润，最终核算结果，在技术上分不清每一合伙人的清算所得。

如要分清这个问题，此时需将清算所得先向每一合伙人"预分"，之后，每一合伙人用其"预分"的清算所得，减去每一合伙人登记在"已税未分配利润"中的余额，之后即为其清算所得的应纳税所得额，再分别缴税。

如果合伙企业清算所得是一个负数，不需缴税，上述再区分每一合伙人在"已税未分配利润"中的数额，就意义不大了。

据了解，大多数合伙企业对"已税未分配利润"并未详细记载到每一合伙人名下，对每一合伙人属于一个笼统数。实际上，合伙人对合伙企业财产、经营所得是一种法律上的按份共有关系，时间长了，很多东西根本算不清，笔者建议"已税未分配利润"不必详细记载每一合伙人的具体数额。但为减少合伙人之间矛盾，建议合伙企业实现利润后，每年都做一定分配，让实际分配数额覆盖到所缴纳的税款。从该案例看，法人合伙人在安徽缴税，如果把所实现利润的50%以上在缴税之前分配，合伙人不用"从兜里另外掏钱缴税"。

4.问题之四：在多层嵌套合伙企业架构中，底层合伙企业取得的利息、股息、红利收入，可以"穿透"多层合伙企业按20%税率缴纳个税吗

这个问题较为复杂，以案例说明如下。

【案例4-5】某多层嵌套合伙企业的架构如图4-2所示：

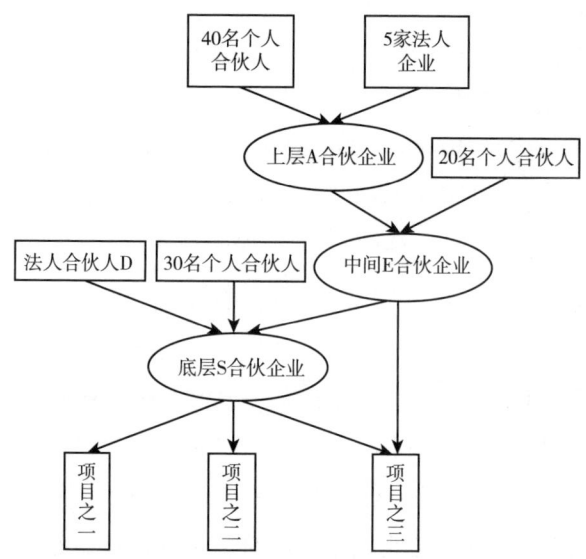

图4-2 合伙企业多层嵌套架构下"利息、股息、红利"征税情况

如图4-2所示，项目之三是一家法人企业，当年会计利润1 000万元，纳税调整后应纳税所得额1 200万元，当年实际分配税后利润300万元。底层S合伙企业持股30%，中间E合伙企业

持股10%。在底层S合伙企业中，法人合伙人D、30名个人合伙人、中间E合伙企业的约定分配比例为2∶5∶3。对项目之三当年分配的税后利润300万元，在底层S合伙企业、中间E合伙企业中，如何纳税？

解答：

（1）项目之三当年分配股息300万元，其中，底层S合伙企业取得90万元，中间E合伙企业取得30万元。

（2）底层S合伙企业的30名个人合伙人按约定分配比例，取得45万元，合计按"利息、股息、红利所得"和20%税率缴纳个税9万元。另对应法人合伙人D18万元，并入其年度应纳税所得额中统一处理，由其缴纳企业所得税；另对应中间E合伙企业27万元。笔者认为，这27万元由底层S合伙企业"先分"给中间E合伙企业，应作为从底层S合伙企业取得的经营所得，不应再视为"利息、股息、红利所得"，中间E合伙企业不应再按20%缴纳个税。

（3）中间E合伙企业从项目之三中直接分配股息30万元，其20名个人合伙人对应的部分，可按"利息、股息、红利所得"20%税率，缴纳个人所得税。

实践中，有些合伙企业将底层S合伙企业对应中间E合伙企业27万元，一并"穿透"到中间E合伙企业。中间E合伙企业按收到股息合计57万元。

笔者认为这样处理不妥。主要理由：一是合伙企业从法人企业的税后利润中分配取得的利益，可以称为股息，从合伙企业取得的收益，不能称之为股息；二是合伙企业对其合伙人，只能分配经营所得，是其经营的税前成果，不宜由个人合伙人"穿透"出来按20%征税。

合伙人层次的财产份额转让,以及入伙、退伙

第四章介绍了合伙企业层次的税基核算,相关业务发生在"合伙企业"身上,本章介绍合伙人层次的财产份额转让、入伙、退伙,相关业务发生在"合伙人"身上。为以示区别,标题中采用"合伙人层次"的概念。

合伙人转让财产份额,合伙人入伙、退伙,其行为主体为合伙人,结果由合伙人承担,有可能导致合伙人获得、丧失合伙人身份。个人合伙人转让财产份额,按"财产转让所得"适用20%税率缴纳个人所得税;个人合伙人退伙、清算所得,按"经营所得"适用5%至35%的超额累进税率征收个税。二者之间在定性、适用税收政策方面是有区别的,实践中,存在故意混淆概念、错误适用税收政策问题。

第一节 合伙人层次转让财产份额的所得税问题

一、合伙人转让合伙企业财产份额

(一)合伙人在合伙企业中的财产份额

1.合伙企业的财产

合伙企业是"人合性+资合性"企业,合伙人之间是一种经济契约关系。合伙人之间因经营理念、性格、处事方式等具有相近性、互补性,为从事某项经营活动走到一起创办合伙企业。为减少矛盾,有效磨合,及时处理纠纷，合伙人之间靠合伙协议、合伙人会议、合伙人协商等契约形式约束各合伙人。

合伙企业作为一个市场经营主体，以盈利为目标，其设立、运营乃至解散清算，都离不开钱，需要各合伙人的投入和经营活动的增值。这些就会形成合伙企业的资产、财产。注意：经济学中经常使用"资产"概念，民商法中经常采用"财产"概念，其实二者是有区别的，资产是动态的，其能带来预期经济利益的流入，强调经营获利的理念；财产是静态的，多指经营成果及其积累。

在《合伙企业法》中，更多使用"合伙企业财产"概念。合伙企业财产是一个静态概念，是合伙人企业拥有、控制的总资产，类似于法人企业的资产负债表中的总资产，不仅包括合伙人的出资，还包括合伙企业的经营收益，合伙企业依法取得的其他财产，如拆迁收入、赔偿款等，是"总资产"概念。在合伙企业中，普通合伙人可以"劳务"出资，实际上"劳务"出资无法编入资产负债表，不能算"财产"，但其有盈利能力，可以算"资产"，只能作为合伙人约定分配比例，享受利润分配的依据。

多个合伙人共同设立了合伙企业，合伙企业是受法律保护的市场经营主体，就要保证合伙企业经营稳定，保护合伙企业的整体利益，其核心要点就是保护合伙企业的"财产完整"。未经合伙协议约定或合伙人协商一致，个别合伙人不能随意取回财产，不得请求分割合伙企业的财产。这个法理精神，与法人企业中个人股东投资后不能随意撤资的法律精神是一致的。

同时，《合伙企业法》遵守社会契约精神，讲究诚信、降低社会交易成本。合伙企业成立后，就会对外发生交易，法律保护正常交易的履行。《合伙企业法》第二十一条规定，"合伙人在合伙企业清算前私自转移或者处分合伙企业财产的，合伙企业不得以此对抗善意第三人"，此时，善意第三人并不清楚个人合伙人与其交易、合同、债权债务支付等是"个人行为"还是"合伙企业行为"，即个人合伙人的行为由个人负责，合伙企业不得以此对抗善意第三人。这是一条保护社会交易的规则，保护外部债权人的利益。也就是说，个人合伙人可能因各种行为导致合伙企业财产受损，这时候要保护整个社会契约精神，降低社会正常交易的风险。处理的次序是，先处理合伙企业与外部第三人的正常交易，之后，再由合伙企业与犯错误的个别合伙人"算总账"。《合伙企业法》规定如下：

> 第二十一条　合伙人在合伙企业清算前，不得请求分割合伙企业的财产；但是，本法另有规定的除外。
> 　　合伙人在合伙企业清算前私自转移或者处分合伙企业财产的，合伙企业不得以此对抗善意第三人。
> 第二十五条　合伙人以其在合伙企业中的财产份额出质的，须经其他合伙人一致同意；未经其他合伙人一致同意，其行为无效，由此给善意第三人造成损失的，由行为人依法承担赔偿责任。

从《合伙企业法》第二十五条看，合伙人不能随意以其合伙财产份额"出质""抵押"，对此种行为，必须事先经其他合伙人一致同意。因为，这种"出质""抵押"可能导致财产份额被执行，从而使原合伙人失去"合伙人身份"，导致新合伙人入伙。合伙企业是"人合性"企业，原合伙人团队并不一定喜欢这个新人，新人入伙能否与原合伙人团队有效合作，存在不确定性，加大了合伙企业运营风险。因此，新人入伙，必须经其他合伙人一致同意。

2.合伙企业的"总资产"，并不等于每一合伙人的财产份额之和

其一，合伙企业"总资产"相当于资产负债表中的资产总额，合伙企业除资产外，还有负债，每一合伙人的财产份额之和相当于资产负债表中的所有者权益，既包括其出资额，也包括合伙企业经营盈余中的个人份额占比。同时，合伙企业资产是一种运营资产，聚合在一起有盈利能力，而非简单的财产数额累加。

其二，普通合伙人以"劳务"出资，前已述及，"劳务"代表一种特殊的专业能力、经营资源、人脉关系等，这种"劳务"与特定的普通合伙人相依附、不可分割，不能编入资产负债表。如果第三人主张普通合伙人在合伙企业的财产份额，假如该普通合伙人完全以"劳务"出资，至多按约定分配比例从合伙企业盈余中分得部分利益，其"劳务"出资部分是没法转让、没法抵顶债务，也难以强制执行。

综上，除"劳务"出资外，理论上，合伙企业的"净资产"基本等于每一合伙人的财产份额之和。合伙人在合伙企业的财产份额，是合伙协议约定，或合伙人协商一致，每一合伙人名义上占有合伙企业"净资产"的份额。

（二）合伙人层次转让合伙企业的财产份额

合伙人在合伙企业中的财产份额，是其投入"人合性"企业的一份财产。该财产份额对整个合伙企业稳定经营具有重要意义，如随意撤出，则会影响合伙企业的持续稳健经营，这不符合合伙企业的契约精神，不利于合伙企业"集体利益"。

在规范的合伙协议中，对合伙人转让财产份额情形应该有约定条款。在约定条款范围内，合伙人是可以转让合伙企业的财产份额的，既照顾合伙企业利益，也兼顾合伙人的自由选择。合伙人转让合伙份额可能有多种原因，如与其他合伙人经营理念不同，经营战略不能协调一致，性格不合，出现合作纠纷等，导致合伙人转让财产份额，或要求退伙。此外，合伙人债务如不能及时偿还，被债权人起诉，或被法院强制执行，都会发生合伙人财产份额的转让。

对普通合伙人转让财产份额，《合伙企业法》从保护合伙企业整体利益角度，作了一定限制，"须经其他合伙人一致同意"；对有限合伙人转让财产份额，因有限合伙人不参与执行合伙事务，只是一个财务投资者，《合伙企业法》未要求"须经其他合伙人一致同意"，将此情形通知其他合伙人即可。

对合伙人转让合伙份额，内部合伙人在相同条件下，有优先受让权。此处优先受让权，限于同等条件下，如果外部第三人出价较高，内部合伙人不愿出同样高的价格，则无优先受让权，不宜借此压低出让方合伙人的转让价格。

对于外部第三人通过交易、抵顶债务等方式取得合伙企业财产份额的，如其他合伙人同意，经修改合伙协议，就变成新合伙人；如大家不能合作，则只能给原合伙人退伙，让其以退伙收回的财产份额偿还债务。

参考一下《合伙企业法》有关财产份额转让的规定：

  第二十二条 除合伙协议另有约定外，合伙人向合伙人以外的人转让其在合伙企业中的全部或者部分财产份额时，须经其他合伙人一致同意。

  合伙人之间转让在合伙企业中的全部或者部分财产份额时，应当通知其他合伙人。

  第二十三条 合伙人向合伙人以外的人转让其在合伙企业中的财产份额的，在同等条件下，其他合伙人有优先购买权；但是，合伙协议另有约定的除外。

  第二十四条 合伙人以外的人依法受让合伙人在合伙企业中的财产份额的，经修改合伙协议即成为合伙企业的合伙人，依照本法和修改后的合伙协议享有权利，履行义务。

  第七十三条 有限合伙人可以按照合伙协议的约定向合伙人以外的人转让其在有限合伙企业中的财产份额，但应当提前三十日通知其他合伙人。

在合伙人转让财产份额时，对合伙企业的估值是一个非常重要的因素，这在较大程度上决定着合伙企业财产份额的转让价格，尽管合伙企业可能亏损，但如研发出新的专利技术，有商业模式创新，有某项特定资源，实际上合伙企业是溢价的，并不一定按原账面净资产定价，会出现溢价转让。此时，合伙企业估值是合伙人与"买方"商谈交易价格的重要砝码。

二、合伙人层次转让合伙企业财产份额涉及的所得税问题

合伙人包括法人企业合伙人、个人合伙人、合伙企业身份的合伙人，对其缴纳所得税问题，分述如下：

（一）法人企业合伙人转让合伙企业财产份额

法人企业合伙人转让财产份额，属于其一项投资资产处置收益，并入法人合伙人的税前利润，经纳税调整，核算出应纳税所得额，按25%税率计算企业所得税。对符合优惠政策条件的，按规定享受税收优惠。

法人合伙人本身是一个法人企业，与其他合伙人共同设立了合伙企业。法人企业合伙人向外部第三人，或内部其他合伙人转让财产份额，可以一次性全部转让，也可转让部分财产份额。对一次性全部转让的，其不再属于该合伙企业的合伙人；对转让部分财产份额的，其仍属于该合伙企业的合伙人，但因其财产份额减少了，其约定分配比例也会降低。

法人企业合伙人转让财产份额，是一项投资资产的处置业务，计算公式为：

转让财产份额的收益 = 财产份额转让收入 − 该财产份额相应成本 − 相关税费

转让合伙企业财产份额，不属于金融商品转让，目前未征收增值税，也不属于印花税征税范围。上述公式的计算结果如为正数，属于法人企业合伙人的税前利润，并入应纳税所得额，也可用其弥补亏损。上述公式计算结果如为负数，表明法人合伙人转让财产份额亏损，可以作为资产损失，在企业所得税汇算清缴时申报税前扣除。

（二）个人合伙人转让合伙企业财产份额

2019年个人所得税改革之前，个人合伙人转让合伙企业财产份额视为经营所得，按5%至35%税率计算个人所得税。

2019年个人所得税改革，将个人转让合伙企业财产份额改为适用"财产转让所得"项目，适用20%税率计算个人所得税。这样修改的主要考虑：一是从定性角度看，个人合伙人在合伙企业中的财产份额，确实属于其一份财产，与个人股东在法人企业中的股权，有较大相似性。二是从税收政策平衡和征管角度看，个人转让法人企业股权，按"财产转让所得"征收个税，适用20%税率；个人转让合伙企业财产份额，原来按经营所得项目征收个税，适用5%至35%税率。一方面税负不平衡，另一方面，在税负不平衡的情况下，个人合伙人颇有微词，并以此为由怠于缴税。

修改后的《个人所得税法实施条例》规定如下：

> 第六条 个人所得税法规定的各项个人所得的范围：
> （八）财产转让所得，是指个人转让有价证券、股权、合伙企业中的财产份额、不动产、机器设备、车船以及其他财产取得的所得。

上述条款中"合伙企业中的财产份额"是2019年个税改革中的新增内容。对个人合伙人转让财产份额的投资收益，应当在合伙企业所在地，按20%计算缴纳个人所得税。

（三）合伙企业身份的合伙人转让合伙企业财产份额

合伙企业本身不属于所得税纳税人。在多层嵌套的合伙企业架构中，假如底层合伙企业M有合伙企业身份的合伙人N，合伙企业身份的合伙人N转让合伙企业M的财产份额，对合伙企业N而言，这属于一项投资资产处置业务。计算公式为：

> 转让财产份额的收益=财产份额转让收入－该财产份额相应成本－相关税费

该公式与法人企业合伙人转让财产份额投资收益的公式相同，不再赘述。

合伙企业N收到此笔投资转让收益后，应将其并入利润总额"大账"，可用于弥补亏损，之后，经纳税调整，计算出合伙企业N层面的应纳税所得额。然后，按照"先分后税"规则，由其法人合伙人、个人合伙人分别缴纳企业所得税、个人所得税。合伙企业N如仍有合伙企业身份的合伙人，再向上"穿透"，直到其合伙人均为法人合伙人、个人合伙人为止。

行文至此，有人问，如果合伙企业身份的合伙人N都是个人合伙人，其个人合伙人按什么税目缴纳个人所得税？

笔者认为，合伙企业N转让其所持合伙企业M的财产份额，其转让收益应并入合伙企业N的利润"大账"之中，属于合伙企业N的一项正常经营收益，合伙企业N的个人合伙人，应按经营所得项目，适用5%至35%超额累进税率，计算个人所得税；不应比照适用"财产转让所得"，不应适用20%税率。

三、合伙人持有合伙份额的计税基础，不等于合伙企业资产的计税基础，这是一个税收风险点

（一）合伙人持有合伙份额的计税基础，不等于合伙企业资产的计税基础

这是一个民营老板经常误读误解的税收问题，有一定迷惑性和风险性。特别是私募股权投资领域、持股平台、股权激励持股合伙企业等个人合伙人，溢价购买合伙企业的财产份额之后，在合伙企业转让所持股票需要缴税时，用其"购买财产份额的支出"，想当然地视为合伙企业所持股票的计税成本，从而滥用税收政策，增加税收风险。

笔者提示：一是合伙企业所持股票的计税成本，实行历史成本原则，以合伙企业实际购置股票的支出为计税基础，在此基础上考虑增减资、股票分红等情况，适当调整合伙企业所持股票的计税成本。二是合伙人所持合伙企业财产份额的计税成本，以合伙人对合伙企业实际投资、增减资、中途购置其他合伙人的财产份额等视为财产份额的计税基础，期间可能有微小调整，但其与合伙企业所持股票的计税成本没有直接关系。三是新合伙人购买老合伙人的财产份额，如该合伙企业的主要资产是股票，双方定价时会考虑股票的市场价值，以此作为转让合伙企业财产份额的定价依据，但不能因此调整合伙企业所持股票的计税成本，二者毫无直接对应关系。举一个案例说明如下：

【案例5-1】 A公司为深交所上市企业，其上市之前对高管、核心技术人员做过一次股权激励，总的被激励股数1 000万股，被激励对象均缴纳了个税。以张三为例，张三被激励20万股，

每股行权价格为6元，行权时A公司的净值为每股10元。在行权时，张三已就该股权激励所得80万元［（10元-6元）×20万股］计算缴纳了个人所得税。

此后，A公司筹划上市，由于A公司股东人数超过200人，不符合证监会有关公司上市的股东人数要求，同时，为保证大股东在公司上市之后的投票权，避免员工随意减持，将上述已税的股权激励限售股票设立B合伙企业，每一被授权对象均为有限合伙人，大股东为普通合伙人，每一被授权对象按所持股票份数和每股10元的数额确认为其对B合伙企业的出资额。

2年后，A公司上市，高管、核心技术人员原已行权的股权激励股票改为限售股，锁定期结束后，上述股票解禁。此时股价为每股40元，并且都被装入B合伙企业中。对此，有的高管、核心技术人员向大股东提出，如果其股票不装入B合伙企业，只需按20%税率缴纳一道个税即可，现在装入B合伙企业后，需缴纳35%的个税，这是高管、核心技术人员为支持公司上市作出的牺牲。

大股东考虑到这些情况，听说合伙企业的财产份额转让可以适用20%税率，决定按每股40元价格收购高管、核心技术人员在B合伙企业的财产份额，保证高管、核心技术人员的利益不受损。高管、核心技术人员就财产份额转让，按20%税率缴纳了个税。同时，大股东想当然地认为，自己掏了每股40元购买合伙企业财产份额，也可以按每股40元作为股票成本税前扣除，从而，B合伙企业按40元把股票卖出，也无须缴税，同时尽快将B合伙企业注销，自认为这是一个天衣无缝的好方案。

大股东委托会计师事务所向税务局办理B合伙企业的清税注销手续。税务局提出，B合伙企业现只有一个合伙人，B合伙企业的股票已卖完，应计算个税。其应纳税所得额=3亿元［（40元-10元）×1 000万股］，应缴纳个税=30 000万元×35%-6.55万元=10 493.45万元。

大股东听闻上述情况着急了。税务局同志解释，虽然大股东用每股40元的标准收购了高管、核心技术人员在B合伙企业的财产份额，但这只代表大股东持有B合伙企业财产份额的计税成本是4亿元，在B合伙企业中，每股股票的计税成本还是10元，在B合伙企业转让股票清税时，只能按每股10元扣除，不能按每股40元扣除成本。就合伙企业而言，其所持股票由每股10元涨到了每股40元，对其中的增值要缴所得税。大股东因不懂税法，滥用税收政策导致凭空多缴税。

实际上，大股东如果不收购这些高管、核心技术人员在B合伙企业的财产份额，这些高管、核心技术人员最多也就缴1亿多元的税款。大股东为此付出沉重的代价。

（二）投资类合伙企业所持股票溢价后，个人合伙人为套享20%税率，税收筹划有得有失

此前，有些县市区地方政府、园区以"招商引资"名义擅自违规对持股合伙企业的个人合伙人给予20%税率优惠。国家对此清理后，仍有个别合伙人为套享20%税率，在合伙企业所持股票溢价后，将个人合伙份额对外转让，当然，此时的"接盘侠"多为个人合伙人的关联方，从而套享20%税率，其中有些案例并不高明。

分享一个真实案例，改编如下：

【案例5-2】 T合伙企业是S上市公司高管人员搭建的一个持股类合伙企业平台，持有S上市公司股票4亿股，其中张三为S上市公司的高管，同时也是T合伙企业的有限合伙人，其在T合伙企业中对应的S上市公司股票为5 000万股，约定分配比例为12.5%。

张三是S上市公司的创始员工，其持股成本为每股6元，假定T合伙企业所持股票成本亦为6元/股。目前，S上市公司股票26元/股，鉴于T合伙企业所持股票均已解禁，经合伙人会议商定，拟于20×3年减持股票后注销。按照规定，张三取得合伙企业对其"先分"利润需按35%税率征税，其很留恋20%税率。

张三听信某中介机构税收筹划的建议,委托其朋友李某成立一个M有限公司收购张三所持T合伙企业的财产份额,按股价估算,收购价款拟定为10亿元(20元价差×5 000万股),后考虑股价变动因素,将收购价款定为9亿元。20×3年8月,张三按规定向当地税务局缴纳个税1.2亿元〔(9亿元−6元×5 000万股)×20%〕,将大部分股票溢价享受了20%税率。

20×3年11月,T合伙企业减持股票。因T合伙企业只有股票资产,没有负债,其减持所得=20元价差×4亿股=80亿元,新合伙人M有限公司对应分配利润10亿元。之后,T合伙企业进入解散清算期。此时,县财政局局长找到T合伙企业的普通合伙人,建议其暂缓清算,先把卖股票的钱在当地缴税,明年再办理注销手续。T合伙企业撤回注销申请,次年1月重新启动注销清算流程,税务局于20×4年3月为T合伙企业办理了清算注销手续。

T合伙企业20×3年未注销,这样,新合伙人M有限公司在20×4年1月就发生了就其"先分"10亿元利润预缴所得税的纳税义务。M有限公司购买张三的合伙份额已支出9亿元,打算在T合伙企业注销取得收益后,扣除该项投资成本9亿元,其在20×4年1月对"先分"10亿元利润未申报纳税。

20×4年3月,T合伙企业注销后,张三于20×4年4月就1亿元利润(10亿元−9亿元购买张三合伙份额支出)申报缴纳了所得税。

20×5年4月,税务总局大数据风险局筛查发现M有限公司在20×4年1月未就其"先分"10亿元利润预缴所得税,将该风险点推送当地税务局。税务局要求M有限公司就10亿元缴纳税款,对于其购买合伙企业财产份额的支出9亿元,只能在清算环节扣除。问题是,M有限公司的应税所得体现在20×3年四季度,其扣除财产份额的支出9亿元的事项发生在20×4年第一季度,其只能先就10亿元"先分"利润缴税。

这是一个失败的税收筹划案例,M有限公司是一个空壳企业,没有业务收入,在20×5年补缴20×3年四季度税款后,根本没法扣除9亿元的投资成本（20×4年一季度收回投资时扣除）。而且，合伙人张三20×3年8月还缴纳了1.2亿元个税。

这个案例失败之处在于：一是T合伙企业听信当地财政局长的美言，导致合伙人确认"先分"所得与清算扣除持有合伙份额的投资成本，不在同一纳税年度。如果合伙企业于20×3年完成注销，这个问题也许会幸免。二是M有限公司是一个空壳企业。假如M有限公司是一家有利润的经营实体，其20×4不能扣除的投资成本9亿元，可以确认为资产损失，也可以在以后期间申报扣除。笔者对此只是进行理论探讨，假定M有限公司是一家实体企业，其20×4年度企业所得税汇算清缴时，申报9亿元的投资损失，税务局会审查其合法性、合理性，其投资时间很短，投资损失又较多，而且其主要为配合张三套享20%税率，税务局有可能认为该笔投资损失不符合独立交易原则，有可能不让税前扣除。

第二节　合伙人层次入伙、退伙的所得税问题

入伙、退伙，是"合伙人层次"的行为，意味着某市场主体获得或失去合伙人资格。合伙企业是高度"人合性"、高度自治的市场主体，一切以合伙协议、合伙人会议决定为准。为保证合伙企业稳定运营，《合伙企业法》对普通合伙人的入伙、退伙规定较为严格，对有限合伙人的入伙、退伙规定相对宽松。实践中，合伙协议一般对退伙情形作出约定，对未达到规定条件的退伙，可能有惩戒措施，如减少其退伙利益。

一、合伙人入伙、退伙的主要情形

（一）新人入伙

第一章结合《合伙企业法》相关条款，对入伙、退伙等情形已对比介绍。入伙是指第三人经合伙人协商同意，加入现存的合伙企业，成为新合

伙人。根据新合伙人出资、个人意愿、履责能力等，经合伙人协商一致，既可以成为普通合伙人，也可成为有限合伙人。新合伙人加入后，应当重新修订合伙协议，新合伙人应当按规定时间、约定出资方式履行出资义务，履行合伙人的相关责任。

新人入伙有两条途径：一是新人增加投资，经合伙企业的全部合伙人协商一致，即可入伙，成为新合伙人，但需要对合伙企业已经发生的，以及之后产生的负债承担无限责任。二是新人通过购买老合伙人的财产份额，经合伙企业的其他合伙人协商一致，老合伙人转让财产份额退出，新人购买财产份额，替补成为合伙人，并对合伙企业负债承担无限责任。

实际上，《合伙企业法》对普通合伙人的入伙、退伙要求较高，主要原因是，普通合伙人不仅是"出资方"，而且是"管理者"；对有限合伙人的入伙、退伙要求略低，主要原因是，有限合伙人只是"出资方"，不是"管理者"。这一情形与合伙企业"人合性"特点是吻合的。

新合伙人入伙，即承担与老合伙人相同的责任。即普通合伙人对合伙企业的原有债务、新债务承担"无限"或"无限连带"责任，有限合伙人对合伙企业的债务，以其出资额承担有限责任。《合伙企业法》规定如下：

> 第四十三条　新合伙人入伙，除合伙协议另有约定外，应当经全体合伙人一致同意，并依法订立书面入伙协议。
>
> 订立入伙协议时，原合伙人应当向新合伙人如实告知原合伙企业的经营状况和财务状况。
>
> 第四十四条　入伙的新合伙人与原合伙人享有同等权利，承担同等责任。入伙协议另有约定的，从其约定。
>
> 新合伙人对入伙前合伙企业的债务承担无限连带责任。

为此，新合伙人入伙时，老合伙人有"如实告知"合伙企业实际经营、财务状况的义务，让新合伙人理智判断是否入伙。入伙即承担与老合伙人同等责任，这是一个非常重要的程序条件。笔者见过新合伙人的入伙协议文本，其将合伙企业的经营情况、财务情况作为文本条款，写进入伙协议。这是规避后续矛盾的有效做法。老合伙人如以口头告知，双方以后可能"说不清";老合伙人如采取欺骗手段,不告知实情,或有重大遗漏,事后会有争议,导致诉讼或退伙,彼此伤了和气。

(二)老合伙人退伙

第一章表1-4"普通合伙企业、有限合伙企业财产份额、债务、入伙退伙对比"已详细介绍退伙的5种情形。总体上看,退伙可以分为主动退伙、被动退伙两种情形。合伙协议一般对退伙情形有详细规定,如无特殊情况,合伙人在合伙企业成立5年内不得退伙,对坚持退伙的,减少返还其资金数额或比例,或免息退还本金等,予以适当限制。合伙人因内部矛盾、个人原因等不愿继续合伙事业等,可以主动退伙。被动退伙的情形较多,包括:一是合伙人因财产份额抵债、抵押等可能导致其失去财产份额,从而不再具有合伙人资格。二是合伙人死亡,其继承人可以继承其财产份额,如继承人有意愿、有能力,可以成为新合伙人;如继承人有意愿、无能力,可以转为有限合伙人,原合伙企业如为普通合伙,则转为有限合伙企业;如继承人无意愿、无能力,则只能退伙。三是合伙人不履行合伙协议,不及时出资,或因其失误给合伙企业带来损失等,合伙企业可以将其除名,但其对合伙企业的相关损失,应承担赔偿责任。

合伙企业是高度"人合性"企业,合伙人高度自治,一切以合伙协议或合伙人协商一致为最高标准。《合伙企业法》对退伙的合伙人,按平等原则处理合伙企业利益和退伙人利益。主要表现如下。

其一,第四十六条规定:

> 第四十六条 合伙协议未约定合伙期限的,合伙人在不给合伙企业事务执行造成不利影响的情况下,可以退伙,但应当提前三十日通知其他合伙人。

只要合伙协议未限制,无不利影响的前提下,合伙人退伙不算违约,"退伙自由",但应当提前三十日通知其他合伙人,让合伙企业有一个过渡期。如因此给合伙企业造成损失的,承担赔偿责任。

其二,第四十八条、第五十条规定:

第四十八条（第二款，当然退伙）合伙人被依法认定为无民事行为能力人或者限制民事行为能力人的，经其他合伙人一致同意，可以依法转为有限合伙人，普通合伙企业依法转为有限合伙企业。其他合伙人未能一致同意的，该无民事行为能力或者限制民事行为能力的合伙人退伙。

第五十条（第三款，合伙人死亡或被宣告死亡）合伙人的继承人为无民事行为能力人或者限制民事行为能力人的，经全体合伙人一致同意，可以依法成为有限合伙人，普通合伙企业依法转为有限合伙企业。全体合伙人未能一致同意的，合伙企业应当将被继承合伙人的财产份额退还该继承人。

对上述两种情形，《合伙企业法》规定了灵活的处理机制，总体上尊重合伙企业稳定性、其他合伙人的利益，并考虑退伙人、退伙人的继承人的意愿和实际情况。

（三）合伙企业盈利、亏损的，对退伙的处理

根据《合伙企业法》规定，合伙企业盈利、亏损的，其退伙规定的处理不同。具体如表5-1所示。

表5-1　　合伙企业盈利、亏损情形下合伙人退伙处理的对比

合伙企业盈利	合伙企业亏损	分析和点评
第五十一条　合伙人退伙，其他合伙人应当与该退伙人按照退伙时的合伙企业财产状况进行结算，退还退伙人的财产份额。退伙人对给合伙企业造成的损失负有赔偿责任的，相应扣减其应当赔偿的数额。 退伙时有未了结的合伙企业事务的，待该事务了结后进行结算	第五十四条　合伙人退伙时，合伙企业财产少于合伙企业债务的，退伙人应当依照本法第三十三条第一款的规定分担亏损	1.合伙企业盈利的，退伙时"皆大欢喜"。合伙企业亏损的，退伙时"分担亏损"，要向合伙企业交钱。 2.第五十三条规定，退伙人对基于其退伙前的原因发生的合伙企业债务，承担无限连带责任。 此条规定，表面上合理，但在实践中容易有争议。如果合伙企业故意延迟对原有债务的偿还，先偿还后面的债务，有可能让已退伙的合伙人"背锅"，从而引发纠纷

二、合伙人入伙、退伙涉及的所得税问题

(一)新人入伙涉及的所得税

1.新人以新增出资方式入伙

新人以现金、非货币性资产出资，成为普通合伙人或有限合伙人，此处新人包括法人企业、个人、合伙企业。个人普通合伙人可以"劳务"出资。

对上述情形涉及的所得税问题，第二章"合伙企业设立涉及的所得税问题"已详细介绍，不再赘述。

2.新人购买老合伙人的财产份额，经其他合伙人协商一致，成为新合伙人

新人购买老合伙人的财产份额，老合伙人需进行所得税处理。其中，老合伙人如为法人企业，将转让合伙企业财产份额视为一项投资处置行为，计算缴纳企业所得税；个人合伙人应就财产份额转让收益，按"财产转让所得"适用20%税率，计算个人所得税；对合伙企业身份的合伙人，需向上"穿透"，直至所有合伙人均为法人企业、个人为止，再由其法人合伙人、个人合伙人分别缴纳企业所得税、个人所得税。对此，前面已详细介绍，不再赘述。

新人成为合伙人后，其所持合伙份额的计税成本，即为其从老合伙人手中购置财产份额支付的价款，以及在此过程中由其负担的相关税费。新人在此过程中无所得，不需缴纳所得税。

3.老合伙人以抵顶债务方式，或老合伙人的财产份额被法院强制执行，过户给新合伙人

老合伙人与新人之间的债权债务，既有可能为借贷关系形成债务，也可能因交易等多种原因形成。对借贷关系的债务，如涉及支付利息的，对其利息收入，应按"利息、股息、红利所得"，适用20%税率缴纳个人所得税；对由于交易原因形成的债务，应由债权人按原交易情况计算相关税收。

不论老合伙人、新人之间协商顶账还是通过法院强制执行，涉及原债权债务相关所得税，均按上述情形处理。**协商顶账、法院强制执行只是履行债权债务的方式而已，对缴税没有实质影响。**

新人通过债务抵顶、司法强制执行等方式取得合伙企业财产份额，其计税成本为原债权及相关利息的数额。实践中，对债权数额较大，老合伙人通过多项资产，包括合伙企业财产份额抵账的，需细分合伙企业财产份额的占比和数额，据此确认新合伙人的计税成本。对通过司法强制执行的，其计税成本，需结合原债权债务及利息、法院裁定数额等综合判断。

4. 新人通过继承方式取得原合伙人的财产份额，成为新合伙人

对老合伙人去世，或自愿将其合伙企业财产份额在家族内传承，新人多为老合伙人的子女、其他家庭成员等，老合伙人不需缴纳所得税；新合伙人持有合伙份额的计税成本，以老合伙人持有合伙企业财产份额的计税成本为准。

老合伙人如为法人企业，假如法人企业的大股东、实控人等，打算把法人企业所持合伙企业份额以继承等方式，传承给其子女、其他家庭成员。此时，实际上需经两个步骤：第一步，法人企业将此笔合伙企业财产份额过渡到大股东、实控人；第二步，大股东、实控人再把合伙企业财产份额以继承方式转给子女、其他家庭成员。第二步基本不涉及所得税，不再赘述。

对于第一步，法人企业合伙人将投资资产转给大股东、实控人。这一资产转移方式有多种，如法人企业可以用此笔合伙企业财产份额（非货币性资产，属于企业的对外投资）对大股东、实控人通过减资、利润分配、购买等方式实现。其中，对减资、利润分配，调整的是法人企业"所有者权益"，大股东、实控人应按市场价值收回合伙企业财产份额，对其中的溢价，在企业所得税上应视同销售处理；购买行为本身就属于交易，亦应按法人企业转让合伙企业财产份额处理。在此过程中，大股东、实控人如以其决策权，擅自以账面价值获取此笔合伙企业财产份额，是不符合独立交易原则的，应按市场价格调整补税。

（二）如何区分财产份额转让和退伙行为

对法人合伙人、合伙企业身份的合伙人，其发生财产份额转让、退伙的税收处理基本相似，税收政策一致，影响不大。但对个人合伙人而言，上述两种情形的税收政策"冰火两重天"。对个人合伙人转让财产份额的所得，按"财产转让所得"，适用20%税率计算个人所得税；对个人合伙人退伙取得返还的财产，按"经营所得"，适用5%至35%的超额累进税率，计算个人所得税。

实践中，有些个人合伙人将退伙"打扮成"财产份额转让，意欲少缴个税，有些税务干部判断不准。为此，笔者整理了合伙企业财产份额转让、合伙人退伙的差异对比表。具体如表5-2所示。

表5-2 个人转让合伙企业财产份额、个人合伙人退伙的差异对比

对比角度	个人转让合伙企业财产份额	个人合伙人退伙
从交易主体看	老合伙人与新人之间的交易，债务抵顶、因债务原因对合伙份额强制执行、继承。该交易不牵扯合伙企业	合伙人与合伙企业之间的交易。合伙人向合伙企业提出退伙申请，合伙企业对其净资产评估后，按合伙协议约定，或其他合伙人协商一致，向合伙人返还财产份额
从合伙企业净资产"盘子"看	合伙企业的所有者权益不变，净资产不减少	合伙企业向退伙人支付利益，合伙企业的总资产、净资产"盘子"均减少
承担后续责任	普通合伙人。老合伙人对转让份额之前的债务，承担无限责任。新合伙人对受让合伙企业财产份额之前、之后的所有债务，承担无限责任	退伙人对基于其退伙前的原因发生的合伙企业债务，承担无限连带责任
承担后续责任	有限合伙人。新入伙的有限合伙人对入伙前有限合伙企业的债务，以其认缴的出资额为限承担责任	有限合伙人退伙后，对基于其退伙前的原因发生的有限合伙企业债务，以其退伙时从有限合伙企业中取回的财产承担责任
适用税收政策不同	按"财产转让所得"项目，适用20%税率，计算个税	按"经营所得"项目，适用5%至35%超额累进税率，计算个税。当年度经营所得小于30万元时，税负率低于20%

实践中，可按表5-2中"交易主体""合伙企业净资产盘子"两个角度区别财产份额转让和退伙之不同。

（三）合伙人退伙涉及的所得税问题

1. 退伙，需对合伙企业估值

《合伙企业法》第五十一条规定：

> 合伙人退伙，其他合伙人应当与该退伙人按照退伙时的合伙企业财产状况进行结算，退还退伙人的财产份额。

退伙，实际上是将合伙企业净资产中对应退伙人的那一份财产份额返还给退伙人。合伙人投资之后，合伙企业净资产可能会增值，对合伙人退伙的，从公平角度看，应按合伙企业净资产的市场价格计算确认对应退伙人的份额，这就需要对合伙企业估值。

对从事生产加工、商贸服务业的合伙企业，其市场价格与账面价值相差不大，如合伙协议有约定，退伙人和其他合伙人同意，原则上可以按合伙企业资产负债表的净资产作为退伙核算依据。但对合伙企业运营过程中，其新获取研发专利、不动产、采矿权、金融资产、非上市企业股权、上市公司股票、特殊经营资质，以及面临业务重组、被收购的合伙企业，其市场价格与账面价值相差较大，可能需要重新估值。

2. 对不符合合伙协议约定的退伙行为，有相应惩戒措施

《合伙企业法》承认合伙协议的尊崇地位，合伙协议相当于"小宪法"。一般情况下，合伙协议会对退伙情形作出详细规定，总的原则是，在合伙企业前期经营困难时，不希望合伙人退伙，一方面，其会抽走资金、弱化管理；另一方面，在合伙企业经营不善之际，会出现羊群效应，导致其他合伙人"跟风"退伙。这对合伙企业经营不利。

为此，有的合伙协议对退伙规定不同的惩戒措施。如在合伙企业成立5年内，除因合伙人死亡等原因外，不得退伙；合伙人不得将本合伙企业的财产份额进行抵押、出质。再如，在合伙企业扭亏为盈前，合伙人不得退伙。还如，当合伙企业销售收入在2 000万元时，合伙人退伙，只退还其投资额；当合伙企业销售收入达到5 000万元时，合伙人退伙，可以退还其投资额+每年5%利息；当合伙企业销售收入达到1亿元时，合伙人退伙，按合伙企业净资产的市场价值对应的退伙人的份额，计算退还。合伙协议的上述约定，并不违反《合伙企业法》规定，司法机关会予以支持。

总体上看，《合伙企业法》在退伙人的利益方面，还是按中性原则、公平对待的。

3. 对退伙的财产返还比例，不一定等于持续经营期间合伙协议约定的分配比例

如上述第2点所述，合伙企业对退伙条件进行相对严格的规定。对于退伙人的财产返还比例，以及合伙企业清算财产的分配比例，合伙协议应当作出约定。而且，这个退伙财产返还比例不一定等于持续经营期间的利润分配比例。主要原因是，普通合伙人可以"劳务"出资，但"劳务"与普通合伙人是绑定的，"劳务"出资难以入账，也无法登记到资产负债表中，但可以作为约定利润分配比例的因素。此处，以"劳务"出资的普通合伙人和其他合伙人之间实际上是一项交易，前者以"劳务"换取较高的利益分配比例，这一切建立在合伙企业持续经营期间，以"劳务"出资的普通合伙人的特殊贡献而言的。但以"劳务"出资的普通合伙人一旦退伙，或者合伙企业解散清算，其特殊贡献、特殊价值就不存在了，不会对其多分。由此建议，合伙协议约定的分配比例，至少包括三个比例：其一，合伙企业持续经营期间的利润分配比例；其二，合伙人退伙的财产返还比例和退还方法；其三，合伙企业清算期间的剩余财产分配比例。

4. 退伙，不仅分回财产，还可能分配亏损

退伙，实际上就是合伙人从合伙企业中拿回"自己那一份"财产份额。如果合伙企业的净资产为正数，意味着能分回财产份额。如合伙企业持续亏损，其净资产有可能为负数，这时，退伙人还需分配亏损，另外补钱。《合伙企业法》相关规定如下：

第五十一条　合伙人退伙，其他合伙人应当与该退伙人按照退伙时的合伙企业财产状况进行结算，退还退伙人的财产份额。退伙人对给合伙企业造成的损失负有赔偿责任的，相应扣减其应当赔偿的数额。

退伙时有未了结的合伙企业事务的，待该事务了结后进行结算。

第五十三条　退伙人对基于其退伙前的原因发生的合伙企业债务，承担无限连带责任。

第五十四条　合伙人退伙时，合伙企业财产少于合伙企业债务的，退伙人应当依照本法第三十三条第一款的规定分担亏损。

5. 退伙人取得的退伙所得的征税情形

（1）法人企业合伙人退伙。

法人企业合伙人退伙，从合伙企业取得返还的财产份额，作为税前利润并入当期会计利润，经纳税调整核算应纳税所得额，按25%税率计算企业所得税。对符合税收优惠政策条件的，依法享受税收优惠。

有人提出，法人企业从被投资企业撤资分回的股息，免征企业所得税。对法人合伙人从合伙企业退伙分回的利益，是否也可确认股息免征企业所得税？

先看一下《国家税务总局关于企业所得税若干问题的公告》（国家税务总局公告2011年第34号）相关规定：

五、投资企业撤回或减少投资的税务处理

投资企业从被投资企业撤回或减少投资，其取得的资产中，相当于初始出资的部分，应确认为投资收回；相当于被投资企业累计未分配利润和累计盈余公积按减少实收资本比例计算的部分，应确认为股息所得；其余部分确认为投资资产转让所得。

被投资企业发生的经营亏损,由被投资企业按规定结转弥补;投资企业不得调整减低其投资成本,也不得将其确认为投资损失。

笔者意见是,法人企业合伙人从合伙企业退伙分回的资产中,对应合伙企业累计未分配利润、累计盈余公积的部分,不能直接套用国家税务总局公告2011年第34号规定。主要原因:

其一,从被投资单位看,国家税务总局公告2011年第34号规定的被投资企业,一般指境内居民企业,多为法人企业,不包括合伙企业。

其二,从股息免税规定看,《企业所得税法》第二十六条规定如下:

第二十六条 企业的下列收入为免税收入:
(二)符合条件的居民企业之间的股息、红利等权益性投资收益;
(三)在中国境内设立机构、场所的非居民企业从居民企业取得与该机构、场所有实际联系的股息、红利等权益性投资收益。

国家税务总局公告2011年第34号对居民企业之间直接投资分回的股息,免征企业所得税。主要指被投资法人企业缴纳企业所得税后,未向投资者分配的税后利润,即"累计未分配利润、累计盈余公积"。在法人企业撤资时,这一部分对应股息收入,免征企业所得税。

回头来看,法人企业合伙人从合伙企业退伙分回的财产份额,其中对应"累计未分配利润"部分,不属于股息,不能直接免征企业所得税。但是,免税之路并未堵死。第三章第一节已述,合伙企业的所得税实行"先分+后税",按现行规定,对"先分"部分已征所得税,但合伙企业不一定实际分配,将在所有者权益项下形成"已税未分配利润"。

法人合伙人退伙时,其从合伙企业取得返还的财产份额中,对应"已税未分配利润"部分,就不能再征税了,应从退伙所得中"纳税调减",对其不征企业所得税。

上述内容有点"绕",笔者整理了两项政策的对比表,如表5-3所示。

表5-3　　法人企业合伙人从法人企业撤资、从合伙企业退伙的税收政策对比

对比项目	从法人企业撤资	从合伙企业退伙
税收政策文件	《企业所得税法》第二十六条、国家税务总局公告2011年第34号	无政策文件规定。依据"先分后税"原理
税收政策规定	1. 符合条件的居民企业之间的股息、红利等权益性投资收益,为免税收入。 2. 投资企业从被投资企业撤回或减少投资,其取得的资产中,相当于初始出资的部分,应确认为投资收回;相当于被投资企业累计未分配利润和累计盈余公积按减少实收资本比例计算的部分,应确认为股息所得;其余部分确认为投资资产转让所得	无直接规定。对于合伙企业应纳税所得额"先分后税"之后,不一定向合伙人分配,或只分配一部分。对于已征税未分配的部分,应记入所有者权益项下"已税未分配利润"。这部分利润在合伙人退伙、合伙企业清算时,应从应纳税所得额中调减,不能征税。否则,将导致重复征税
差异分析	对应被投资企业的"累计未分配利润和累计盈余公积",不征企业所得税	对应合伙企业的"已税未分配利润",已征过税,不再征税

需要声明,笔者在此未玩文字游戏,合伙企业中的"已税未分配利润"≠"累计未分配利润和累计盈余公积"。主要原因:一是有些合伙企业"先分后税"执行得不一定好,其累计未分配利润中,既有"已税未分配利润",也有"未税未分配利润";二是对合伙企业资产的评估增值,其会计核算上有的计入当期利润,有的计入资本公积,对这部分评估增值,在核算合伙企业层次应纳税所得额时,作了纳税调减,并未征税。如将这一部分向合伙人退伙,不属于"已税未分配利润",不能免税。

(2)个人合伙人退伙。

对个人合伙人退伙取得返还的财产份额,应当作为"经营所得",适用5%至35%的超额累进税率,在合伙企业所在地计算缴纳个人所得税。

需要说明,对个人合伙人退伙取得的财产份额,其中对应"已税未分

配利润"部分，可以对退伙所得进行纳税调减，对其不征个人所得税。相关情况参见表5-3"法人企业合伙人从法人企业撤资、从合伙企业退伙的税收政策对比"。

有人提出，按照《国家税务总局关于个人终止投资经营收回款项征收个人所得税问题的公告》（国家税务总局公告2011年第41号）规定，对个人合伙人从合伙企业中退伙，也可以执行20%税率。笔者不同意这一说法，先看一下国家税务总局公告2011年第41号的具体规定：

> 根据《中华人民共和国个人所得税法》及其实施条例等规定，现对个人终止投资、联营、经营合作等行为收回款项征收个人所得税问题公告如下：
>
> 一、个人因各种原因终止投资、联营、经营合作等行为，从被投资企业或合作项目、被投资企业的其他投资者以及合作项目的经营合作人取得股权转让收入、违约金、补偿金、赔偿金及以其他名目收回的款项等，均属于个人所得税应税收入，应按照"财产转让所得"项目适用的规定计算缴纳个人所得税。
>
> 应纳税所得额的计算公式如下：
>
> 应纳税所得额=个人取得的股权转让收入、违约金、补偿金、赔偿金及以其他名目收回款项合计数 - 原实际出资额（投入额）及相关税费

笔者认为，国家税务总局公告2011年第41号是一项反避税规定，个人不论以何种原因、何种方式、何种名目从被投资的企业、项目，以及相关投资者、合作人取得投资退出的利益返还，至少应按"财产转让所得"项目缴纳一道20%的个人所得税，这是个税的基准税率、良心底线税率，不宜再逃避。这一反避税措施是一般性规定，个人合伙人退伙所得作为一种特殊情形，不宜笼统借此套用20%税率。此外，国家税务总局公告2011年第41号的具体规定中，并未出现"合伙企业""退伙"等表述，借此享受20%税率的政策依据不足。

(3)合伙企业身份的合伙人退伙。

对合伙企业身份的合伙人取得返还的财产份额,作为合伙企业合伙人的正常经营所得,计算合伙企业层次的应纳税所得额,之后按"先分后税"原则,对其法人合伙人、个人合伙人计算缴纳企业所得税、个人所得税。

需要说明,对合伙企业身份的合伙人退伙取得的财产份额,其中对应"已税未分配利润"部分,可以对退伙所得纳税调减,对其不征收所得税。具体参见表5-3"法人企业合伙人从法人企业撤资、从合伙企业退伙的税收政策对比"。

【案例5-3】 A合伙企业是由3家法人企业和20个个人合伙人投资设立的从事环保技术研发的合伙企业。其中张三、李四、王五是个人合伙人,王五为执行合伙事务的合伙人,红星环保公司是有限合伙人。A合伙企业的投资额为1亿元,张三、李四投资额分别为100万元,王五以劳务出资,红星环保公司投资2 000万元。综合考虑每一合伙人的贡献,合伙协议约定张三、李四、王五、红星环保公司的利润分配分别为0.8%、0.8%、3%、18%;合伙人退伙、解散的财产分配比例,按其出资额的占比确定;对执行事务的合伙人不得中途退伙,否则将赔偿相关损失。截至当年6月底,A合伙企业净资产为1.5亿元,当年10月底,A合伙企业的净资产为1.6亿元。

当年7月10日,张三因欠债,将所持合伙财产份额,以150万元抵顶债务给杜六,经合伙人协商一致,A合伙企业吸收杜六为新合伙人。

当年11月15日,李四、王五提出退伙,王五负责A合伙企业某关键技术的研发工作。其他合伙人提出,如王五退伙,需赔偿A合伙企业损失600万元,否则不予退伙,王五有更好的投资机会,答应了这一要求。

当年12月底,红星环保公司因其控股公司解散,提出退伙,假定当年11月、12月，A合伙企业的经营业务赚取净利润2 000万元。

根据上述情况，请计算张三、李四、王五、红星环保公司应缴纳的所得税。

解答：

（1）当年7月，张三将所持合伙企业财产份额转让给杜六，其出资额为100万元，应纳税所得额=150-100=50（万元），适用"财产转让所得"项目，应纳税额=50×20%=10（万元）。

（2）当年11月，李四、王五退伙，A合伙企业的净资产为1.6亿元，根据合伙协议约定，退伙时返还财产比例按其出资占比确定，李四的出资额100万元，占出资额1亿元的1%，其返还财产份额的占比亦为1%，应返还财产份额160万元。其应纳税所得额为60万元，按经营所得纳税，应纳税额=60×35%-6.55=14.45（万元）。

王五以劳务出资，其在资产负债表中的出资占比为0，其退伙后，其自身特殊才能对合伙企业同时失效，不向其返还财产。因其退伙将导致合伙企业研发工作停滞，其需赔偿合伙企业损失600万元。因其无所得，不缴个税。

（3）当年12月底，红星环保公司退伙时，A合伙企业的净资产=16 000-160+600+2 000=18 440（万元），红星公司原出资占比20%，其退伙可返回财产份额=18 440×20%=3 688（万元），其应将3 688万元并入清算所得，扣减其投资成本2 000万元，按25%税率计算清算所得税。

合伙企业及其合伙人的所得税优惠"知多少"

合伙企业所得税实行"先分后税",合伙企业相关税收优惠,既有合伙企业层次的优惠,也有针对合伙人层次的优惠。从内容上看,合伙企业的优惠政策是一项独立内容,单写一章;从优惠政策的体量看,合伙企业及其合伙人的优惠政策总体上不多,本章内容较少。

第一节 合伙企业及其合伙人的所得税优惠政策"不多"

合伙企业及其合伙人的所得税优惠政策"多"与"不多",其判断标准是与企业所得税对比而言的,因其优惠政策比企业所得税少,故称其优惠政策"不多"。从另一角度看,优惠政策"不多"并不等于"不够","够不够"应从税种的功能、社会需求等角度判断。同时,判断合伙企业优惠政策"够不够",还需要反思民营资本在享受优惠政策方面有没有替代措施,是否享受到了优惠。如果合伙企业优惠政策"不够",但有替代措施,那也不算太大问题。

一、企业所得税是现行税法体系(18个税种)中,优惠政策最多的税种

笔者拟通过企业所得税与其他税种对比说明这一问题。

(一)企业所得税与主流税种——增值税相比

增值税、企业所得税都是针对所有企业的生产、流通、投资、分配等

环节的税种，分别属于我国第一、第二大税种，在组织财政收入、调节分配、调节经济运行方面具有重要作用。从两个税种对比看，企业所得税更适宜设计优惠政策，而且企业所得税优惠政策也远多于增值税。主要原因如下：

1.增值税本身在设计优惠政策方面有其业务技术方面的弱点

（1）增值税具有较强的"税负转嫁"功能，纳税主体不一定是最终负税主体。征税多少、给优惠多少，在"买方市场"或"卖方市场"交易中，国家给予的税收优惠，纳税主体不一定都能享受到。

（2）增值税运行建立在"以票控税""环环抵扣""上游征多少，下游抵扣多少"的增值税发票抵扣"链条"之上，这一制度体系不利于设计优惠政策。增值税的征税、抵扣、出口退税、进项转出、视同销售、享受优惠等，都会受到增值税发票抵扣"链条"影响。简言之，如果对上中游产品免税，那就不能开增值税专用发票，增值税发票"链条"断了。下游企业拿不到增值税专用发票，就不能抵扣，下游企业缴税时，就会把上中游企业已缴、已免的税再征回来，反而税负更重。从增值税发票抵扣"链条"看，增值税只能对终端产品、服务免税。但是，一个产品、服务是不是"终端"是因人而异的，这是一个大概率事件，这决定了增值税对终端产品、服务给予优惠政策，其定位也不会"太准"。

由此，在增值税优惠方式中出现了一些"先征后退""先征后返""即征即退"，有些需要财政、国库部门事后退库，操作较为麻烦，主要难点是"不能打断"增值税发票抵扣"链条"。

2.企业所得税是设计优惠政策的"天作之选"

（1）企业所得税是对利润征税，增值税是对收入征税，其他财产行为税是对财产、特定行为征税，对利润征税最能反映"税感"，优惠效果最好。从税负公平角度看，应当对"赚钱最多的单位"征税，反映"赚钱多寡"指标就是利润，这决定了所得税最适宜设计税收优惠。

（2）企业所得税核算涉及环节多，可供设计的优惠方式多，这决定了其可以建立系统的优惠政策体系，优惠力度可大可小、政策目标更加多元、税收激励限制更为灵活。企业所得税应纳税额的核算过程，包括收入、成本、费用、投资收益、资产损失的会计核算和税收确认，包括扣除项目的范围和标准，包括税会差异的调整，包括企业重组、关联方交易的处理，包括汇总纳税、分别纳税等纳税方式，包括税基、税率、税额等可供设定优惠的环节，包括境外税收抵免流程；还包括查账征税、核定征税等不同管理方法。**上述每一环节、流程均可设计优惠政策**，其他税种的核算过程相对简单，可供设定优惠的方式、环节有限。另从全球各国对比看，企业所得税在整个税收体系中也是优惠政策较多的。

（二）企业所得税与其他税种相比

1. 企业所得税与其他流转税相比

按现行税种分类，其他流转税包括消费税、车辆购置税。一方面，这两个税种的征税范围有限，前者的征税范围主要是烟、酒、油、车等，后者征税范围仅限于新车销售。另一方面，这两个税种的优惠政策、优惠方式较为简单。消费税通过不同税率对不同应税项目特殊调节，因其选定征税范围有限，且承担特殊调节职责，其规定的减免税项目较少；车辆购置税的优惠政策更为简单，只对特殊功能的油车减免税，对新能源汽车减免税。

2. 企业所得税与个人所得税相比

企业所得税的纳税人是企业和经营性单位，个人所得税的纳税人主要指个人、家庭；企业所得税的会计核算水平较高，个人和家庭的会计核算能力相对较低；企业所得税的政策目标多元，如鼓励创新、支持研发、风险投资、支持困难群体、促进就业、缩小区域差距、节能环保等，个人所得税的政策目标较为简单，主要是调节收入分配，缩小贫富差距，支持资本市场稳定等。这些因素导致企业所得税的优惠政策项目、优惠方式都比个人所得税更多、更复杂。

从美国、加拿大、澳大利亚、欧盟等国家和经济体看，个人所得税占税收收入比重较高，其在税法中的地位近似我国增值税的地位和影响，但其优惠政策方式也主要限于税前扣除、提高起征点等方面。

从我国来看，个人所得税占税收收入比例为7%左右，企业所得税占税收收入的比例为23%左右。个税优惠政策目标较为简单，主要是调节收入分配；优惠政策方式较少，主要通过起征点、减除项目、超额累进税率对中低收入者实现不征税，或适用较低税率"少征税"；个税的优惠方式主要限于税前扣除等。

3.企业所得税与财产行为税相比

（1）房产税、车船税、契税、耕地占用税、城镇土地使用税。均属于财产税，其纳税标准较为固定，与纳税人的盈亏无关，只要占有或使用上述土地、财产，均需缴纳相关税收；而且上述多种财产税的税收收入数额、在税收收入中的占比都不高。上述财产税的优惠政策不多，优惠方式主要是减免税。

（2）土地增值税。虽然也属于财产税范畴，但其主要针对房地产开发企业，以及销售旧的不动产等单位，总体征税范围有限。该税种以调节级差收入为主，采用30%、40%、50%、60%共4档高税率，规定的优惠政策不多。

（3）环境保护税、印花税。总体上属于行为税，环境保护税的征税范围较窄，限于污染企业，优惠政策不多，目前全年收入不足300亿元。印花税征税范围较宽，但税收收入有限，针对不同项目规定不同税率，减免项目不多，优惠方式简单，社会影响较小。

（4）资源税。现行规定将资源税纳入财产行为税范围，但其主要针对金属矿产品、非金属矿产品、水资源等征收，某种意义上近似流转税。资源税的征税范围较窄，税收收入不大，优惠方式主要是减免税。

二、与企业所得税相比，合伙企业、合伙人的优惠政策"不多"

（一）企业所得税的优惠政策"很多、很完善"

（1）企业所得税的优惠政策数量"很多"。2018年，国家税务总局印发《关于发布修订后的〈企业所得税优惠政策事项办理办法〉的公告》（国家税务总局公告2018年第23号），该公告附件《企业所得税优惠事项管理目录（2017年版）》共列示优惠政策69项，读者可在税务总局官网上查询。2018年来，财政部、税务总局又不断研究出台新的优惠政策，现行有效优惠政策远多于70项。

（2）企业所得税的优惠方式较多。总体上包括税基类优惠、税率类优惠、税额类优惠。其中税基类优惠包括免税收入、减计收入、加计扣除、加速折旧、抵扣应纳税所得额、应纳税所得额打折（小型微利企业对应纳税所得额减按25%计算）、所得项目减免。税率类优惠包括西部大开发、高新技术企业、部分特定区域15%税率。税额式优惠主要指企业购置环境保护、节能节水、安全生产等设备，按投资额的10%抵扣应纳税额，直接抵减税款；企业安置再就业人员，按安置人数定额抵减税款等。

（3）企业所得税的优惠力度较为灵活。减免税力度主要取决于国家政策导向和财政承受能力。优惠力度并不是越大越好，从政策导向上，要看政府想给多大力度的支持，不能让企业"躺在税收优惠上过日子"；从财政承受能力上，要看财政的"钱包"鼓不鼓。

（4）从管理方式上看，核定征税也是一项变相优惠。一般企业按其应纳税所得额（相当于利润总额）按25%税率征税；核定征税企业一般按收入10%确定应纳税所得额，适用25%税率，折算按收入的2.5%缴纳所得税。实际上这些企业的利润率均远高于10%，这本身就是税收让步，而且核定征税企业可以账册不健全，节约了遵从成本；税务局对此很少检查，降低了税收风险。

（二）合伙企业、合伙人的税收优惠政策"不多"的主要原因

对合伙企业、合伙人的所得税具体优惠政策，将在本章第二节讲述。

合伙企业、合伙人的所得税优惠政策"不多"，为什么还能相安无事，没有引起社会质疑，也未见合伙企业、合伙人所得税优惠与企业所得税优惠政策"拉平"的呼吁？

主要原因：一是个体经营、合伙企业的规模不大，财务核算能力低，存在大面积核定征税，总体税负不重。在此情形下，就不会纠结税收优惠

政策问题。二是个人投资者不一定必须注册合伙企业，选择法人企业也算另一条出路，没必要纠结合伙企业的税收优惠政策"够不够"。除私募股权投资基金、持股平台、律师事务所、会计师事务所等多选择合伙企业组织形式之外，我国注册法人企业的"门槛"很低，法人企业组织形式是民间资本投资的主流组织形式，而且法人企业所得税的优惠政策较多，在此情形下，投资者不会去纠结合伙企业、合伙人所得税优惠政策的多寡。三是对于创业投资所得税优惠政策，法人企业、合伙企业均能享受，这解决了合伙企业的大部分所得税优惠问题。除此之外，对私募股权投资基金、持股平台、律师事务所、会计师事务所等，不论选择法人企业，还是合伙企业，在所得税方面"均无税收优惠"，总体上公平合理，大家也就没怨言了。四是我国合伙企业所得税的逻辑根基是《个人所得税法》，而不是《企业所得税法》。对个税优惠，不让合伙企业享受，可能有怨言；对企业所得税优惠，不让合伙企业享受，其认为很正常。

基于上述分析，现行合伙企业所得税的优惠政策，虽然"不多"，但总体上"够用"。

第二节 合伙企业及其合伙人的所得税优惠"知多少"

前已述及，合伙企业利润"先分后税"之后，个人合伙人按个人所得税"经营所得"项目，适用5%至35%税率缴纳个人所得税。

在《个人所得税法》的框架下，既有综合所得，对其按年算税，日常预扣预缴，次年3月1日至6月30日办理汇算清缴，多退少补；也有分类所得，按月按次计税，由扣缴义务人按20%税率扣缴税款，无须办理汇算清缴，基本没有补退税流程。经营所得算一个"另类"，其既不属于综合所得，也不属于分类所得，将其界定为"分类综合所得"更为合适。首先，从"大的"分类方法看，经营所得勉强归入分类所得项目，但其又按综合方法全年统算税基，再计算税款，按月、按季预缴税款，年度终了后三个月内办理汇算清缴，多退少补。

在个人所得税优惠政策的语境下，享受优惠的主体包括两类：一是个人（即自然人）；二是经营所得的所有人，包括个体户业主、个人独资企业的投资者、合伙企业的个人合伙人。现行个税优惠政策，大部分针对个人，以及其综合所得、分类所得的优惠，对经营所得的优惠政策，总体上不太多。可以说，个人与合伙企业的个人合伙人在享受优惠政策方面是两个不同的、平行的序列。基于此，本节主要介绍合伙企业及合伙人的税收优惠政策。

一、合伙企业层次、合伙人层次的所得税优惠政策

个体户与个人独资企业、合伙企业既有相同之处，又有所区别；在所得税政策适用方面，既有共通之处，也有一些"小区别"。从世俗之眼看，个体户基本上属于个人及其家庭谋生、养家糊口的组织形式，定位于"小门小户"自食其力的生产经营活动，税收优惠政策不多，但因其财务核算能力低，多核定征税，税负很低，对税收优惠"无欲望"。个人独资企业、合伙企业是1997年之后出现的新型个体经营组织形式，比个体户出现的时间晚，其投资者、个人合伙人承担无限责任，既可能是生产经营行为，更多属于"投资"行为，在民商法中称之为"商自然人"。

在个人所得税政策方面，个体户是单独一个系列，有其优惠政策。个人独资企业、合伙企业是另一个单独系列，其税收政策基本一致，以下不再介绍个人独资企业的所得税优惠政策。

合伙企业所得税实行"先分后税"，实际上称之为"合伙人所得税优惠"更准确。直观地看，个体户、个人独资企业的企业层次与投资者层次是"合二为一"的，合伙企业与个人合伙人是"分离"的。前已述及，这种"分离"恰是"先分后税"方法的逻辑、技术前因；在对合伙企业及其合伙人实施所得税优惠时，为提高效能，如果能在合伙企业层面享受的优惠，就尽量放在合伙企业层次，不再"分到"合伙人层面享受；但因合伙人之间存在诸多不同，有些必须在合伙人层次才能落实的优惠，如创业投资优惠，则只能放在合伙人层面享受。由此导致，既有合伙企业层次的优

惠，也有合伙人层次的优惠。

为便于读者掌握合伙企业所得税优惠全貌，笔者整理了个体户、合伙企业及其合伙人所得税优惠政策对比表，如表6-1所示。

表6-1　　　个体户、企业合伙及其合伙人所得税优惠政策的对比

对比项目	个体户所得税优惠	合伙企业、合伙人的所得税优惠
个税法第四条的优惠	1.国债和国家发行的金融债券利息，免征个税	同左栏。如合伙企业购买，可以纳税调减，享受优惠；如合伙人本人购买，可以个人名义享受
	2.税法所称"保险赔款"免征个税，实际上主要针对自然人取得的保险赔款。对个体户、合伙企业取得的保险赔款，其更多属于财产保险赔款，保险赔款补偿财产损失之后仍有余额的，可以从宽不征个税。但保险赔款不足以补偿财产损失的，可以确认财产损失，在税前扣除	
个税法第五条的优惠	第五条　有下列情形之一的，可以减征个人所得税，具体幅度和期限，由省、自治区、直辖市人民政府规定，并报同级人民代表大会常务委员会备案： （一）残疾、孤老人员和烈属的所得； （二）因自然灾害遭受重大损失的。 国务院可以规定其他减税情形，报全国人民代表大会常务委员会备案。 个体户、合伙企业可享受上述税收优惠政策，具体以所在省市政府规定为准。 相关文件：《财政部　国家税务总局关于促进残疾人就业税收优惠政策的通知》（财税〔2007〕92号）	
地方政府债券利息	对地方政府债券利息，免征个税。相关文件：《财政部　国家税务总局关于地方政府债券利息免征所得税问题的通知》（财税〔2013〕5号）	同左栏。如合伙企业购买，可以纳税调减，享受优惠；如合伙人本人购买，可以个人名义享受
铁路债券利息	对铁路债券利息，减半征收个税。相关文件：《财政部　税务总局关于铁路债券利息收入所得税政策的公告》（财政部　税务总局公告2023年第64号）	同左栏。如合伙企业购买，可以纳税调减，享受优惠；如合伙人本人购买，可以个人名义享受
减除费用6万元	此项不属于优惠。对个体户业主（个人合伙人）既有综合所得，也有经营所得的，可以选择在综合所得中扣除，也可以选择在经营所得中扣除。但不能扣除业主（个人合伙人）从个体户（合伙企业）中领取的工资薪金	
三险一金	此项不属于优惠。对个体户（合伙企业）为其业主本人（个人合伙人）缴纳的基本养老保险、基本医疗保险、失业保险，住房公积金，可按规定比例计算在税前扣除 对个体户业主（个人合伙人）既有综合所得，也有经营所得的，可以选择在综合所得中扣除，也可以选择在经营所得中扣除	

续表

对比项目	个体户所得税优惠	合伙企业、合伙人的所得税优惠
补充养老保险、补充医疗保险	此项不属于优惠。个体工商户业主（个人合伙人）本人缴纳的补充养老保险费、补充医疗保险费，以当地（地级市）上年度社会平均工资的3倍为计算基数，分别在不超过该计算基数5%标准内的部分据实扣除；超过部分，不得扣除	
专项附加扣除	此项不属于优惠。指个体户业主（个人合伙人）个人可以扣除的子女教育、继续教育、3岁以下婴幼儿照护、大病医疗、住房租金支出、住房贷款利息支出、赡养老人7项。对个体户业主（个人合伙人）既有综合所得，也有经营所得的，可以选择在综合所得中扣除，也可以选择在经营所得中扣除	
商业健康险	《财政部 国家税务总局 保监会关于将商业健康保险个人所得税试点政策推广到全国范围实施的通知》（财税〔2017〕39号）规定： 一、对个人购买符合规定的商业健康保险产品的支出，允许在当年（月）计算应纳税所得额时予以税前扣除，扣除限额为2 400元/年（200元/月）。单位统一为员工购买符合规定的商业健康保险产品的支出，应分别计入员工个人工资薪金，视同个人购买，按上述限额予以扣除。 《国家税务总局关于推广实施商业健康保险个人所得税政策有关征管问题的公告》（国家税务总局公告2017年第17号）规定： 四、适用商业健康保险税收优惠政策的纳税人，是指取得工资薪金所得、连续性劳务报酬所得的个人，以及取得个体工商户生产经营所得、对企事业单位的承包承租经营所得的个体工商户业主、个人独资企业投资者、合伙企业合伙人和承包承租经营者。 个体工商户业主、个人独资企业投资者、合伙企业个人合伙人和企事业单位承包承租经营者购买符合规定的商业健康保险产品支出，在年度申报填报"个人所得税生产经营所得纳税申报表（B表）"、享受商业健康保险税前扣除政策时，应将商业健康保险税前扣除金额填至"允许扣除的其他费用"行（需注明商业健康保险扣除金额），并同时填报"商业健康保险税前扣除情况明细表"。 实行核定征收的纳税人，应向主管税务机关报送"商业健康保险税前扣除情况明细表"，主管税务机关按程序相应调减其应纳税所得额或应纳税额。纳税人未续保或退保的，应当及时告知主管税务机关，终止商业健康保险税前扣除	
个人养老金	《财政部 税务总局关于在全国范围实施个人养老金个人所得税优惠政策的公告》（财政部 税务总局公告2024年第21号）规定： 一、自2024年1月1日起，在全国范围实施个人养老金递延纳税优惠政策。在缴费环节，个人向个人养老金资金账户的缴费，按照12 000元/年的限额标准，在综合所得或经营所得中据实扣除；在投资环节，对计入个人养老金资金账户的投资收益暂不征收个人所得税；在领取环节，个人领取的个人养老金不并入综合所得，单独按照3%的税率计算缴纳个人所得税，其缴纳的税款计入"工资、薪金所得"项目。 二、……取得其他劳务报酬、稿酬、特许权使用费等所得或经营所得的，其缴费在次年汇算清缴时在限额标准内据实扣除。个人按规定领取个人养老金时，由开立个人养老金资金账户所在市的商业银行机构代扣代缴其应缴的个人所得税	

续表

对比项目	个体户所得税优惠	合伙企业、合伙人的所得税优惠
从事种植业、养殖业、饲养业、捕捞业所得	《财政部 国家税务总局关于个人所得税若干政策问题的通知》（财税字〔1994〕020号）规定： 一、关于对个体工商户的征税问题 （二）个体工商户或个人专营种植业、养殖业、饲养业、捕捞业，其经营项目属于农业税（包括农业特产税，下同）、牧业税征税范围并已征收了农业税、牧业税的，不再征收个人所得税；不属于农业税、牧业税征税范围的，应对其所得征收个人所得税。兼营上述四业并四业的所得单独核算的，比照上述原则办理，对于属于征收个人所得税的，应与其他行业的生产、经营所得合并计征个人所得税；对于四业的所得不能单独核算的，应就其全部所得计征个人所得税。 说明：对个体户从事"四业"所得，未征个税	《财政部 国家税务总局关于个人独资企业和合伙企业投资者取得种植业 养殖业 饲养业 捕捞业所得有关个人所得税问题的批复》（财税〔2010〕96号）规定： 对个人独资企业和合伙企业从事种植业、养殖业、饲养业和捕捞业（以下简称"四业"），其投资者取得的"四业"所得暂不征收个人所得税
扣缴税款手续费	《财政部 国家税务总局关于个人所得税若干政策问题的通知》（财税字〔1994〕020号）规定： 二、下列所得，暂免征收个人所得税 （五）个人办理代扣代缴税款手续，按规定取得的扣缴手续费。 笔者认为，个体户扣缴税款取得的手续费，可以免征个税	同左栏。 合伙企业取得的扣缴手续费，可以在合伙企业层次作纳税调减。 需要说明，对法人企业的财务人员，以扣缴税款手续费发放奖金、补贴的，需征个税
青苗补偿费	《国家税务总局关于个人取得青苗补偿费收入征免个人所得税的批复》（国税函发〔1995〕79号）规定： 乡镇企业的职工和农民取得的青苗补偿费，属种植业的收益范围，同时，也属经济损失的补偿性收入，因此，对他们取得的青苗补偿费收入暂不征收个人所得税。 笔者认为，个体户、合伙企业取得此项收入，可以不征收个税	
拆迁补偿款	《财政部 国家税务总局关于城镇房屋拆迁有关税收政策的通知（条款废止）》（财税〔2005〕45号）规定： 一、对被拆迁人按照国家有关城镇房屋拆迁管理办法规定的标准取得的拆迁补偿款，免征个人所得税	

续表

对比项目	个体户所得税优惠	合伙企业、合伙人的所得税优惠
再就业个税优惠政策	《财政部 税务总局 人力资源社会保障部 农业农村部关于进一步支持重点群体创业就业有关税收政策的公告》（财政部 税务总局 人力资源社会保障部 农业农村部公告2023年第15号）规定： 一、自2023年1月1日至2027年12月31日，脱贫人口（含防止返贫监测对象，下同）、持《就业创业证》（注明"自主创业税收政策"或"毕业年度内自主创业税收政策"）或《就业失业登记证》（注明"自主创业税收政策"）的人员，从事个体经营的，自办理个体工商户登记当月起，在3年（36个月，下同）内按每户每年20 000元为限额依次扣减其当年实际应缴纳的增值税、城市维护建设税、教育费附加、地方教育附加和个人所得税。限额标准最高可上浮20%，各省、自治区、直辖市人民政府可根据本地区实际情况在此幅度内确定具体限额标准。 纳税人年度应缴纳税款小于上述扣减限额的，减免税额以其实际缴纳的税款为限；大于上述扣减限额的，以上述扣减限额为限。 上述人员具体包括：1.纳入全国防止返贫监测和衔接推进乡村振兴信息系统的脱贫人口；2.在人力资源社会保障部门公共就业服务机构登记失业半年以上的人员；3.零就业家庭、享受城市居民最低生活保障家庭劳动年龄内的登记失业人员；4.毕业年度内高校毕业生。高校毕业生是指实施高等学历教育的普通高等学校、成人高等学校应届毕业的学生；毕业年度是指毕业所在自然年，即1月1日至12月31日	合伙企业、合伙人不享受此项优惠政策。 相关文件： 1.《国家税务总局关于进一步明确若干再就业税收政策问题的通知（全文废止）》（国税发〔2003〕119号）规定： "三、关于个人独资企业和个人合伙企业税收优惠政策的适用问题 个人独资企业和个人合伙企业吸纳下岗失业人员达到规定比例，并符合财税〔2002〕208号文件规定的其他条件的，执行财税〔2002〕208号文件第一条、第二条的政策，但不包括个人所得税。" 2.《国家税务总局关于个人独资企业变更为个体经营户是否享受个人所得税再就业优惠政策的批复》（国税函〔2006〕39号）规定： "一、根据《国家税务总局关于下岗失业人员从事个体经营有关税收政策问题的通知》（国税发〔2004〕93号）的规定，个体经营是指《中共中央 国务院关于进一步做好下岗失业人员再就业工作的通知》下发后，即2002年9月30日以后从无到有建立起来的新办个体经营户。由个人独资企业变更为个体经营户，不符合上述文件精神，不得享受个人所得税再就业优惠政策"

续表

对比项目	个体户所得税优惠	合伙企业、合伙人的所得税优惠
个体户应纳税所得额不超过200万元的部分，减半征收个税	《国家税务总局关于进一步落实支持个体工商户发展个人所得税优惠政策有关事项的公告》（国家税务总局公告2023年第12号）规定： 一、对个体工商户年应纳税所得额不超过200万元的部分，减半征收个人所得税。个体工商户在享受现行其他个人所得税优惠政策的基础上，可叠加享受本条优惠政策。个体工商户不区分征收方式，均可享受。 三、个体工商户按照以下方法计算减免税额： 减免税额=（经营所得应纳税所得额不超过200万元部分的应纳税额–其他政策减免税额×经营所得应纳税所得额不超过200万元部分÷经营所得应纳税所得额）×50%	合伙企业、合伙人不享受此项优惠
创业投资优惠政策之一：按投资额的70%抵扣应纳税所得额	不享受此项政策。 创业投资企业，不能办个体户	《财政部 税务总局关于创业投资企业和天使投资个人有关税收政策的通知》（财税〔2018〕55号）规定： 一、税收政策内容 （二）有限合伙制创业投资企业（以下简称合伙创投企业）采取股权投资方式直接投资于初创科技型企业满2年的，该合伙创投企业的合伙人分别按以下方式处理： 2.个人合伙人可以按照对初创科技型企业投资额的70%抵扣个人合伙人从合伙创投企业分得的经营所得；当年不足抵扣的，可以在以后纳税年度结转抵扣
创业投资优惠政策之二：单一创投基金按20%征收个税	不享受此项政策。 创业投资企业，不能办个体户	《财政部 税务总局 国家发展改革委 中国证监会关于延续实施创业投资企业个人合伙人所得税政策的公告》（财政部 税务总局 国家发展改革委 中国证监会公告2023年第24号）规定： 三、单一投资基金核算，是指单一投资基金（包括不以基金名义设立的创投企业）在一个纳税年度内从不同创业投资项目取得的股权转让所得和股息红利所得按下述方法分别核算纳税：

续表

对比项目	个体户所得税优惠	合伙企业、合伙人的所得税优惠
创业投资优惠政策之二：单一创投基金按20%征收个税	不享受此项政策 创业投资企业，不能办个体户	（一）股权转让所得。单个投资项目的股权转让所得，按年度股权转让收入扣除对应股权原值和转让环节合理费用后的余额计算，股权原值和转让环节合理费用的确定方法，参照股权转让所得个人所得税有关政策规定执行；单一投资基金的股权转让所得，按一个纳税年度内不同投资项目的所得和损失相互抵减后的余额计算，余额大于或等于零的，即确认为该基金的年度股权转让所得；余额小于零的，该基金年度股权转让所得按零计算且不能跨年结转。 如符合《财政部 税务总局关于创业投资企业和天使投资个人有关税收政策的通知》（财税〔2018〕55号）规定条件的，创投企业个人合伙人可以按照被转让项目对应投资额的70%抵扣其应从基金年度股权转让所得中分得的份额后再计算其应纳税额，当期不足抵扣的，不得向以后年度结转。 个人合伙人按照其应从基金年度股权转让所得中分得的份额计算其应纳税额，并由创投企业在次年3月31日前代扣代缴个人所得税。 （二）股息红利所得。单一投资基金的股息红利所得，以其来源于所投资项目分配的股息、红利收入以及其他固定收益类证券等收入的全额计算。 个人合伙人按照其应从基金股息红利所得中分得的份额计算其应纳税额，并由创投企业按次代扣代缴个人所得税。 （三）除前述可以扣除的成本、费用之外，单一投资基金发生的包括投资基金管理人的管理费和业绩报酬在内的其他支出，不得在核算时扣除。 本条规定的单一投资基金核算方法仅适用于计算创投企业个人合伙人的应纳税额

二、进一步完善合伙企业及其合伙人税收优惠政策的考虑

目前，合伙企业所得税优惠政策尚有一些不尽完善之处。

（一）建议适时允许个人独资企业、合伙企业享受安置重点创业就业群体的减免个人所得税优惠政策

根据《财政部 税务总局 人力资源社会保障部 农业农村部关于进一步支持重点群体创业就业有关税收政策的公告》规定，对重点创业就业群体中的个人，从事个体经营的，在3年内每年减免增值税、城市维护建设税、教育费附加、地方教育附加和个人所得税等合计2万元。目前，个人独资企业、合伙企业不享受此项优惠。

从公平税负，发挥个人独资企业、合伙企业安置就业的作用，可以考虑将此项政策扩大到个人独资企业、合伙企业。从技术操作角度看，个人独资企业与个体户纳税方法较为相似，享受此项政策不存在操作问题。合伙企业实行"先分后税"，其个人合伙人适用税率不确定，而且还有法人合伙人，不缴纳个税，其享受此项优惠政策的具体操作相对复杂，有一定技术难度。如对合伙人均为个人的合伙企业，适用此项政策相对简单；对同时有法人、个人合伙人的，仅对其个人合伙人给予此项优惠政策。

（二）建议《个人所得税法》中适时引入特殊重组规定，对法人企业重组适用特殊税务处理时，允许个人股东、合伙企业股东享受特殊重组的递延纳税政策

目前，《企业所得税法》有成熟的视同销售、特殊重组税收规则，对支持企业重组、并购等资源整合发挥了积极作用。

企业所得税的特殊重组业务，坚持"经济合理、税收中性、反避税"三项原则，不是减免税，而是一种税基式税收递延，在重组中换入的资产、股权以"被交易的资产、股权的计税基础"为基准，调整确认计税成本。企业所得税的特殊重组业务较为复杂，同时也是一项较为成熟的税收业务处理规则。

在《个人所得税法》中引入视同销售、特殊税务处理规则，并不是"新建立"一套与企业所得税并行的规则，而是在《个人所得税法》中增加视同销售条款、特殊税务处理条款。这样，对居民企业发生的特殊税务处理业务，对被收购方、被合并方、被分立方企业中的个人股东、合伙企

业股东，也可以相应享受税收递延，暂不缴纳个人所得税；下一步，待个人股东、合伙企业股东转让股权、资产时，再对其征税，计税基础仍为原特殊重组中"被交易资产、股权的计税基础"，税收并未流失。

目前，有些企业特殊重组业务中，法人股东可以享受特殊重组政策，但其个人股东、合伙企业股东不能享受相应政策，需要缴纳大额税款，而此项特殊重组业务只是资源整合，并未产生现金流，其个人股东、合伙企业股东没有纳税能力，有些最终只能放弃重组业务。

合伙企业清算的所得税

合伙企业作为一个有独立人格的非法人企业,在市场监管部门注册登记后,即开展经营活动。合伙企业也是有生命周期的,"有生有死"。其既可能因内部原因、市场原因主动解散清算,也可能因违法原因、外部原因、被动原因被吊销执照而清算。目前,现行所得税政策对合伙企业清算规定较为简单,对清算所得核算内容、流程、管理规定"少之又少",目前甚至没有一张官方的合伙企业清算申报表样及其填报说明。

第一节　合伙企业清算的原因和流程

第一章表1-8"普通合伙企业、有限合伙企业解散清算方面对比"中,结合《合伙企业法》相关条款,列示了普通合伙企业、有限合伙企业清算的规定、清算涉及相关情形的处理等。为避免内容重复,本章拟在上述基础上补充说明。

一、合伙企业清算的主要原因

《合伙企业法》列举了合伙企业解散清算的主要原因:

第八十五条　合伙企业有下列情形之一的,应当解散:
(一)合伙期限届满,合伙人决定不再经营;
(二)合伙协议约定的解散事由出现;
(三)全体合伙人决定解散;

（四）合伙人已不具备法定人数满三十天；

（五）合伙协议约定的合伙目的已经实现或者无法实现；

（六）依法被吊销营业执照、责令关闭或者被撤销；

（七）法律、行政法规规定的其他原因。

实践中，合伙企业解散清算的原因很多，各有不同。主要原因有：一是"技术或市场不好、挣钱难、亏损大，看不到希望"。二是合伙企业赚钱，但合伙人之间分配不均，或合伙人之间虽原本是好朋友，但一旦一起经商，人性深处的阴暗面就露出来了，合伙人之间不能很好地磨合，"朋友也做不成了"。三是合伙企业完成使命。如合伙企业有一个投资项目，现已退出，暂时找不到新的、合适的投资项目。四是合伙企业因各种原因违反产品质量、环境保护、知识产权、财经税法等规定，或因劳资关系、债务纠纷、对赌协议、司法诉讼等原因被吊销，不得已关门。

二、合伙企业解散清算的主要流程

合伙企业进入清算阶段，与其持续经营有很大不同。清算的目的是"金盆洗手、不干了"，核实资产负债家底，处置资产、偿还负债、缴纳税费，有剩余财产的，向合伙人分配（合伙人该缴税的，依法纳税）；合伙企业清算后无剩余财产甚至亏损的，向合伙人"分配亏损"，由普通合伙人"另外从兜里掏钱偿债"。这一点是法人企业与合伙企业清算的重要区别。法人企业破产清算所得如为亏损，其股东承担有限责任，如预计亏损，可以提前走破产流程，不需向股东"分配亏损"，股东不需"另外从兜里掏钱偿债"。

实践中，有些法人企业"资不抵债"后，不愿走破产流程，特别是国有企业，其董事长、总经理有官方身份，对"长亏不倒"企业不清算不注销，变成税务"非常户"或长期零申报。因为，法人企业一旦走破产流程，虽可利用"有限责任机制"不承担后续责任，但对股东、高管的社会信用有负面影响，其在5年之内不得应聘高管的职位，对其贷款融资、子女考公考编等都有影响。这实际上也算一种"交易"，你利用"有限责任机制""赖账不还",但你的社会信用要受影响。

按照《合伙企业法》规定,合伙企业的清算流程如下:

(一)确立清算人

合伙企业决定解散清算后,原则上就不开展新业务了,需要"停下来"。当务之急是确立清算人,也就是在清算期间的负责人。

需要注意,法人企业解散,是成立清算组的,合伙企业规模相对较小,则确立清算人。合伙企业是高度自治单位,每个合伙人的发言权基本相同,原则上由所有合伙人担任清算人,这符合《合伙企业法》规定。但对合伙人较多的合伙企业,所有合伙人都担当清算人是不现实的,必定导致内部争吵多、效率低下。为此,参照合伙企业执行合伙事务的委托代理理念,经过半数合伙人[①]同意,可以指定一名或数名合伙人担当清算人;由于清算工作较为复杂,有一定专业性,既要偿还外债,也要抹平内部纠纷,所以可以委托第三人为清算人。此处第三人多为合伙企业聘请的会计师事务所、律师事务所等。

通过上述决策机制仍然无法确定清算人的,合伙人或者其他利害关系人可以申请人民法院指定清算人。

(二)清算人的主要职责,合伙企业清算需要处理的事项

《合伙企业法》对清算人职责规定如下:

> 第八十七条 清算人在清算期间执行下列事务:
> (一)清理合伙企业财产,分别编制资产负债表和财产清单;
> (二)处理与清算有关的合伙企业未了结事务;
> (三)清缴所欠税款;
> (四)清理债权、债务;

[①] 此处要求过半数的合伙人协商一致,应该算体现民意了;未要求全体合伙人协商一致,这很难达到。

（五）处理合伙企业清偿债务后的剩余财产；

（六）代表合伙企业参加诉讼或者仲裁活动。

上述规定，与《公司法》有关公司清算组的规定近似。既是清算人的职责权限，也是合伙企业清算中需要处理的事项。具体包括：

其一，清理合伙企业财产，分别编制资产负债表和财产清单。

首先，给全体合伙人亮一下"家底"，这是清算的基础，让合伙人对此有一个认同，减少后续争议。

其次，即使后续涉及对债权人偿债，也是以此为基础的，包括后续债权人起诉，这也是法院裁定的重要财务资料。

需要说明的是，有的合伙企业可能存在"表外负债"。如合伙企业贷款不方便，由个别合伙人以本人名义对外融资，但资金确实归合伙企业使用的，此时就必须将其并入财务报表了。只要此项融资是其他合伙人知悉并同意的，其内部应当有协议，此时就要并表了。如果再不并入表内，那以后只能由个别合伙人自行偿还了。

其二，处理与清算有关的合伙企业未了结事务。

进入清算阶段后，合伙企业的主要任务均服务于清算。一是对合伙企业的非货币性资产拍卖、变卖。此时应视同销售，对无法拍卖、变卖的资产，经其他合伙人同意，应当折价给合伙人。二是对未履行的业务订单的处理。如合伙企业违约擅自取消订单，可能面临违约金，需综合判断是否履行订单。三是中止正在洽谈的合同、协议。

其三，清缴所欠税款。

包括两个层次：一是合伙企业层次此前欠缴的税款，如欠缴的增值税、地方税收等。同时，合伙企业进入清算阶段后，对本年度合伙企业经营期间的利润，如合伙企业经营至当年9月底，应就当年前三季度的利润，核算合伙企业层次的应纳税所得额，按"先分后税"规则，确认每一合伙人的应纳税所得额，由其履行纳税义务。实践中，对于该合伙企业经营至9月底，因其进入清算期，10月份仍应预缴所得税，或及时就前三季度的经营所得进行汇算清缴。同时，启动清算期间的所得税汇缴。二是合伙人层次以前年度欠缴的税款。如合伙人"先分"后未缴纳的个人所得税。对合伙企业、合伙人是否有欠税，主要看税务局的金三或金四系统中是否有欠税记录。

其四，清理债权、债务；代表合伙企业参加诉讼或者仲裁活动。

这是合伙企业清算的难点。一是对未到期债权，因清算需要即时收回，转让等。如合伙企业购买资管产品，尚未到期，合伙企业对外借款尚未到期，上下游供应链的欠款尚未收回，需要及时清收。因在账期之前收款，可能有的会适当折扣，或有利息损失，因企业即将解散，应及时变现。二是对债权、债务的转移。通过与债权人、债务人签订"三方协议"，由某些债权人代为履行合伙企业债务，减少提前收回债权的损失。三是及时通知债权人，发布债权人公告，让债权人申报债权。对合伙企业协议、合同、财务账簿中记载的债权人，应通知申报债权。这是一个债权方、债务方"对账"的过程，双方确认后的债权，可作为合伙企业清算拟偿还的债务；同时发布债权人公告，要求其在公告之日起45日内申报债权，这主要针对潜在债权人，例如，合伙企业未记载的欠款，此时需债权人提供相关证据，否则不予认可；另外，还有一些诉讼、产品质量等原因引起的赔偿等，也在申报之列。对此有的可能需通过协商、仲裁、诉讼等流程确定债权。向社会发布债权人公告，是法治社会的基本要求，是对潜在债权人保护，有利于减少后续纠纷，合伙企业即将解散，对潜在债权通过公告"广而告之"，对规定时间内未申报的债权，不再受理。

《合伙企业法》规定了债权申报、清偿的规定：

> 第八十八条　清算人自被确定之日起十日内将合伙企业解散事项通知债权人，并于六十日内在报纸上公告。债权人应当自接到通知书之日起三十日内，未接到通知书的自公告之日起四十五日内，向清算人申报债权。
>
> 债权人申报债权，应当说明债权的有关事项，并提供证明材料。清算人应当对债权进行登记。

清算期间，合伙企业存续，但不得开展与清算无关的经营活动。

在债权、债务清理过程中，可能有些诉讼、仲裁，以及某些未决诉讼、仲裁，均由清算人代表合伙企业处理。清算人可以自行，也可委托相关人员参与诉讼、仲裁，以保护合伙人的利益。

其五，处理合伙企业清偿债务后的剩余财产。

合伙企业的财产，经处置取得收益，统筹偿还负债之后还有剩余财产的，需在合伙人之间分配。如为亏损，需向合伙人"分配亏损"。此处的亏损，多体现为合伙企业尚未偿还的债务。

行文至此，笔者认为，合伙企业没有破产之说。主要理由：法人企业因有破产制度，实际上是借破产制度实施"有限责任机制"，即只要启动破产程序，只要股东已实缴出资，对未能归还的负债就"欠账不归还"了。但合伙企业是不能破产的，即使其资不抵债进入清算流程后，先用合伙企业层次的公共财产偿还负债，对公共财产不足以偿还的部分，其普通合伙人需要承担"无限＋连带"责任。

对此，债权人有两个解决办法：一是债权人、法院可以查阅相关资料，看有无原普通合伙人因"躲债"改任为有限合伙人、其改任有限合伙人的时间、其对相关债务是否承担"无限＋连带"责任。二是向全体普通合伙人，或有偿还能力的部分普通合伙人追偿，法律对此是支持的。我国没有自然人的破产制度，直到所有普通合伙人"要钱没有，要命一条"为止。

实际上，担任清算人是一项比较辛苦、费力不讨好的差事。笔者认为，清算人如为合伙人，实际上是为其他合伙人工作，应当可以领一定的报酬或辛苦费。

（三）清算结束，清算人向登记机关报告的义务

《合伙企业法》规定：

> 第九十条 清算结束，清算人应当编制清算报告，经全体合伙人签名、盖章后，在十五日内向企业登记机关报送清算报告，申请办理合伙企业注销登记。

上述规定与《公司法》有关公司解散清算的报告义务是相似的。《公司法》规定：

> 第二百三十九条 公司清算结束后，清算组应当制作清算报告，报股东会或者人民法院确认，并报送公司登记机关，申请注销公司登记。

笔者认为，公司、合伙企业解散清算后的报告义务是非常必要的。以合伙企业解散清算报告义务为例，其主要理由：一是合伙企业的"生死"是有手续的，清算结束后，编制一份清算报告，经全体合伙人签名、盖章，表明全体合伙人对清算结果是认同的，减少后续争议，体现了合伙企业"自治性"。二是合伙企业清算过程中，其未了结事项、债权人、潜在不同利益主体等是否有未尽事宜？是否还有遗患？向登记机关报送清算报告可以说是一种威慑，不想让其草草收场，把风险留给社会。同时，登记机关也可以审核其清算报告中反映的问题有无违法违规、相关流程是否规范，减少后患。如确实有未尽事项、隐患，登记机关可以不同意其注销。三是清算报告可以算合伙企业的一份历史档案，可供查询，甚至在某些案件处理中，可以作为证据。

（四）合伙企业清算后，合伙人的后续责任

第一章表1-8"普通合伙企业、有限合伙企业解散清算方面对比"中，列示了合伙企业清算后，普通合伙人、有限合伙人对债务的清偿责任。

《合伙企业法》只规定了合伙企业解散后普通合伙人的清偿责任，未规定有限合伙人的清偿责任。规定如下：

第九十一条 合伙企业注销后，原普通合伙人对合伙企业存续期间的债务仍应承担无限连带责任。

此处为什么不提有限合伙人的清偿责任？笔者认为，有限合伙人的清偿责任在清算环节就"锁定"了。有限合伙人在合伙企业中"以其出资额"承担有限责任，合伙企业"资不抵债"了，有限合伙人最多是收不回投资，但不再"分配亏损"。然而对于有限合伙人在清算期间仍未缴足的出资，即使合伙企业进入清算，只要合伙企业还有不能偿还的负债，有限合伙人仍有补足出资的义务。

合伙企业债务仅限于清算期间由债权人按规定申报，并经清算人确认的债务。也就是说，其债务是"封顶"的，不是"敞口"的。因此，普通合伙人在合伙企业解散清算后承担的"无限+连带"责任，也限于清算时未能偿还的老债，而不是新债。

对此，有人质疑，对合伙企业清算时未决诉讼之债怎么办？这其实很简单。方法一：登记机关不批准注销，等未决诉讼司法裁定后，按司法裁定结果处理。方法二：如司法裁定时间预计过长，合伙企业想尽快解散，那么就应在清算报告中作出说明，对未决诉讼可能承担的债务数额、结果作出估计，同时，明确普通合伙人的偿还责任、每一合伙人的偿还比例，每一合伙人需对此做出承诺，也是可以的。

第二节 合伙企业清算的所得税处理

与企业所得税清算的精神内核一样，合伙企业解散后，也需核算清算所得，由合伙人就清算所得进行所得税处理。这一精神内核是，合伙企业是一个持续经营主体，应就其存续期间统一核算所得税。在所得税实行按年算税，日常预缴，年终汇算清缴、多退少补的逐年清税的基础上，再对清算所得进行一次"终结者"方式的清税，作一个所得税方面的"了断"。

从持续经营角度看，每年度的汇算清缴，对清算所得而言，又近似一种"预缴税款"。从更公平合理的所得税精神和持续经营理念看，如果清算所得是亏损的，实际上可以考虑把以前年度缴的所得税，退回一些。但这在各国基本没有先例，对税收的固定性、财政收入的稳定性都有冲击。

一、现行个税对合伙企业清算的规定非常简单，不够完善

现行有关合伙企业清算所得税的规定不多，主要规定如下：

《财政部 国家税务总局关于印发〈关于个人独资企业和合伙企业投资者征收个人所得税的规定〉的通知》（财税〔2000〕91号）规定有三条：

> 第十六条　企业进行清算时，投资者应当在注销工商登记之前，向主管税务机关结清有关税务事宜。企业的清算所得应当视为年度生产经营所得，由投资者依法缴纳个人所得税。
>
> 前款所称清算所得，是指企业清算时的全部资产或者财产的公允价值扣除各项清算费用、损失、负债、以前年度留存的利润后，超过实缴资本的部分。
>
> 第十八条　企业在年度中间合并、分立、终止时，投资者应当在停止生产经营之日起60日内，向主管税务机关办理当期个人所得税汇算清缴。
>
> 第十九条　企业在纳税年度的中间开业，或者由于合并、关闭等原因，使该纳税年度的实际经营期不足12个月的，应当以其实际经营期为一个纳税年度。

《个体工商户个人所得税计税办法》（国家税务总局令第35号）同时适用于个体户、个人独资企业、合伙企业，相关规定有一条：

> 第四十一条　个体工商户终止生产经营的，应当在注销工商登记或者向政府有关部门办理注销前向主管税务机关结清有关纳税事宜。

在现行个税政策、管理文件中,涉及合伙企业清算的只有上述4条,较为原则,未形成规范性的制度安排,也不成体系,目前暂无合伙企业清算的所得税纳税申报表。此前,有些合伙企业在日常征管中适用核定征税方法,"平时都核定征税,清算就更没法查账了",只能"一核了之"。更有甚者,有的县市税务局对律师事务所、会计师事务所、税务师事务所等帮企业建账、代理办税的涉税中介机构实行核定征税,"帮别人建账,自己却核定征税",这在逻辑上说不通。在查账征税的合伙企业解散清算中,当征纳双方遇到清算所得税问题争执不下时,主要结合税法原理、一般征管规定判断,或向上级税务局请示;或按照有利于纳税人的方法处理。

二、合伙企业层次清算所得应纳税所得额的核算

(一)合伙企业年度中间停止营业,进入解散清算流程,应对本年度经营所得办理汇算清缴

合伙企业的解散清算,大多发生在年度中间,很少有恰好在年底12月31日或次年1月1日。对合伙企业年度中间解散清算,需就本年度经营所得,视同一个独立年度,办理汇算清缴。本节前面"一、现行个税对合伙企业清算的规定很简单,还不够完善"中,引述了财税〔2000〕91号文件第十八条、第十九条规定,"以实际经营期为一个纳税年度"(即视同一个单独的纳税年度),"办理当期个人所得税汇算清缴"。

【案例7-1】S合伙企业是一家从事法律咨询的企业,其合伙人均为自然人,20××年9月26日合伙人会议决定解散清算,该合伙企业已资不抵债,当年7月有一笔此前未决诉讼被法院裁定胜诉,获得赔偿资金500万元。该合伙企业确定张三为清算人,向税务专家咨询办理清算,以及当年三季度预缴所得税等情况。假如你是税务专家,你向张三提供哪些合理建议?

解答:

(1)S企业的个人合伙人需要办两次汇算清缴,一是需就

当年1月1日至9月26日的生产经营所得办理汇算清缴。二是需就S合伙企业的清算所得应纳税所得额，"先分"到每一合伙人办理汇算清缴。同时，做好S合伙企业解散清算、注销等相关手续。

（2）建议S合伙企业在9月底之前，向主管税务局报告进入清算流程。主要考虑：一是在三季度预缴前进入清算阶段，税务局对当年第三季度的个人所得税预缴要求可能宽松些，如当年7月实现了500万元赔偿收入，虽然季度预缴也可以弥补亏损，但不排除有先缴税的可能性。提前进入清算期，该500万元收入有可能混在当年度汇算清缴核算中，避免出现第三季度多预缴税款，当年汇算清缴再申请退税，增加遵从成本。二是合伙企业进入清算阶段后，其偿还的负债，可以在清算所得中扣除，持续经营期间偿还负债，是不能税前扣除的。

S合伙企业除办理当年度汇缴外，还需及时编制财务报表，核实资产负债、催收债权、偿还负债，做好合伙企业层次的清算工作。

（二）合伙企业层次清算所得的核算

1. 合伙企业层次清算所得的两种核算方法的对比

（1）方法一：从资产负债表的左侧资产总额，减去清算费用、减去右侧负债、未分配利润等角度核算。以合伙企业资产的公允价值扣除各项清算费用、损失、负债、以前年度留存的利润后，超过实缴资本的部分，为清算所得的应纳税所得额。

（2）方法二：从资产负债表的左侧资产总额，减去清算费用、减去左侧资产的计税成本、相关税费后的余额角度核算。企业的全部资产可变现价值或者交易价格减除资产净值、清算费用以及相关税费等后的余额，为应纳税所得额。

上述方法一，是财税〔2000〕91号文件第十六条第二款之规定，"前款所称清算所得，是指企业清算时的全部资产或者财产的公允价值扣除各项清算费用、损失、负债、以前年度留存的利润后，超过实缴资本的部分"。

上述方法二，是笔者受《企业所得税法实施条例》启发。其背后逻辑是，法人企业、合伙企业的资产负债表"左侧资产总额=右侧负债总额+右侧所有者权益"。在该逻辑下，在法人企业、合伙企业层次清算时，以其资产总额的公允价值，减去清算费用，减去资产净值（即计税成本、计税基础）、相关税费，其计算结果与方法一是基本一致的。参考一下《企业所得税法实施条例》规定：

> 第十一条　企业所得税法第五十五条所称清算所得，是指企业的全部资产可变现价值或者交易价格减除资产净值、清算费用以及相关税费等后的余额。

笔者认为，企业所得税对清算所得核算时，清算收入以企业"全部资产可变现价值或者交易价格"为基准，这优于财税〔2000〕91号文件中，清算收入以公允价值为基准的作法。主要原因是，企业清算时，有些非货币性资产是难以按公允价值处置的，会发生贬值、折价后股东被动认领等情形。

2.对方法一，按合伙企业情形改良一下

笔者对方法一改良，并非"多管闲事、多此一举"。财税〔2000〕91号文件有关清算所得的核算规则，是按照个人独资企业角度表述的，不完全适合合伙企业。财税〔2000〕91号文件第十六条第二款规定如下：

> 前款所称清算所得，是指企业清算时的全部资产或者财产的公允价值扣除各项清算费用、损失、负债、以前年度留存的利润后，超过实缴资本的部分。

从上述条款看,"企业清算时的全部资产或者财产的公允价值扣除各项清算费用、损失、负债、以前年度留存的利润后"的余额,假定数额等于X。

对个人独资企业投资者而言,"X-实缴资本"即个人投资者的清算所得应纳税所得额。但对合伙企业的个人合伙人,则不能直接按此计算应纳税所得额。主要原因:不论法人企业合伙人,还是个人合伙人,乃至合伙企业身份的合伙人,合伙企业层次的实缴资本是这些合伙人出资的"拼盘"。每个合伙人的出资金额不同,在此环节如减去总的实缴出资的余额,很难顾及每一合伙人的实际出资情况。另外,有的合伙人的实缴出资并不等于其对应份额的计税成本,例如,其合伙人身份可能是从老合伙人手中溢价购买的,这样,其所持"财产份额的计税成本">"对应的实缴资本份额"。

笔者建议对方法一调整如下:

对合伙企业而言,应将上述X对每一合伙人进行"先分",之后,由每一合伙人减去其所持合伙企业财产份额的计税成本。计算公式表述如下:

每一合伙人清算所得的应纳税所得额=X×N-该合伙人财产份额的计税成本

上式中:X为企业清算时的全部资产或者财产的公允价值扣除各项清算费用、损失、负债、以前年度留存的利润。

N为该合伙人在合伙企业清算中约定分配比例(百分比)。清算环节的分配比例,不一定等于持续经营期间的约定分配比例。

前已述及,基于资产负债表左右两侧数额相等这一逻辑事实,财税〔2000〕91号文件、《企业所得税法实施条例》分别列出了企业清算的两种不同计算方法,即前述方法一、方法二。

对此,合伙企业清算应纳税所得额的核算,用方法一还是方法二呢?笔者认为,方法二更简捷,但建议采用改良后的方法一。主要原因:从税收法定原则看,合伙企业层次清算应纳税所得额的核算,也是按照财税〔2000〕91号文件的规定为宜,即方法一,因为这叫"事出有据"。万一哪天和税务局"对簿公堂",法官也是拿财税〔2000〕91号文件来断案。

为便于读者掌握,笔者整理了个人独资企业、合伙企业合伙人清算应纳税所得额的核算方法差异对比,具体如表7-1所示。

表7-1　个人独资企业、合伙企业清算之应纳税所得额核算差异对比

对比项目	企业层次	个人投资者层次、合伙人层次
个人独资企业	企业清算时的全部资产或者财产的公允价值扣除各项清算费用、损失、负债、以前年度留存的利润后,超过实缴资本的部分	个人投资者的应纳税所得额,与左栏相同。按左栏核算后,直接按经营所得税率表,计算个税
合伙企业	未扣除实缴资本的应纳税所得额=企业清算时的全部资产或者财产的公允价值扣除各项清算费用、损失、负债、以前年度留存的利润	第一步,按约定的清算分配比例,将左栏数额在每一合伙人之间进行分配。 第二步,每一合伙人按第一步计算的数额,减去其持有合伙企业财产份额的投资成本,即为每一合伙人的应纳税所得额。 第三步,法人合伙人、个人合伙人再分别按照企业所得税、个人所得税有关规定,分别计算企业所得税、个人所得税

3.合伙企业清算期间,如果没有资产溢价,会不会产生清算所得?即清算所得的来源是什么

笔者想问一下,如果企业清算环节没有资产溢价,也没有债权人放弃债权,会不会产生清算所得?

这是一个灵魂拷问。不论从资产负债表左右两侧数额相等的理念,还是从财税〔2000〕91号文件中"清算所得,是指企业清算时的全部资产或者财产的公允价值扣除各项清算费用、损失、负债、以前年度留存的利润后,超过实缴资本的部分"的规定来看,实际上,合伙企业层次的清算所得主要来源于清算过程中非货币性资产的溢价、债权人放弃债权等。反之,如果合伙企业持续经营期间存在未处理的潜在资产损失,或为吸引潜在投资者将企业资产估值过高,或存在以前年度一直挂账的商誉,这些都会成为清算所得的减项,会出现清算亏损。

因此,在清算过程中,如果没有资产溢价或债权人放弃权益,则不会有清算所得,这正是清算所得的来源。

【案例7-2】 10年前,张三与李四投资兴办了大红管理服务咨询合伙企业(以下简称"大红合伙企业"),该合伙企业此前购置了房屋,投资了理财产品,形成了1项专利技术。现因经营不善,合伙人"小富即安、富而思退"。经合伙人协商一致,拟于近期解散清算该合伙企业。其截至当年底的资产负债表如表7-2所示。

表7-2　　　　　大红合伙企业资产负债表　　　　单位:万元

资产项目	金额	负债和所有者权益	金额
现金	30	短期借款	80
办公设备	15	长期借款	300
固定资产	600	实收资本	180
无形资产	10	已税未分配利润	100
投资资产	50	未税未分配利润	45
合计	705	合计	705

如不进行资产评估,只按账面价值清算,则大红合伙企业的清算所得=资产负债表左侧合计705-负债380-已税未分配利润100-实收资本180=45(万元)。

在合伙企业"先分后税"规则下,其已税利润不一定实际分配;也有可能实现利润后,根本没有坚持"先分后税",而是在实际分配时再征税,这不符合税法规定,但实践中这一情形是存在的。表7-2中"未税未分配利润45万元"就是未遵守"先分后税"规定,以前年度没有征税,在清算环节就必须对其征税了。如果"未税未分配利润45万元"此前按规定"先分后税",那么大红合伙企业的清算所得就为0了。

大红合伙企业将上述清算结果提交税务局,税务局要求其必须按公允价值处置资产,其按公允价值计价的资产负债表如表7-3所示。

表7-3　　　　　　大红合伙企业资产负债表　　　　　单位：万元

资产项目	账面	公允价值	负债和所有者权益	账面	实际处置
现金	30	30	短期借款	80	
办公设备	15	5	长期借款	300	50无法偿还
固定资产	600	900	实收资本	180	
无形资产	10	100	已税未分配利润	100	
投资资产	50	40	未税未分配利润	45	
合计	705	1 075	合计	705	

假如张三、李四的出资额均为90万元，二人分配比例为5∶5。按公允价值计算，大红合伙企业的清算所得=资产负债表左侧合计1 075−短期负债80−长期负债250（50万元无法偿还）−已税未分配利润100−实收资本180=465（万元）。

与按账面价值清算相比，清算所得增加420万元，其一，资产按公允价值核算增值370万元；其二，负债50万元无法偿还，合计新增清算收益420万元。

我们对这个案例再"改装"一下：

假如张三出资80万元，李四出资100万元，二人在清算所得中的分配比例为3∶7。此时，由于张三、李四的出资额不同，在核算清算所得时，应将实收资本"分到"个人合伙人计算清算所得。

大红合伙企业未扣除实收资本的清算所得=1 075−短期负债80−长期负债250（50万元无法偿还）−已税未分配利润100=645（万元）

其中张三应分193.5（645×30%）万元，李四应分451.5（645×70%）万元。

张三清算所得的应纳税所得额=193.5−80=113.5（万元），应纳税额=113.5×35%−6.55=33.18（万元）。

李四清算所得的应纳税所得额=451.5−100=351.5（万元），应纳税额=351.5×35%−6.55=116.48（万元）。

4.合伙企业层次清算所得的核算,可以减去偿还的负债;而持续经营期间的税基核算是不可以减去偿还的负债的

这是一个非常重要的政策点,非专业人员经常忽略此项政策规定,导致多缴税,实属遗憾!

对持续经营的法人企业、合伙企业偿还负债,冲减应付账款,不计入当期损益,在企业所得税、个人所得税经营所得中,都不能税前扣除。相反,法人企业、合伙企业一旦进入清算阶段,其偿还负债是可以从清算所得中扣除的。

【案例7-3】 M合伙企业经营不善,合伙人已有解散清算的考虑,目前有一笔预计盈利的订单正在履行中,拟在该订单履行完毕后,再启动解散清算手续。执行合伙事务的合伙人李某,已指示财务、投资等部门研究相关资产处置,优先偿还高息负债,有效减少损失。财务负责人发现,当前一旦大规模处置资产,在当期会产生较多收益,需要缴税。对如何做好解散前的资产处置工作,M合伙企业咨询税务专家寻求解决方案。

解答:

(1)结合订单履行情况,对有些员工、业务提前清理,明确必留人员,减少费用开支,降低损失。

(2)有些资产处置可能耗时较长,M合伙企业在前期可以对资产处置、负债偿还提前做出处理方案。

(3)在进入实质性资产处置、偿还负债阶段之前,及时召开合伙人会议,启动清算流程。这样,处置投资、资产的收入,不再计入经营所得,而是计入清算所得;在此阶段所偿还的负债,也可以在清算所得中扣除。对一些资产损失,尽快处理,有的可能需要诉讼,争取在清算前完善资产损失处理证据,一方面,避免清算时间过长;另一方面,也有利于资产损失及时处理,降低总体税负。

5. 清算所得的税基核算，实际上是一个会计核算问题，不宜再完全照搬持续经营状态下的税收扣除项目和标准的"纳税调整"方法

此处仅指税收扣除标准与限额的纳税调整，该小标题之观点为笔者个人理解，现行税法、财税政策文件对此暂无具体规定。财税部门下一步如有新规定，按规定处理。

主要理由：一是法人企业、合伙企业进入清算阶段后，已不再是一个市场经营主体了，其与持续经营状态是有区别的。此时合伙企业清算人为负责人，与此前由执行事务的合伙人负责是不同的，主要目标是清算，凡与清算有关的业务可以继续开展，凡与清算无关业务则要"停下来"，此时主要是资产处置、偿还负债、减少损失、"投资者收回投资并多分点钱"、控制各方面风险和"后遗症"的过程。二是企业清算实际上遵循收付实现制，是一个简单的算账过程，清算目的就是变卖资产，偿还负债，收回投资。所以更关注能收回多少钱，非货币性资产如何多卖点钱，负债偿还情况，还能剩多少钱，投资者能收回多少钱等。此时不再有权责发生制，实际上是收付实现制，所有支出都要经清算人（小组）同意，未到期债权，均尽快收回，甚至折价收回；未到期债务在债权人申报并经确认后一并偿还。此时不再有对外融资，对个别股东未实缴的出资，如果现有资产足够偿还债务，其他股东同意的情况下，可以暂不再补足"出资"，但该股东在剩余财产分配时，要相应少分一些；如现有资产不足以偿还债务，债权人可能向法院起诉，要求股东补缴出资。

由此可知，不论企业所得税，还是个人所得税，清算期间都不宜再过分坚持税收扣除项目及其标准的"纳税调整"政策，税收对"将死之人"没有必要再过多调整了，以其实际发生数额税前扣除，更为合理。举例来说，假如清算人此时发生一笔业务招待费，以解决清算过程中的法律问题，对此时1 000元的业务招待费，就不必让其只扣除600元了，也不必按清算收入的5‰审核其扣除限额，直接将1 000元列为清算费用更为合适。再如，合伙企业清算时，为员工补缴了以前年度欠缴的基本社会保险缴费、企业年金缴费。如果严格按照权责发生制，合伙企业补缴的基本社保缴费、企业年金缴费，应追溯到其所属年度，调整以前年度的纳税申报，办理退税，不将这两项补缴费用列入清算所得。但这样处理的结果较为麻烦，也无必要。现在不再调整以前年度的汇算清缴结果，将补缴的基本社保缴费、企业年金缴费，列入清算费用也好，列入偿还的负债也好，将其从清算所得中直接扣除，确无再调整的必要。又如，与持续经营期间相比，企业清算环节的资产损失确认标准可能要宽松一些。如某些债权投资损失，在持续经营期间，需要欠款方破产、清算，或经法定程序确实无法收回的债权，才可确认损失。若在清算阶段也严格按此标准，则导致这些债权损失根本无法确认！此外，企业进入清算阶段，一般不再有融资、营销、研发、广告、公益捐赠等活动，需要纳税调整的项目不会太多。

笔者建议，在合伙企业清算期间，对与合伙企业原持续经营期间、现清算阶段与其清算有关的支出，只要不是人为输送利益，均可以从宽考虑，允许税前扣除，不再过多限制。但是，这并不意味着对清算所得不作任何"纳税调整"。目前，财政、税务部门对清算所得的纳税调整问题也暂无具体规定。

《个体工商户个人所得税计税办法》（国家税务总局令第35号）第十五条规定了一些不得税前扣除项目。具体如下：

第十五条 个体工商户下列支出不得扣除：
（一）个人所得税税款；
（二）税收滞纳金；
（三）罚金、罚款和被没收财物的损失；
（四）不符合扣除规定的捐赠支出；
（五）赞助支出；
（六）用于个人和家庭的支出；
（七）与取得生产经营收入无关的其他支出；
（八）国家税务总局规定不准扣除的支出。

笔者认为，在合伙企业层次清算中，对上述支出也不宜税前扣除。主要考虑：一是对上述第（一）项，在合伙企业纳税体系中，缴纳个税是合伙人的事，不让其在合伙企业清算环节扣除，于情于理于法都没问题。二是上述第（二）、第（三）项，都是企业违规的代价，应由合伙人承担相关风险，税前不得扣除。三是第（四）、第（五）项，更不宜税前扣除，合伙企业经营不善，都不得已清算了，哪有闲钱再去搞赞助；注意此处不是公益性捐赠，若企业清算时，将相关所得进行公益性捐赠，让其全额扣除也是可以考虑的。四是第（六）、第（七）项，属于与企业经营无关，用于投资者个人及其家庭的支出，这不论持续经营期间还是清算期间，都是不允许的。

行文至此，再做一次灵魂拷问，法人企业清算，上述支出让不让扣除？

《企业所得税法》规定：

第十条　在计算应纳税所得额时，下列支出不得扣除：
（一）向投资者支付的股息、红利等权益性投资收益款项；
（二）企业所得税税款；
（三）税收滞纳金；
（四）罚金、罚款和被没收财物的损失；
（五）本法第九条规定以外的捐赠支出；
（六）赞助支出；
（七）未经核定的准备金支出；
（八）与取得收入无关的其他支出。

笔者认为，在法人企业核算清算所得时，上述第十条的规定，还是要遵循的。在此基础上，延伸出一个新问题。法人企业缴纳清算环节的企业所得税之后，马上面临着剩余财产向股东分配，法人股东、个人股东对分回的剩余财产，以及投资亏损，分别进行企业所得税、个人所得税处理。问题是，法人企业清算计算企业所得税之后，其剩余财产需向股东分配，在核算剩余财产时是否进行纳税调整？

笔者意见，在核算剩余财产时，是一个标准的会计核算过程，就是一个会计算账的过程，即"有多少余钱，向股东分多少；没有余钱，覆盖不了原出资额，就是投资损失"！在此环节，建议不再考虑纳税调整问题。上述《企业所得税法》第十条的规定中，上述第（三）、第（四）项支出，对企业、清算组而言，是被动发生的，会形成实际支出，该支出发生后，可供股东分配的"剩余财产"就少了，笔者认为，在核算清算所得时，对该两项支出确应"网开一面",因为这影响后续计算法人股东、个人股东的所得税,而且法人股东、个人股东也应就其实际所得征税。如该环节对上述第(三)、第(四)项支出进行纳税调增,股东实际上并没有分那么多钱,这是建议对此不进行纳税调整的考虑。对于除上述第(三)、第(四)项之外的其他支出项目,对法人企业、清算组、股东等,属于可以主动选择的行为,从严掌握是必要的,当然,在企业经营不善,关门大吉时,也尽量不发生这些支出。

6. 合伙企业清算,合伙企业持续经营期间的原税会差异怎么办

上述第5点已述,清算过程中对持续经营状态下的税收扣除项目和标准,不宜再过多"纳税调整"。这又衍生出一个新问题,清算环节对原持续经营状态下的税会差异,还坚持不坚持?此处税会差异主要指持续经营期间非货币性资产的会计账面价值与税收计税基础、计税成本不一致的情形;对于其他税会差异,没必要留到清算环节讨论。

实际上,合伙企业清算,与法人企业清算对这一问题的处理,有所不同。为便于对比说明,笔者整理了合伙企业、法人企业清算对原非货币性资产税会差异的处理对比表,具体如表7-4所示。

表7-4 合伙企业、法人企业清算阶段对原非货币性资产税会差异处理对比

对比项目	合伙企业清算	法人企业清算
清算所得环节的核算	财税〔2000〕91号文件第十六条第二款规定,清算所得是指企业清算时的全部资产或者财产的公允价值扣除各项清算费用、损失、负债、以前年度留存的利润后,超过实缴资本的部分。 由于个人所得税与企业所得税对清算所得的不同算法,个税清算所得在技术上直接回避了这一问题。但是,合伙企业资产负债表中,所有者权益项下的"已税未分配利润",是此前持续经营年度核算合伙企业层次应纳税所得额时,按税会差异进行"纳税调整"后,并经"先分后税""已税未分配"数额的累计数。 也就是说,未要求按税收口径的原值进行扣除,实际上是按账面数额扣除	《企业所得税法实施条例》第十一条规定,从"全部资产可变现价值或者交易价格"中扣减"资产净值"。 此处"资产净值"应为税法上的原计税基础、计税成本。主要理由: 法人企业清算,是对其持续经营阶段的延续,此前的税会差异,虽然在持续经营期间,已通过纳税调整,体现到以前年度的已缴所得税之中。税后利润已体现了以前年度税前扣除之"纳税调整"的结果。但在清算环节,资产净值应为税收口径的计税成本。如果采取会计账面价值,就与此前持续经营期间的税会差异"断链"了

续表

对比项目	合伙企业清算	法人企业清算
剩余财产分配环节	与合伙企业层次清算所得应纳税所得额的核算，在流程上、计算上是"合一"的，因其只有一道所得税	法人企业所得税的清算应纳税所得额的计算，与剩余财产分配是两个不同的核算流程。前者只核算清算环节的所得税，按计税成本扣除，目标是核算清算的企业所得税税额。后者剩余财产分配中，是为了计算股东能从剩余财产中分回多少，是一个妥妥的会计核算过程，按会计口径的账面价值核算扣除项目，之后按实际可分配剩余财产，由个人股东计算个税，法人股东计算企业所得税

（三）对合伙企业层次清算中特殊情形的处理

一家正常运营的合伙企业解散、清算、关门，是一个较为复杂的过程，会遇到方方面面的操作问题。

1. 合伙企业不干了，不办注销手续行不行

实践中，有些规模较小、人员较少、收入不多、业务较少、核算不健全的合伙企业，因经营不善决定解散，"把桌椅板凳搬回家，自行关门"，未办清算手续，账册不知放哪里了。

这其实是一种"小农"思维，在大数据管理的今天，在税务局金三、金四系统上线的大数据时代，这一做法不可取。从轻而论，这家合伙企业拿着税务局的发票，还没有销账，时间长了根本说不清；从重而言，这家合伙企业长期不申报，会变成税务局的非正常户，会上征信"黑名单"，每一个合伙人、会计人员都会成为失信人员，对个人及其子女考公、参军、提拔、贷款、就业等都会带来麻烦。

笔者认识中央某部委的一名女干部，其提拔处长时，组织通过大数据发现，其老公名下有一家未注销的公司，处于非正常经营状态。按《公务员法》有关规定，公务员家属如有经商的，应提前向组织报告。此时查出其老公名下有公司是较为严重的违规行为，其提拔都受到影响。经对其老公"讯问"方知,其与老公相识之前,老公有过一段创业经历,和几个朋友开了一家公司,经营不善,"把桌椅板凳搬回家,自行关门",未办理工商、税务清算手续。关键是时间久矣,此前公司经营的各种资料、账册、发票等早已无处寻觅,根本没办法通过正常途径补办清算手续。

2. 合伙企业转为公司制企业,要不要清算

合伙企业与法人企业、公司制企业在所得税方面是两套不同的税收政策体系。法人企业、公司制企业改为合伙企业,需要清算。《财政部 国家税务总局关于企业重组业务企业所得税处理若干问题的通知》(财税〔2009〕59号)规定:

> 四、企业重组,除符合本通知规定适用特殊性税务处理规定的外,按以下规定进行税务处理:
> (一)企业由法人转变为个人独资企业、合伙企业等非法人组织,或将登记注册地转移至中华人民共和国境外(包括港澳台地区),应视同企业进行清算、分配,股东重新投资成立新企业。企业的全部资产以及股东投资的计税基础均应以公允价值为基础确定。

上述要求法人企业进行清算的逻辑很简单,法人企业是缴纳企业所得税的,合伙企业不适用《企业所得税法》,"你以后都不缴企业所得税了,改为合伙企业'先分后税'了,肯定要清算"。

对于合伙企业改为公司制企业、法人企业等,虽然当前没有明文规定,但道理是相通的。合伙企业所得税实行"先分后税",由其法人合伙人、个人合伙人分别缴纳企业所得税、个人所得税,合伙企业的核算重心在合伙企业层次,缴税在合伙人层次。其改为法人企业后,将改为缴纳企业所得税,变动很大,当然要进行清算了。

有些合伙企业做大做强后,逐步有了上市的考虑,如果不想清算,也很容易。以现有合伙企业为投资者,加上合伙人出资等,可以重新设立一家法人企业，将其作为以后上市的主体，合伙企业变成一家持股平台，这样，合伙企业就可以不注销。对于合伙企业属于"轻资产"的，这一操作很容易，以后以新成立的法人企业与客户签订合同，很快能实现业务转型；但该合伙企业如属于"重资产"的，就比较麻烦，其机器设备、土地、专利等，需要以投资、转让、租赁等方式转到新成立的法人企业名下，这可能涉及增值税、所得税等。合伙企业可以就此形成方案，测算税负，再做决策。

3.合伙企业清算时，将非货币性资产分配给合伙人，在核算合伙企业层次所得时，应视同销售处理

法人企业、合伙企业清算时，需要将非货币性资产转让、交易、处置、变卖，目标是变现、偿债，向股东分配。

财税〔2000〕91号文件规定，合伙企业清算对其资产按"公允价值"计价处理，这有一定"历史遗迹"色彩，实际上很难做到。此后，《企业所得税法实施条例》的规定较为人性化，第十一条规定，从"全部资产可变现价值或者交易价格"扣减"资产净值"，即清算时，非货币性资产按"可变现价值或者交易价格"计价。

合伙企业层次清算，如资产溢价很多，皆大欢喜，股东能够分回一定的现金或非货币性资产。在增值税、所得税等规定中，对合伙企业向合伙人分配非货币性资产，需要视同销售。

合伙企业处置的非货币性资产，主要包括两大类：一是合伙人想要的，如股票、国债、土地使用权，以及某些机器设备等；二是合伙人不想要的，合伙企业清算时难以变卖的机器设备、前景不妙的专利技术等，卖不出去的，只能硬性折价"塞给"合伙人，"不要不行"。

合伙企业是高度自治的企业，需要兼顾每一合伙人的利益和情绪，对大家都想要的非货币性资产，只能对外拍卖，或内部竞拍，"价高者得"；对大家都不想要的非货币性资产，经清算人、合伙人商定，可以折价给某一合伙人，对此，应属于交易行为。所谓将非货币性资产分配给合伙人，并不是直接分配非货币性资产，而应当是先将非货币性资产在合伙人内部折价销售,合伙人可以不给现钱,但要"记上账",待实际分配时抵顶其应获得的"先分"所得,由合伙企业再与该合伙人另行结算。

【案例7-4】 F合伙企业有2名合伙人——张三、李四,张三出资60万元,李四出资40万元,李四为执行合伙事务的合伙人,张三、李四约定分配比例为3∶7。F合伙企业经营10年后,因合伙人年龄较大,后继无人,拟归隐田园,经合伙人协商一致,决定解散。F合伙企业已就当年度的经营所得,对其合伙人办理个人所得税汇算清缴,现由张三、李四共同担任清算人进行清算。张三、李四对清算财产拟按5∶5分配。F合伙企业经营期间,对"先分后税"执行不好,有未税未分配利润120万元。F合伙企业资产负债表如表7-5所示。

表7-5　　　　　F合伙企业资产负债表

资产项目	账面	处置情况	负债和所有者权益	账面	实际处置
现金	10万元	10万元	短期借款	120万元	
中间产品和原材料	50万元	48万元			
固定资产	380万元	425万元	长期借款	100万元	50万元无法偿还
其中:1.办公楼	300万元	400万元	实收资本	100万元	
2.办公设备	60万元	20万元			
3.切割机	20万元	折价5万元分配给合伙人张三			
无形资产	100万元	90万元	已税未分配利润	100万元	
其中:土地使用权	90	折价80万元给合伙人李四	未税未分配利润	120万元	
合计	540万元	573万元	合计	540万元	

解答:

(1)处置资产情况。

切割机是一台旧设备，即使折价也难以处理，经张三、李四协商一致，按5万元折价给张三，抵顶下一步利润分配。某项土地使用权，位置较佳，但无土地权证，无法转让，拟折价80万元给李四。其他财产均已对外出售，换取现金，具体处置情况如表7-5所示。

资产处置过程中，发生相关税费、清算费用合计6万元。

（2）F合伙企业清算所得的核算。

扣减实收资本之前的应纳税所得额=资产处置收入573−清算费用6−120−（100−50）−已税未分配利润100=297（万元）。张三、李四按5∶5比例均分享148.5万元。

张三应纳税所得额=148.5−60=88.5（万元），应纳税额=88.5×35%−6.55=24.43（万元）。

李四应纳税所得额=148.5−40=108.5（万元），应纳税额=108.5×35%−6.55=31.43（万元）。

（3）清算剩余财产的分配。

可供分配的剩余财产=573−清算费用6−短期借款120−长期借款50=397（万元）。每人可分回198.5万元，其中，张三折价5万元购买的切割机未交钱，李四购买土地使用权80万元未交钱，另外，还应从可分配资金中扣除所缴个税。

张三可分回剩余财产=198.5−切割机5−个税24.43=169.07（万元）

李四可分回剩余财产=198.5−土地使用权80−个税31.43=87.07（万元）

4. 合伙企业清算，收不回的债权怎么办

这可以看作一个问题，也可看作两个相关联的问题。对收不回的债权，需要确认资产损失，一方面减少了清算收入，另一方面可从清算所得中扣除。

合伙企业清算的一大难点是债权的回收。这是一个非常复杂的问题，即使此时未到期债权，因合伙企业清算，也视为到期债权，如果对方能还钱，就是损失一些利息收入。对于不能及时还钱消债的，情况很复杂，有的根本没有偿还能力，有的债务人有资产，但无现金流，对方一般不可能贷款来归还对你的负债，除非你的债权本金、利息给的折扣足够大。对此，也不能都进行诉讼，一方面耗时费力劳神，另一方面，即使胜诉，若对方确实无财产可供执行，也难以收回。

对此，清算组需认真评估，可以细分几种情形处理：一是对于还款有望，但近期拿不出现金流的债务人，清算组可以将债权人、债务人拉在一起，实现债务转移，让二者"轧账"，既减少了债权，同时也减少相应债务；在合伙企业资产不多的情况下，特别是资不抵债的情况下，合伙企业的债权人迫于无奈，还是会接受这一方案的。二是对于债权人、债务人不能"轧账"处理，但短期又收不回的，可以由合伙人协商同意，将该笔债权折价转让给某一合伙人，由其履行后续追偿工作。三是对于债务人已资不抵债，也无可供执行财产的，经评估，可以确认其为资产损失。

笔者认为，合伙企业清算环节的资产损失的判断标准，要比持续经营期间确认资产损失的标准，适当从宽。例如，合伙企业持续经营期间，对于不能收回的外部债权投资，需等债务人解散、清算，才能确认资产损失在税前扣除；但在清算阶段，债务人基于各种考虑，或其大股东急于解散注销，合伙企业就很难等待所有债务人单位解散清算后，再去确认资产损失。往复杂一点说，有可能债权人、债务人之间相互有很多债权债务，这就需要双方互相"轧账"，之后再根据双方相互欠债的情况，再确认资产损失。有些负债，不一定非要债务人解散、清算，只要有相关证据，证明此笔款项确实无法追偿了，也可以确认资产损失，在清算所得中扣除。当然，合伙企业解散清算后，相关债权也确实无法再收回；除非合伙企业将此笔债权作为剩余财产，分配给合伙人，由合伙人再去追缴。

5.合伙企业清算时，不能偿还的负债怎么办

法人企业、合伙企业清算时，有一个必经的法定流程——让债权人申报债权。

《公司法》《合伙企业法》这样规定的深意是保护债权人利益，以《合伙企业法》为例，该法规定：

> 第八十八条　清算人自被确定之日起十日内将合伙企业解散事项通知债权人，并于六十日内在报纸上公告。债权人应当自接到通知书之日起三十日内，未接到通知书的自公告之日起四十五日内，向清算人申报债权。
>
> 债权人申报债权，应当说明债权的有关事项，并提供证明材料。清算人应当对债权进行登记。
>
> 清算期间，合伙企业存续，但不得开展与清算无关的经营活动。

可见，债务方——合伙企业有通知、公告的义务；债权方有在规定时间内申报债权并提供证据的义务。合伙企业解散清算，在通知债权人的基础上，还要求公告，一方面，如不设定公告流程，合伙企业有可能故意不通知、少通知个别债权人；另一方面，公告是"通知义务"的补充，让某些"未入账债权"有主张权利的机会。例如，某些个人合伙人为合伙企业经营需要，以个人名义从银行贷款用于合伙企业，在其他合伙人知情的情况下，应视为合伙企业债务。从债权人角度看，不仅要在规定时间内申报债权，还需提供债权的证据，以此确认债权的有效性。对于未在规定期间内申报的债权，或不能提交债权证据，如果清算人不厚道，在法律上是可以"耍赖"的。普通合伙人对债务承担"无限+连带"责任，也仅限于在清算期间申报确认的债权。

现在的问题是，合伙企业清算时对不能偿还的负债，是否确认为清算收入？此处不能偿还的债务，包括两个口径：一是找不到债权人，或债权人放弃债权，而无须偿还的负债；二是合伙企业"资不抵债"，无法偿还的负债。为便于读者掌握，笔者对法人企业、合伙企业清算有关不能偿还负债的所得税处理，对比如表7-6所示。

表7-6 法人企业、合伙企业清算对不能偿还债务的所得税处理差异对比

	无法偿还的债务（债权人放弃债权）	不能偿还的债务（资不抵债）
法人企业清算	计入清算所得的收益，征收企业所得税	1.一般清算条件下：法人企业资不抵债，看股东是否有未缴出资，应补缴出资偿还负债。当补缴出资仍不能偿还负债的，企业可以选择破产。如果不选择破产，应由股东，或大股东，继续出资，偿还负债。如负债不能偿还完毕，市监部门不批准注销登记。 所得税方面，个人股东不能收回的投资，以及新增加的出资，属于个人投资损失，在现行综合与分类相结合税制模式下，该项投资损失，不能抵扣个人所得税。法人股东可以确认资产损失，在申报年度企业所得税汇算清缴时税前扣除 2.破产清算条件下，法人企业资不抵债，看股东是否有未缴出资，应补缴出资偿还负债。当补缴出资仍不能偿还负债的，根据资产变现收入、负债规模，经债权人会议与清算组商定，制定负债偿还规则，如欠个人债权人50万元以下，据实偿还；欠款50万元至200万元的，对50万元以上部分，按8折偿还；欠款200万元以上的，对200万元以上部分，按5折偿还。对企业债权人，欠款10万元以下的，据实偿还；欠款10万元至50万元的，按6折偿还。 所得税方面，企业已经破产，上述未偿还的负债，计入清算收入，依法计算应纳税额。之后，作为国家税收债权，按破产清算的偿债顺序追偿。对确实无法缴纳的税款，予以豁免
合伙企业清算	计入清算所得的收益，核算出清算所得后，"先分后税"，由合伙人分别缴纳企业所得税、个人所得税	合伙企业的普通合伙人承担无限责任，不允许合伙企业破产。即合伙企业不能利用破产逃债规则"耍赖"。 合伙企业资不抵债，第一步，先用合伙企业清算资产处置收入偿还。 第二步，仍不能偿还完毕的，看普通合伙人、有限合伙人有无出资不到位情形，如有，应补足出资还偿债。 第三步，仍不能偿还完毕的，由债权人向任一普通合伙人追偿，该普通合伙人偿还负债后，可以向其他普通合伙人追偿。合伙企业清算时，也可以参照法人企业破产时的偿债比例，先行偿还，未能偿还的部分，由债权人按上述顺序追偿。 所得税方面，个人合伙人不能收回的投资，以及被追偿的负债，属于个人投资损失，在现行综合与分类相结合税制模式下，该项投资损失，不能抵扣个人所得税。法人合伙人未能收回的投资，以及被追偿的负债，可以确认资产损失，在申报年度企业所得税汇算清缴时税前扣除

合伙企业清算后，债权人又主张的债权，法院不一定支持，具体以法院裁定为准。

6.合伙企业商誉的所得税处理

合伙企业不一定有商誉，本书从全面的角度，简要阐述。

商誉是合伙企业在日常经营中建立的产品销售网络、优秀管理团队的拓展能力、长期形成的品牌效应等超级营利能力。这属于日常经营期间"日积月累"形成的内部商誉，相关成本费用已在日常经营中的会计利润、所得税税前扣除。合伙企业溢价收购其他企业、投资项目的溢价部分，属于外购商誉。商誉属于合伙企业的无形资产，与合伙企业有较强的依附性。如企业经营不善，其商誉将相应贬值；如企业经营业绩越来越好，则商誉还会进一步溢价，对该项溢价，因其并未实现，不征收企业所得税、个人所得税。如企业被收购，被收购企业的商誉，经与收购方协商，可以作价交易，由收购方在收购过程中支付相应对价。

法人企业对内部商誉，由于其成本、费用已在商誉形成过程中税前扣除，不存在另行扣除问题。对于外购商誉，即使是品牌盈利能力，也含有"水分"，为避免侵蚀国家税收权益，《企业所得税法实施条例》规定：

> 第六十七条 无形资产按照直线法计算的摊销费用，准予扣除。
>
> 无形资产的摊销年限不得低于10年。
>
> 作为投资或者受让的无形资产，有关法律规定或者合同约定了使用年限的，可以按照规定或者约定的使用年限分期摊销。
>
> 外购商誉的支出，在企业整体转让或者清算时，准予扣除。

对合伙企业而言，其内部商誉也是经营过程中"日积月累"形成的，其相关成本、费用已在平时扣除。合伙企业如存在外购商誉，其成本平时未摊销,即未在税前扣除,那是不是也推迟到清算环节扣除呢?

前已述及,由于资产负债表左右两侧数据相等,法人企业清算应纳税所得额的核算,是以资产负债表左侧数据计算的,以资产处置的变现价格、可销售价格计算清算收入,扣除相应资产净额,以此计算应纳税所得额。在此过程中,外购商誉的计税成本是可以扣除的。合伙企业层次应纳税所得额的核算,是用资产负债表左侧资产处置收入的数额,减去右侧负债、"已税未分配利润"、实收资本,以此核算合伙企业层次的清算应纳税所得额。实际上,一方面,外购商誉作为一项资产,其处置情况已计入清算收入;另一方面,外购商誉的计税成本,是暗含在资产负债表右侧负债、"已税未分配利润"、实收资本等数额中,已经扣除了。

综上所述,内部商誉、外购商誉,在资产处置过程中,"能卖多少钱,算多少钱",以其变现收入计入清算所得。合伙企业清算所得,要求对资产按公允价值计价,前已述及,这是在当时环境下的规定,时过境迁,已不太合理。虽然相关资产有其公允价值,但这一公允价值是心理上的,最终还是"能卖多少钱,算多少钱",按其实际处置收入计算清算所得即可。

7. 补缴以前年度欠税,能不能在清算所得中扣除

合伙企业以前年度的欠税,主要是除合伙人个人所得税、企业所得税之外的其他已申报、未缴纳的税费。按权责发生制原则,这些欠税属于以前年度的未缴税费。合伙企业补缴税费后,其可以在相应年度税前扣除(补缴增值税不能税前扣除),应调整以前年度会计损益、合伙企业层次的应纳税所得额以及合伙人的所得税。在合伙企业持续经营期间,对欠缴税款,确应依法按上述情形调整所得税,而且税收滞纳金,不能税前扣除。

合伙企业进入清算后,为节约核算成本,减少征纳双方或多方(合伙人)纳税调整,除增值税、补缴的合伙人的所得税外,建议将补缴税费在清算所得中一并处理,不必再追溯到以前年度。主要考虑:一是合伙企业持续经营期间的欠税,有可能已计入当期会计利润,但未缴纳,也未税前扣除;将其放在清算所得中扣除,实际上,有一个把以前年度应纳税所得额转化为清算所得的问题。该事项延迟到清算阶段，合伙企业在以前清算期间未扣除此项税费，合伙人已就此多缴所得税，现在将其在清算所得中扣除，相应减少合伙企业层次清算所得，算总账是平衡的。二是以前年度欠税，属于合伙企业的负债，在清算所得中是允许减去负债的，将其视为一项负债在清算所得中扣除，并无不妥。三是将其在清算所得中扣除，而不是僵硬地、按权责发生制原则追溯到所属年度追溯处理，是一种便捷、省事、智慧的做法，对征纳双方乃至多方（合伙人）是多赢的。

8.已税未分配利润的所得税处理

前已述及，已税未分配利润是合伙人按照"先分后税"规则"已税未分配"的留存利润。对这部分留存利润，即使在合伙企业持续经营期间向合伙人实际分配，以及合伙人退伙时分配，均不再征收所得税，将其从合伙企业层次应纳税所得额中减除。

合伙企业进入清算阶段后，"已税未分配利润"可以在核算合伙企业层次应纳税所得额中减除。财税〔2000〕91号文件第十六条第二款规定：

> 前款所称清算所得，是指企业清算时的全部资产或者财产的公允价值扣除各项清算费用、损失、负债、以前年度留存的利润后，超过实缴资本的部分。

上述规定中"以前年度留存的利润"，即为本书所称"已税未分配利润"。实践中，有些合伙企业未严格遵守"先分后税"规则，而是等到实际分配时再对合伙人征收所得税。这样，其资产负债表中的所有者权益项下，有一部分"未税未分配利润"，对此，不得在清算所得中扣除。

9.合伙企业清算环节，能不能扣除税收滞纳金

笔者整理了法人企业、合伙企业清算期间税收滞纳金扣除情况对比表。为简要说明问题，具体如表7-7所示。

表7-7　法人企业、合伙企业清算期间税收滞纳金扣除情况差异对比

	法人企业	合伙企业
企业层次清算环节所得税	税收滞纳金，不得税前扣除	同左栏
合伙人层次计算所得税		在上栏计算清算环节应纳税所得额后，"先分后税"，法人合伙人缴纳企业所得税，个人合伙人缴纳个人所得税
剩余财产分配环节所得税	剩余财产向股东分配。在计算剩余财产时，税收滞纳金作为一项财务支出，可在计算剩余财产时扣除。但这不是税前扣除的概念，是剩余财产的计算，是一个会计核算的概念，而非税法意义上的所得税税基核算，是可供分配财产数额的概念，实际上，也只有这么多剩余财产可供分配。法人股东对其中对应未分配利润的部分，可以视为股息所得，免征企业所得税，超出投资成本、股息的部分，为投资处置收益，征收企业所得税。可供分配部分小于投资成本的，为投资损失，可作为资产损失，在税前扣除。个人股东对其中对应未分配利润的部分，可以视为股息所得，按"利息、股息、红利所得"和20%税率，计算个人所得税；对超出投资成本、股息的部分，为投资处置收益，按"财产转让所得"和20%税率，征收个人所得税。可供分配部分小于投资成本的，为投资损失，在个税分类所得项下，不能税前扣除	按上栏规定，法人企业合伙人、个人合伙人分别缴纳企业所得税后，剩余财产向合伙人分配。此时，纳税义务已经完成，税收滞纳金可以从剩余财产中减除。但这是一个会计核算的概念，并不影响合伙人纳税

表7-7中，法人企业、合伙企业清算，对税收滞纳金扣除有不同规定的原因：法人企业清算，涉及法人企业、投资者两道所得税，其中，在剩余财产分配环节，主要考察可供分配的剩余财产，税收滞纳金已上缴税务局，只能在剩余财产中扣减；对法人股东的纳税影响相对较小（居民企业之间直接投资分红免征企业所得税），但会减少个人股东按"利息、股息、红利所得"缴纳的个人所得税。而合伙企业清算，是"先分后税"，只有一道所得税，法人合伙人缴纳企业所得税，个人合伙人缴纳个人所得税。

10. 合伙企业清算，是否可以扣除以前年度亏损

（1）清算所得，可以扣除持续经营期间的未弥补亏损。

对此不多论述，不论企业所得税清算，还是合伙企业层次核算应纳税所得额，均可以扣除以前年度未弥补的亏损。

前已述及，合伙企业终止经营，拟解散清算时，需先计算本年度生产经营期间的应纳税所得额，之后，按"先分后税"，由法人合伙人、个人合伙人分别缴纳企业所得税、个人所得税。

在计算本年度生产经营期间的应纳税所得额时，可以弥补以前年度未弥补的亏损，如弥补后应纳税所得额≥0，则按上述规定，由合伙人计算缴纳所得税。如弥补后应纳税所得额<0，则本年度为亏损，可结转至清算环节，最后一次弥补。

（2）持续经营期间盈利，清算所得亏损，该亏损不能退回由持续经营阶段盈利弥补。

【案例7-5】 H合伙企业有甲、乙2名合伙人，甲、乙合伙人出资额均为50万元，二人利润分配比例为6∶4，清算所得分配比例为4∶6。当年11月决定解散清算，H合伙企业的资产负债表如表7-8所示。

表7-8　　　　　　H合伙企业的资产负债表　　　　　单位：万元

资产项目	账面	处置情况	负债和所有者权益	账面	实际处置
现金	10	10	短期借款	120	
中间产品和原材料	50	48			
固定资产	380	375	长期借款	100	
其中：1.办公楼	300	350	实收资本	100	
2.办公设备	60	20	已税未分配利润	200	
3.切割机	20	5			
无形资产	100	20	未税未分配利润	20	
其中：某软件	90	10			
合计	540	453	合计	540	

当年度经营所得的应纳税所得额为80万元，已按"先分后税"规则，由甲、乙合伙人缴纳个人所得税。请计算甲、乙二人的清算应纳所得税额。

解答：

H合伙企业层次未扣除实收资本的清算应纳税所得额=资产处置收入453-短期借款120-长期借款100-已税未分配利润200=33（万元）

甲、乙合伙人按4∶6"先分后税"：

甲合伙人的应纳税所得额=33×40%-50=-36.8（万元）

乙合伙人的应纳税所得额=33×60%-50=-30.2（万元）

上述表明，合伙企业清算环节亏损，甲、乙二人不需缴纳个人所得税。

为准确还原H合伙企业层次清算环节的亏损情况，按实收资本在清算应纳税所得额中扣除计算，应纳税所得额=资产处置收入453-短期借款120-长期借款100-已税未分配利润200-实收资本100=-67（万元）。

面对该情形，甲、乙合伙人要求将清算所得-67万元，在本年度经营所得的盈利80万元中抵扣，这样，其本年度缴纳的个税将大幅减少。税务局否定了这一诉求。

笔者认为，如果从持续经营理念讲，可以考虑允许企业清算当年度的经营所得的盈利弥补清算所得的亏损，这是符合合伙企业持续经营理念的。同时，税法弥补以前年度亏损的逻辑渊源，也是基于持续经营理念。我国税法没有这一规定，税务局拒绝甲、乙合伙人的诉求，于法有据。

前已述及，合伙企业、法人企业清算的应纳税所得额，其来源于清算环节资产处置的溢价，以及部分债权人放弃债权。本案中，从H合伙企业的资产负债表来看，其无形资产正好贬值80万元，其当年度经营所得亦为80万元，如果H合伙企业经过认真测算，可以在清算之前，先把该项无形资产处置掉，这样，当年度应纳税所得额为0，不需缴税。从而，其清算所得就会增加80万元，以上面扣除实收资本的清算应纳税所得额-67万元算账，则清算所得为13万元。从而有效减少了纳税。

三、对清算所得"先分后税",合伙人应纳税额的核算

对合伙企业所得税"先分后税"问题,第三章已详细介绍。对"先分后税"有关合伙人缴纳所得税问题,前面已较多介绍,并辅相关案例,不再赘述。下面着重说明两个问题。

(一)合伙人对清算所得"先分后税"比例,一般不等于持续经营期间的约定分配比例

合伙企业是高度"人合性"的契约型生产经营平台,合伙人之间对合伙财产属于法律上的"按份共有",经其他合伙人同意,普通合伙人可以"劳务"出资。这一"劳务"出资,不属于财务出资,不能计入资产负债表,属于表外资产,但可以作为利润分配依据。因此,合伙人的利润分配比例,一般不等于合伙人的出资比例,而是由合伙协议约定,或由合伙人协商确定。不按出资比例分配,则体现了对普通合伙人"劳务"出资,以及分享经营成果的认可,也反映了合伙企业的"人合性"特征。

当合伙企业与合伙人涉及退伙、撤回出资等纠纷时,《合伙企业法》按照公平原则,尊重合伙协议约定,在此基础上,优先保护合伙企业持续稳定经营。有的合伙协议限制合伙人随意退伙,规定了不同的退伙条件。

【案例7-6】R合伙企业为有限合伙企业,有2名普通合伙人张三、李四,另有45名有限合伙人,为保证合伙企业持续经营,合伙协议约定:

除合伙人死亡、家庭变故等原因外,合伙人不得随意退伙。

合伙企业成立的前5年内,禁止合伙人退伙。

合伙企业成立的第5年至第7年,普通合伙人不得退伙,有限合伙人退伙,可以退还其"出资额"+5%年利率计算的利息。

合伙企业成立的第8年至第10年，普通合伙人不得退伙，有限合伙人退伙，可以退还其"出资额"+10%年利率计算的利息。

合伙企业成立10年后，普通合伙人退伙，应由全体合伙人同意，按合伙企业的净资产和15%的比例退伙。有限合伙人退伙，按合伙企业的净资产，以及合伙人的出资比例，返还财产份额。

对合伙人死亡、家庭变故等原因退伙，按合伙企业的净资产，以及合伙人的出资比例，返还财产份额，并酌情予以适当抚恤。

合伙企业清算时，由于合伙企业拟终止经营，普通合伙人的"劳务"出资对清算所得的作用"归0"，合伙协议对合伙人在清算所得时分配比例，可能规定得不同于持续经营期间的分配比例。

回顾一下《合伙企业法》的规定：

第八十九条 合伙企业财产在支付清算费用和职工工资、社会保险费用、法定补偿金以及缴纳所欠税款、清偿债务后的剩余财产，依照本法第三十三条第一款的规定进行分配。

第三十三条 合伙企业的利润分配、亏损分担，按照合伙协议的约定办理；合伙协议未约定或者约定不明确的，由合伙人协商决定；协商不成的，由合伙人按照实缴出资比例分配、分担；无法确定出资比例的，由合伙人平均分配、分担。

合伙协议不得约定将全部利润分配给部分合伙人或者由部分合伙人承担全部亏损。

综上所述，《合伙企业法》第三十三条第一款，并未规定合伙人对清算所得的分配比例，这一问题交由合伙协议约定。

（二）合伙企业清算所得亏损的情形

为便于说明，笔者整理了合伙企业清算亏损的不同情况表。具体如表7-9所示。

表7-9　　　　　　　　合伙企业清算亏损的不同情况

	合伙企业清算亏损的情形	点评分析
情形1	清算资产处置收入额−清算费用−负债总额≤0	资不抵债，有限合伙人以其出资额为限，承担有限责任；普通合伙人承担"无限"+"连带"责任。 合伙企业解散时，需约定每一普通合伙人应继续履行的偿债责任的数额
情形2	1. 清算资产处置收入额−清算费用−负债总额＞0； 2. 清算资产处置收入额−清算费用−负债总额−已税未分配利润≤0	清算的应纳税所得额≤0，合伙人不需缴纳所得税。合伙人的出资额完全未收回，形成投资损失。法人合伙人可以申报资产损失税前扣除；个人合伙人的投资损失，难以在个税前扣除
情形3	1. 清算资产处置收入额−清算费用−负债总额−已税未分配利润＞0； 2. 清算资产处置收入额−清算费用−负债总额−已税未分配利润−实收资本≤0	清算的应纳税所得额≤0，合伙人不需缴纳所得税。合伙人的出资额"部分收回"，形成投资损失。有关资产损失的税收处理，同上栏
情形4	1. 清算资产处置收入额−清算费用−负债总额−已税未分配利润−实收资本略大于等于0 2. 但是，将"清算资产处置收入额−清算费用−负债总额−已税未分配利润"按"先分后税"规则向每一合伙人分配后，有的合伙人的数额＞0，有的合伙人的数额＜0，有的合伙人的数额≈0	清算的应纳税所得额接近于0，但个别合伙人可能微盈利，收回了投资。有的合伙人亏损，"大部分收回"投资，形成投资损失。有关资产损失的税收处理，同上栏

四、合伙企业清算的其他相关所得税问题

除前述合伙企业层次清算所得的核算，以及合伙人"先分后税"之外，合伙企业清算还可能涉及其他所得税问题。

（一）清算人取得清算报酬，怎么缴税

清算人可能是个人合伙人，也可能是法人合伙人，还有可能是外聘会

计师事务所、律师事务所等中介机构。

在合伙企业清算中,对合伙人兼任清算人,不一定发放报酬,但对合伙人之外的其他单位或个人,担任清算人,应当支付报酬,计入清算费用。为便于说明,笔者整理了清算人取得报酬缴纳所得税的情况对比表。具体如表7–10所示。

表7–10　　合伙企业清算人取得清算报酬征收所得税的情况对比

清算人身份	缴纳所得税情况
个人合伙人	1.理解为劳务报酬所得,由合伙企业的财务人员按劳务报酬所得,扣缴个税,次年办理综合所得汇算清缴。 2.或者认定为经营所得,与其清算后的经营所得合并计算个税。如合伙企业清算亏损,或个人合伙人清算亏损,则不征收个税
法人合伙人	并入法人企业合伙人的税前利润,计算企业所得税。同时,合伙企业清算盈亏情况,按前述规定以及表7–9"合伙企业清算亏损的不同情况"处理
合伙企业的员工	属于工资薪金所得,由合伙企业的财务人员按规定扣缴个税,次年办理综合所得汇算清缴
外部中介机构	如为法人企业,此笔收入为服务费收入,征收企业所得税。如为合伙企业,属于合伙企业收入,核算年度利润后,"先分后税",由合伙人缴纳企业所得税或个人所得税
外部个人	劳务报酬所得,由合伙企业的财务人员按劳务报酬所得,扣缴个税,次年办理综合所得汇算清缴

(二)补发工资,买断工龄一次性补偿金

合伙企业清算,补发工资的情形较为复杂,说明如下:

1.向员工补发以前年度的工资

我国从2019年起,实行综合与分类相结合的个人所得税制,对综合所得实行按月预扣预缴,次年3月1日至6月30日前汇算清缴,多退少补。

我国个税综合所得项目,未引入权责发生制,基本上采取收付实现制。由于每个人赚钱能力不同,有的员工从清算的合伙企业离职后,很快就有高薪就业机会,有的员工从清算的合伙企业离职后,可能一段时间内没有收入。加之,每一员工补发以前年度的工资数额,也会影响适用税收政策的判断。为便于个人适用税收政策,笔者整理了合伙企业清算,员工取得补发以前年度工资的所得税处理表,如表7–11所示。

表7-11　合伙企业清算，员工取得补发以前年度工资的所得税处理

补发以前年度工资的时间	缴纳所得税的建议
6月30日前	情形1：补发数额较小，此时未办理上年度汇缴，即使个人已办汇缴，可以重新申报。可将以前年度、上一年度的补发工资，均作为上年度收入，办理上年度的汇算清缴。 情形2：补发金额较大，可以将其全部作为上年收入，办理汇缴。如追溯到以前年度，会产生税收滞纳金。对于有司法裁定、仲裁、纪检部门认定补发以前年度工资的、可以追溯到以前年度，不加收税收滞纳金。当然，如果补发工资数额不大、只要不适用35%、45%等较高税率将其直接视为一个年度的收入补税、影响不大，也没必要追溯处理。 情形3：个人离职后，很快有高薪收入，建议将其放在上一年度收入中，办理上年度的汇算清缴。 情形4：个人离职后，短期内可能没有收入，由合伙企业会计人员将其放在发放年度扣税，次年办理汇算清缴
6月30日后	建议放在发放年度处理。如追溯放在以前年度，会产生税收滞纳金。对有司法等有关部门认定的，同情形2

2. 向员工补发本年度工资薪金

不论根据劳动合同，还是会计核算，以及个税的收付实现制，此笔补发工资只能放在当年度，由合伙企业会计人员将其放在发放年度扣税，次年办理汇算清缴。

对于补发的工资中，既有以前年度工资，也有本年度工资，如会计人员能准确区分，可将本年度与以前年度的工资，分两次发放。对补发以前年度的工资、本年度的工资，根据前述情形分别处理。如果会计人员将以前年度工资、本年度工资，没有分两次发放，而是混在一起作为本年度工资，已经扣缴个税，建议一切随缘，不再调整。

3. 清算期间，补发全年一次性奖金

该情形实践中较少，对于经营不善的合伙企业，一般没有全年一次性奖金，对经营业绩较好，合伙人解散清算的，一般也不会欠发全年一次性奖金。从写书的角度，为保证业务的全面性，对此简要介绍。

2019年个税改革后，根据《财政部 税务总局关于个人所得税法修改后有关优惠政策衔接问题的通知》（财税〔2018〕164号）、《财政部 税务总局关于延续实施全年一次性奖金个人所得税政策的公告》（财政部 税务总

局公告2023年第30号）等规定，在2027年12月31日前，对个人取得全年一次性奖金继续单独计税，暂不并入综合所得汇算清缴，以全年一次性奖金收入除以12个月得到的数额，按照按月换算后的综合所得税率表（月度税率表），确定适用税率和速算扣除数，单独计算纳税。计算公式为：

应纳税额=全年一次性奖金收入×适用税率−速算扣除数

居民个人取得全年一次性奖金，也可以选择不单独计税，将其并入当年综合所得计税。此举有利于照顾低收入者。低收入者将全年一次性奖金并入当年综合所得汇算清缴，减去费用6万元以及各项扣除，可能缴税更少。

居民个人取得全年一次性奖金个人所得税税率表（月度税率表）如表7-12所示。

表7-12　居民个人全年一次性奖金个人所得税税率表（月度税率表）

级数	应纳税所得额	税率（%）	速算扣除数
1	不超过3 000元的部分	3	0
2	超过3 000元至12 000元的部分	10	210
3	超过12 000元至25 000元的部分	20	1 410
4	超过25 000元至35 000元的部分	25	2 660
5	超过35 000元至55 000元的部分	30	4 410
6	超过55 000元至80 000元的部分	35	7 160
7	超过80 000元的部分	45	15 160

4.合伙企业清算，职工取得的解除劳动关系一次性补偿金

《财政部 税务总局关于个人所得税法修改后有关优惠政策衔接问题的通知》（财税〔2018〕164号）规定：

> 五、关于解除劳动关系、提前退休、内部退养的一次性补偿收入的政策
>
> （一）个人与用人单位解除劳动关系取得一次性补偿收入（包括用人单位发放的经济补偿金、生活补助费和其他补助费），在当地上年职工平均工资3倍数额以内的部分，免征个人所得

税；超过3倍数额的部分，不并入当年综合所得，单独适用综合所得税率表，计算纳税。

合伙企业解散，对给予劳动合同未到期职工的一次性补偿金，可以按照上述规定，享受个人所得税优惠政策。

【案例7-7】 D合伙企业20××年5月解散清算，除合伙人外，共有10名员工，其中3名正好劳动合同到期，不再续签；有7名员工劳动合同未到期。D合伙企业效益一直不错，经合伙人会议商定，对3名合同到期员工按其工作年限予以N倍补偿，对7名员工劳动合同未到期的员工实行N+2倍补偿。其中，张三取得N+2倍补偿，张三在该合伙企业工作10年，其月工资3万元，假定D合伙企业所在地级市的上年社会平均工资为8万元，请计算张三取得的解除劳动合同一次性补偿金应缴纳多少个人所得税？

解答：

（1）张三可取得的一次补偿金额=3×（10+2）=36（万元）

（2）张三的免税额=当地社会平均工资的3倍=8×3=24（万元），即张三的应税所得=36-24=12（万元）。

（3）张三此笔收入单独计税，不并入当年综合所得汇算清缴。

查询年度综合所得税率表，适用税率10%，速算扣除数2 520元，应纳税额=120 000×10%-2 520=9 480（元）。

5.合伙企业清算，为员工补缴基本社会保险费

合伙企业清算，为员工补缴基本社会保险费，可以从合伙企业层次清算所得中扣除，对此，不征收员工的个人所得税，也不涉及其他税费。

五、进一步完善合伙企业清算所得核算的建议

（一）建立合伙企业清算的具体规定或操作规范

合伙企业已经成为中介机构、投融资、持股平台、创业投资、私募股权基金等领域的主流企业组织形式,其合伙企业清算的政策规定、资产处置、负债偿还、股东分配清算资产的视同销售、清算所得的具体扣除项目、清算剩余财产的分配等相关所得税问题,虽有一般性规定,但针对性不强。例如,前已述及,财税〔2000〕91号文件第十六条规定的清算所得的规定,更适用于个人独资企业的清算,不太适应合伙企业的清算所得的核算。从加强税源管理,服务于合伙企业解散清算,减少税收流失角度考虑,适时完善一些具体的政策规定和管理规范,有一定必要性。

（二）适时制定合伙企业清算的纳税申报表

目前,对法人企业清算,企业所得税建立了完整的清算所得核算、纳税申报、剩余财产分配等相关涉税管理规定。而合伙企业清算,暂无合伙企业层次清算所得税基核算的纳税申报表,也无合伙人取得剩余财产的后续税收监管规定,更无合伙人确认投资损失的后续管理。

（三）建立合伙企业及其合伙人清算涉税信息传输机制

合伙企业的架构,特别是多层嵌套合伙企业的架构,一般由某些私募基金的发起人、某些大企业的大股东、实控人发起设立,其普通合伙人也由其设定。在这些合伙企业架构中,底层合伙企业、中间层合伙企业、顶层合伙企业等,既有合伙企业之间相互嵌套,也有其他外部投资人充当某一层次合伙企业的合伙人,架构非常复杂;而且,这些合伙企业均注册在不同省市县区,相关涉税信息零散地、网状地分散在不同省市县区。税务局面对的是零散、碎片化的合伙企业、合伙人涉税信息;对合伙企业及合伙人而言,其既可利用某些地区"税收洼地"政策,又利用税务局对各层级合伙企业信息不对称推迟缴纳税费,有的还利用个别地区"核定征税"的土政策,从而降低合伙企业架构的综合税负。

税务局可以考虑建立合伙企业相关涉税"信息网",将所有涉税信息"串起来"。在此基础上,有效利用大数据、人工智能AI等技术手段,做好合伙企业及其合伙人的涉税信息传输、加工、识别,筛查税收风险点,从而使"死信息"变成"活信息",加强合伙企业的所得税管理。

第八章

合伙企业、合伙人的所得税征管

一、合伙企业、合伙人所得税征管方式的总体架构

合伙企业是一个合伙人搭建的，办理工商登记的契约型的生产经营平台，是一个合伙人高度自治的"人合性"企业，合伙人之间对合伙财产属于法律上的"按份共有"关系。由于每个合伙人的出资额不同，出资方式不同，在合伙企业中的贡献不同，所以其享受的约定分配比例不同，普通合伙人和有限合伙人的权限、法律责任不同，普通合伙人对合伙企业的负债承担"无限＋连带"责任。在此情景下，不同类型合伙人的身份、利益、责任等不同，其纳税义务也应有所不同，合伙企业层面不宜再成为所得税的纳税人。而是将合伙企业利润，按照合伙人之间博弈的结果（确定分配比例），划分到不同合伙人身上，从而对合伙人征收所得税，这就是合伙企业所得税"先分后税"的逻辑基础。同时，《合伙企业法》、财税〔2008〕159号文件，均在法律、税收政策层面，重申了"先分后税"规则。

（一）合伙人"先分后税"的征税规则

在合伙企业层次，按照个人所得税经营所得规定核算应纳税所得额后，将总的应纳税所得额"先分""量化分割"到每一合伙人。这就是"先分"的过程（不是真正分配，是虚拟分配）。之后，由每一合伙人就其分享的应纳税所得额，核算缴纳所得税，此即"后税"的过程。这两个过程组合起来，就是"先分后税"。

1.法人企业合伙人

将"先分"的应纳税所得额并入其税前利润，按企业所得税政策规定进行"纳税调整",核算出整个法人企业的应纳税所得额,在法人企业合伙人所在地计算缴纳企业所得税。

2. 个人合伙人

对个人只在一个合伙企业担当合伙人的,可委托合伙企业将"先分"的应纳税所得额,在合伙企业所在地就地缴纳个人所得税。

对个人同时在多个合伙企业担当合伙人的,可分别委托每一合伙企业将"先分"的应纳税所得额,在该合伙企业所在地就地缴纳个人所得税。次年汇算清缴时,个人合伙人将多处"先分"的合伙企业所得合并,在其中一处合伙企业所在地汇总进行汇算清缴,多退少补。

3. 多层嵌套架构下合伙企业身份的合伙人

对上层合伙企业A直接从下层合伙企业B"先分"的应纳税所得额,不在下层合伙企业B所在地缴纳所得税,而是带回到上层合伙企业A。如果上层合伙企业A还有上层合伙企业身份的合伙人,再往上"穿透",直到其合伙人均为法人企业合伙人、个人合伙人为止。之后,法人企业合伙人、个人合伙人再按"先分后税"规则处理。

需要说明的是,在合伙企业清算时,先核算合伙企业层次清算的应纳税所得额,再按照上述"先分后税"规则处理。

(二)合伙企业取得"利息、股息、红利所得",单独"穿透"征税

本书"第四章 合伙企业层次的税基核算"中,已介绍合伙企业取得"利息、股息、红利所得",单独"穿透"按"利息、股息、红利所得"项目,适用20%税率缴纳个人所得税。前已述及,这一对股息、红利所得"穿透"征税方法,应仅限于直接取得收入的底层合伙企业;对利息所得,则应根据合伙企业债权关系判定。对上层合伙企业直接贷款发生的利息收入,也可以单独"穿透"按"利息、股息、红利所得"项目,征收个税。另外,对合伙企业同时有法人合伙人、个人合伙人的,只对针对个人合伙人的部分,单独"穿透"征收个税。

（三）合伙人转让合伙企业的财产份额的所得税处理

对法人企业转让合伙企业的财产份额，视为一项投资资产转让收入，按规定"带回"其所在地统一核算缴纳企业所得税。对个人合伙人转让合伙企业财产份额，按"财产转让所得"适用20%税率，在合伙企业所在地缴纳个人所得税。对合伙企业身份的合伙人转让合伙企业的财产份额，视为合伙企业身份的合伙人的经营所得，按照"先分后税"规则，由其法人企业合伙人、个人合伙人分别缴纳企业所得税、个人所得税。

二、查账征税的合伙企业、合伙人的所得税征管的时间地点

笔者再次重申，合伙企业不是所得税的纳税人，"先分后税"之后，由其法人合伙人、个人合伙人缴纳所得税。

（一）法人企业合伙人所得税的征管时间、地点

法人企业合伙人从合伙企业"先分"的应纳税所得额，并入其整体利润之中，按月或按季预缴企业所得税。年度终了后5个月内，办理汇算清缴，多退少补。纳税地点为该法人企业的注册登记地、实际经营管理地。

合伙企业清算的，法人企业合伙人"先分"的清算所得，并入法人企业合伙人的当期利润，按上述规则处理。

（二）个人合伙人所得税的征管时间、地点

个人合伙人从合伙企业"先分"的应纳税所得额，由合伙企业的财务人员，代为办理纳税事宜，在合伙企业所在地，按月或按季预缴个人所得税；次年1月1日至3月31日，根据合伙企业层次税基核算，在合伙企业所在地办理汇算清缴，多退少补。

对个人合伙人同一纳税年度取得两处以上经营所得的，个人合伙人需将两处以上经营所得，选择在其中一处经营所得的所在地，合并办理汇算清缴，多退少补。平时预缴税款时，不需就两处以上经营所得合并计税。

笔者整理了个人合伙人取得两处以上经营所得需合并计税的不同情形对比表。具体如表8-1所示。

表8-1　个人合伙人取得两处以上经营所得需要合并计税的不同情形对比

不同情形	纳税情形
个人为一个合伙企业的合伙人	不论查账征税，还是核定征税，均在被投资企业所在地纳税。不存在合并问题
个人同时兴办两个以上合伙企业，均为合伙人	分别在每一合伙企业所在地预缴个人所得税，汇算清缴时，除填写个人所得税经营所得申报表（B表）外，还需就两处以上合伙企业分享的所得汇总申报，填写个人所得税经营所得申报表（C表），按合并后应纳税所得额查找超额累进税率计税
个人同时兴办个体工商户、个人独资企业、合伙企业并为合伙人的	分别在每一主体所在地预缴个人所得税，汇算清缴时，除填写个人所得税经营所得申报表（B表）外，还需就两处以上所得，进行汇总申报，填写个人所得税经营所得申报表（C表），按合并后应纳税所得额查找超额累进税率计税

对个人合伙人有两处以上经营所得的，其每处经营所得适用税率可能较低，合并计税后，将会适用更高税率，发挥税收调节作用。有人提出，对个人合伙人的每笔经营所得本身已适用35%税率的，是否还有合并计税的必要？

笔者认为，将个人多处经营所得合并，是出于"公平税负""量能负担"的考量，找准其适用税率；其每一处经营所得，如单独算税，可以分别减去1个速算扣除数。如其有3处经营所得，单独计税可以减去3个速算扣除数，合并计税，则只能减去1个速算扣除数。假定张三有两项经营所得均已适用35%税率，如合并计税，只能减去1个6.55万元速算扣除数；如分别计税，可以减去2个6.55万元速算扣除数，以此杜绝纳税人分拆收入避税的动机。

三、个人合伙人的个人所得税，与合伙企业之间不是扣缴关系，而是委托申报、委托办税关系

个人合伙人的个人所得税，是在合伙企业层次应纳税所得额核算基础上，"先分+后税"，由个人合伙人缴税。纳税人不是合伙企业，而是个人合伙人。

根据税法精神，个人合伙人从合伙企业"先分"应纳税所得额后，应当自行申报纳税。但在实际操作中，一般由合伙企业的财务人员代替个人合伙人缴纳个人所得税。对合伙企业的财务人员而言，这是一种职务行为，但合伙企业与个人合伙人之间对个人合伙人的个税缴纳问题，是一种委托代理关系，是个人合伙人委托合伙企业（财务人员）代办申报、缴税。双方应当签订委托办税协议，明确少缴税款、发生涉税风险的责任问题。切记：双方之间不属于《税收征管法》规定的代扣代缴关系，即合伙企业不是个人合伙人的个税扣缴义务人。

在此情况下，如果合伙企业的财务人员少代缴税款，税务局应当向个人合伙人追缴税款，加收滞纳金，合伙企业财务人员至多是一种协助关系。税务局不宜套用《税收征管法》规定对合伙企业罚款。《税收征管法》规定：

> 第六十九条 扣缴义务人应扣未扣、应收而不收税款的，由税务机关向纳税人追缴税款，对扣缴义务人处应扣未扣、应收未收税款百分之五十以上三倍以下的罚款。

就合伙企业财务人员而言，一旦为个人合伙人少代缴税款，个人合伙人将面临补税、滞纳金问题。如果财务人员对合伙企业税基核算不正确，存在偷税手段时，可能个人合伙人还需要交罚款。但这些责任是由财务人员"引发"的，其与个人合伙人之间就该项违规问题，不好"交账"。笔者建议：一是合伙企业的财务人员要准确落实"先分后税"规则，不要等实际分配再缴税，否则，个人合伙人被加收滞纳金，就会"找你的茬"。二是对于合伙企业财务人员操作不规范，如有偷税情形导致对个人合伙人加收滞纳金、罚款的，的确属于合伙企业个人合伙人的个人所得税特殊核算方法造成的，建议内部在惩戒财务人员的基础上，由合伙企业适当承担罚款、滞纳金，只不过对此不再税前扣除。否则，以后无人敢应聘合伙企业财务人员了，其只拿一份薪水，却承担过多的责任。

四、核定征税的合伙企业的所得税征管

实践中,既有从事生产经营的规模较大的合伙企业,也有专门搭建合伙企业架构的持股平台、股权激励平台、私募股权基金等,也有人民群众"养家糊口"的小规模的合伙企业。对难以建账建制、规范核算的,只能核定征收个人所得税。

(一)核定征税的基本规定

《财政部 国家税务总局关于印发〈关于个人独资企业和合伙企业投资者征收个人所得税的规定〉的通知》(财税〔2000〕91号)规定的核定征税情形较为简单,《税收征管法》规定的核定征税情形相对完整。主要原因是,前者印发于2000年9月19日,早于后者(2001年4月28日修订,最近一次"小修订"是2015年4月24日),前者在事实上无法借鉴后者的规定。现将二者规定核定征税的条件对比一下,如表8-2所示。

表8-2 《税收征管法》、财税〔2000〕91号文件对合伙企业核定征税情形的对比

对比点	税收征管法	财税〔2000〕91号文件
核定征税条件	第三十五条 纳税人有下列情形之一的,税务机关有权核定其应纳税额: (一)依照法律、行政法规的规定可以不设置账簿的; (二)依照法律、行政法规的规定应当设置账簿但未设置的; (三)擅自销毁账簿或者拒不提供纳税资料的; (四)虽设置账簿,但账目混乱或者成本资料、收入凭证、费用凭证残缺不全,难以查账的; (五)发生纳税义务,未按照规定的期限办理纳税申报,经税务机关责令限期申报,逾期仍不申报的; (六)纳税人申报的计税依据明显偏低,又无正当理由的。 税务机关核定应纳税额的具体程序和方法由国务院税务主管部门规定	第七条 有下列情形之一的,主管税务机关应采取核定征收方式征收个人所得税: (一)企业依照国家有关法规应当设置但未设置账簿的; (二)企业虽设置账簿,但账目混乱或者成本资料、收入凭证、费用凭证残缺不全,难以查账的

续表

对比点	税收征管法	财税〔2000〕91号文件
	第三十七条 对未按照规定办理税务登记的从事生产、经营的纳税人以及临时从事经营的纳税人，由税务机关核定其应纳税额，责令缴纳；不缴纳的，税务机关可以扣押其价值相当于应纳税款的商品、货物	（三）纳税人发生纳税义务，未按照法规的期限办理纳税申报，经税务机关责令限期申报，逾期仍不申报的
核定征税方法		第八条 第七条所说核定征收方式，包括定额征收、核定应税所得率征收以及其他合理的征收方式
核定征税，能否享受优惠		第十条 实行核定征税的投资者，不能享受个人所得税的优惠政策

对于合伙企业核定征税的技术方法，财税〔2000〕91号文件第九条规定：应纳所得税额的计算公式如下：

$$应纳所得税额 = 应纳税所得额 \times 适用税率；$$

$$应纳税所得额 = 收入总额 \times 应税所得率 或 = 成本费用支出额 \div (1-应税所得率) \times 应税所得率$$

应税所得率应按表8-3规定的标准执行：

表8-3　　　　　　　合伙企业核定征税的应税所得率表

行业	应税所得率（%）
工业、交通运输业、商业	5—20
建筑业、房地产开发业	7—20
饮食服务业	7—25
娱乐业	20—40
其他行业	10—30

企业经营多业的，无论其经营项目是否单独核算，均应根据其主营项目确定其适用的应税所得率。

对于原查账征税的合伙企业，改为核定征税方式，其未弥补的亏损，怎么办？

《国家税务总局关于〈关于个人独资企业和合伙企业投资者征收个人所得税的规定〉执行口径的通知》（国税函〔2001〕84号）规定：

> 三、关于个人独资企业和合伙企业由实行查账征税方式改为核定征税方式后，未弥补完的年度经营亏损是否允许继续弥补的问题
>
> 实行查账征税方式的个人独资企业和合伙企业改为核定征税方式后，在查账征税方式下认定的年度经营亏损未弥补完的部分，不得再继续弥补。

（二）对核定征税怎么看？合伙企业核定征税有哪些限制规定

1. 怎么看

核定征税是一种粗放式征管方法。对经营规模较小、没有建账和财税核算能力低的合伙企业，有的属于一个家庭的基本生计来源。为支持就业，改善民生，对确实没有核算能力的小合伙企业，核定征税属于"不得已而为之"的管理方法。

与查账征税相比，核定征税方法普遍核定的税负较低，除涉虚开发票以外，税务局基本不再税收检查，税收风险低，实际上属于一种变相优惠。

2. 对持有权益性资产的个人独资企业、合伙企业，禁止核定征税

此前，有些基层地方政府、招商园区，为转引税源，滥用核定征税权限，对外省市持有股票、限售股、股权激励的股票等合伙企业，转引到本地，为一点"蝇头小利"，滥开核定征税口子，挖其他省市税收"墙角"，造成税收流失，扰乱税收征管秩序，但又法难责众。为此，财政部、税务总局于2021年底印发《关于权益性投资经营所得个人所得税征收管理的公告》（财政部 税务总局公告2021年第41号），从税收政策适用角度，对滥用核定征税政策，按下"暂停键"。具体规定如下：

为贯彻落实中央办公厅、国务院办公厅《关于进一步深化税收征管改革的意见》有关要求，深化"放管服"改革，现就权益性投资经营所得个人所得税征收管理有关问题公告如下：

一、持有股权、股票、合伙企业财产份额等权益性投资的个人独资企业、合伙企业（以下简称独资合伙企业），一律适用查账征收方式计征个人所得税。

二、独资合伙企业应自持有上述权益性投资之日起30日内，主动向税务机关报送持有权益性投资的情况；公告实施前独资合伙企业已持有权益性投资的，应当在2022年1月30日前向税务机关报送持有权益性投资的情况。税务机关接到核定征收独资合伙企业报送持有权益性投资情况的，调整其征收方式为查账征收。

三、各级财政、税务部门应做好服务辅导工作，积极引导独资合伙企业建立健全账簿、完善会计核算和财务管理制度、如实申报纳税。独资合伙企业未如实报送持有权益性投资情况的，依据税收征收管理法相关规定处理。

四、本公告自2022年1月1日起施行。

3. 下一步限制合伙企业核定征税的考虑

笔者认为，对下列情形的合伙企业，也应当限制核定征税。

其一，对合伙企业有法人合伙人的，建议限制核定征税。

法人企业担当合伙人，说明其投资规模相对较大，而且法人合伙人可以对该合伙企业的财税核算予以"帮助"，同时，法人合伙人本身多属于查账征税企业，对"先分"利润的征税，也较为规范，总体上具备查账征税条件。

其二，对多层嵌套的合伙企业，建议限制核定征税。

多层嵌套的合伙企业，往往是经过税收筹划后人为搭建的架构，上下层合伙企业一般不在同一省市，收入规模较大、收入形式较多，一般具有建账能力，容易"跑冒滴漏"，税收管理难度大。而且，多层嵌套的合伙企业架构中，每一层合伙企业均属于多层嵌套架构的一环，对其中任一个合伙企业核定征税，都会影响整个合伙嵌套架构的税收管理。

其三，对持有专利技术、采矿权、土地使用权的合伙企业，建议限制核定征税。

此类合伙企业所持资产的溢价空间较大，对其核定征税，容易引起税收流失。

其四，对经营收入达到一定规模的，不宜核定征税。

例如，对年度经营收入达到100万元的，一般有经济实力聘请一名会计人员，具备查账征税的条件和经济能力。但对此可以适当区分，如浙江义乌小商品市场的商户，很多经营收入"流水"很大，但利润很薄；还有一些实行增值税差额征税的项目，尽管其营业额较大，但归属于纳税人本身的收入有限。实践中，对此可以适当区分，区别对待。

其五，对各类鉴证中介机构，建议限制核定征税。

如会计师事务所、税务师事务所、律师事务所等鉴证服务机构，以及其他咨询服务企业，其从业人员的专业素质较高，有的还帮助企业建账建制，代理涉税业务，应当限制其核定征税。否则，就会出现"学生查账征税，老师反而核定征税"的现象，不太合理。

据了解，限制核定征税后，有些市县区对持股合伙企业采取"明不核暗核"方法变相核定征税。其实，税务局借助大数据，将持股合伙企业利润率低于20%的很容易"锁定"约谈纠正。奉劝某些地市政府和持股合伙企业，对此不宜心存侥幸。

五、合伙企业、个人合伙人的所得税纳税申报表

合伙企业的税基核算、纳税调整等，主要遵循个人所得税相关规定。其中，法人合伙人从合伙企业"先分后税"的税前所得，按照企业所得税纳税申报表填报，不再赘述。在此，简要展示一下个人所得税经营所得纳税申报表的表样。

2019年个人所得税改革后，《国家税务总局关于修订部分个人所得税申报表的公告》（国家税务总局公告2019年第46号）公布了修订后的个人所得税经营所得纳税申报表，原有相关申报表的文件同时废止。规定如下：

二、本公告自 2020 年 1 月 1 日起施行。其中，纳税人在办理 2019 年度个人所得税综合所得汇算清缴填写免税收入时，暂不附报"个人所得税减免税事项报告表"。《国家税务总局关于发布个人所得税申报表的公告》（2013 年第 21 号）、《国家税务总局关于发布生产经营所得及减免税事项有关个人所得税申报表的公告》（2015 年第 28 号）、《国家税务总局关于修订个人所得税申报表的公告》（2019 年第 7 号）附件 4 以及附件 5 中的"个人所得税经营所得纳税申报表（A 表）"同时废止。

个人合伙人从合伙企业"先分"的应纳税所得额，填报个人所得税经营所得申报表。本书在此展示一下相关表样，让读者有一个大致感受。具体填报说明，请查询税务总局官网《国家税务总局关于修订部分个人所得税申报表的公告》（国家税务总局公告 2019 年第 46 号）。个人所得税经营所得的纳税申报表体系包括：

（一）个人所得税经营所得纳税申报表（A 表）

主要适用于个人合伙人按月、按季度预缴个人所得税。表样附后，具体如表 8-4 所示。

表 8-4　　　　个人所得税经营所得纳税申报表（A 表）

税款所属期：　　年　月　日至　　年　月　日
纳税人姓名：
纳税人识别号：□□□□□□□□□□□□□□□□□□　金额单位：人民币元（列至角分）

被投资单位信息	名称		纳税人识别号 （统一社会信用代码）	
征收方式	□查账征收（据实预缴） □核定应税所得率征收 □税务机关认可的其他方式_____		□查账征收（按上年应纳税所得额预缴） □核定应纳税额征收	
项目			行次	金额/比例
一、收入总额			1	
二、成本费用			2	
三、利润总额（3=1-2）			3	

续表

项目	行次	金额/比例
四、弥补以前年度亏损	4	
五、应税所得率（%）	5	
六、合伙企业个人合伙人分配比例（%）	6	
七、允许扣除的个人费用及其他扣除（7=8+9+14）	7	
（一）投资者减除费用	8	
（二）专项扣除（9=10+11+12+13）	9	
1.基本养老保险费	10	
2.基本医疗保险费	11	
3.失业保险费	12	
4.住房公积金	13	
（三）依法确定的其他扣除（14=15+16+17）	14	
1.	15	
2.	16	
3.	17	
八、应纳税所得额	18	
九、税率（%）	19	
十、速算扣除数	20	
十一、应纳税额（21=18×19-20）	21	
十二、减免税额（附报《个人所得税减免税事项报告表》）	22	
十三、已缴税额	23	
十四、应补/退税额（24=21-22-23）	24	

谨声明：本表是根据国家税收法律法规及相关规定填报的，是真实的、可靠的、完整的。

纳税人签字： 年 月 日

经办人：	受理人：
经办人身份证件号码：	
代理机构签章：	受理税务机关（章）：
代理机构统一社会信用代码：	受理日期： 年 月 日

国家税务总局监制

（二）个人所得税经营所得纳税申报表（B表）

主要适用于个人合伙人年度终了后，次年3月31日前办理经营所得汇算清缴，多退少补。表样附后，具体如表8-5所示。

表8-5　　　　　　个人所得税经营所得纳税申报表（B表）

税款所属期：　　年　月　日至　　年　月　日

纳税人姓名：

纳税人识别号：□□□□□□□□□□□□□□□　　金额单位：人民币元（列至角分）

被投资单位信息	名称		纳税人识别号 （统一社会信用代码）		
项目				行次	金额/比例
一、收入总额				1	
其中：国债利息收入				2	
二、成本费用（3=4+5+6+7+8+9+10）				3	
（一）营业成本				4	
（二）营业费用				5	
（三）管理费用				6	
（四）财务费用				7	
（五）税金				8	
（六）损失				9	
（七）其他支出				10	
三、利润总额（11=1-2-3）				11	
四、纳税调整增加额（12=13+27）				12	
（一）超过规定标准的扣除项目金额（13=14+15+16+17+18+19+20+21+22+23+24+25+26）				13	
1.职工福利费				14	
2.职工教育经费				15	
3.工会经费				16	
4.利息支出				17	
5.业务招待费				18	
6.广告费和业务宣传费				19	
7.教育和公益事业捐赠				20	

续表

项目	行次	金额/比例
8.住房公积金	21	
9.社会保险费	22	
10.折旧费用	23	
11.无形资产摊销	24	
12.资产损失	25	
13.其他	26	
（二）不允许扣除的项目金额（27=28+29+30+31+32+33+34+35+36）	27	
1.个人所得税税款	28	
2.税收滞纳金	29	
3.罚金、罚款和被没收财物的损失	30	
4.不符合扣除规定的捐赠支出	31	
5.赞助支出	32	
6.用于个人和家庭的支出	33	
7.与取得生产经营收入无关的其他支出	34	
8.投资者工资薪金支出	35	
9.其他不允许扣除的支出	36	
五、纳税调整减少额	37	
六、纳税调整后所得（38=11+12−37）	38	
七、弥补以前年度亏损	39	
八、合伙企业个人合伙人分配比例（%）	40	
九、允许扣除的个人费用及其他扣除（41=42+43+48+55）	41	
（一）投资者减除费用	42	
（二）专项扣除（43=44+45+46+47）	43	
1.基本养老保险费	44	
2.基本医疗保险费	45	
3.失业保险费	46	
4.住房公积金	47	
（三）专项附加扣除（48=49+50+51+52+53+54）	48	
1.子女教育	49	

续表

项目	行次	金额/比例
2.继续教育	50	
3.大病医疗	51	
4.住房贷款利息	52	
5.住房租金	53	
6.赡养老人	54	
（四）依法确定的其他扣除（55=56+57+58+59）	55	
1.商业健康保险	56	
2.税延养老保险（个人养老金）	57	
3.	58	
4.	59	
十、投资抵扣	60	
十一、准予扣除的个人捐赠支出	61	
十二、应纳税所得额（62=38-39-41-60-61）或［62=（38-39）×40-41-60-61］	62	
十三、税率（%）	63	
十四、速算扣除数	64	
十五、应纳税额（65=62×63-64）	65	
十六、减免税额（附报《个人所得税减免税事项报告表》）	66	
十七、已缴税额	67	
十八、应补/退税额（68=65-66-67）	68	

谨声明：本表是根据国家税收法律法规及相关规定填报的，是真实的、可靠的、完整的。

纳税人签字： 年 月 日

经办人：	受理人：
经办人身份证件号码：	
代理机构签章：	受理税务机关（章）：
代理机构统一社会信用代码：	受理日期： 年 月 日

国家税务总局监制

（三）个人所得税经营所得纳税申报表（C表）

主要适用于个人合伙人在同一年度，取得两处以上经营所得，需合并申报，计算个人所得税。个人合伙人分别在各处经营所得的所在地填报"个人所得税经营所得纳税申报表（B表）"后，再将各处应纳税所得额的数据合并，填写本表。相当于在各处合伙企业所在地汇算清缴之后的又一次"合并汇缴"，多退少补。表样附后，具体如表8-6所示。

表8-6　　　　　　个人所得税经营所得纳税申报表（C表）

税款所属期：　　年　月　日至　　年　月　日
纳税人姓名：
纳税人识别号：□□□□□□□□□□□□□□□□□□　金额单位：人民币元（列至角分）

被投资单位信息	单位名称		纳税人识别号（统一社会信用代码）	投资者应纳税所得额
	汇总地			
	非汇总地	1		
		2		
		3		
		4		
		5		

项目	行次	金额/比例
一、投资者应纳税所得额合计	1	
二、应调整的个人费用及其他扣除（2=3+4+5+6）	2	
（一）投资者减除费用	3	
（二）专项扣除	4	
（三）专项附加扣除	5	
（四）依法确定的其他扣除	6	
三、应调整的其他项目	7	
四、调整后应纳税所得额（8=1+2+7）	8	
五、税率（%）	9	
六、速算扣除数	10	
七、应纳税额（11=8×9-10）	11	
八、减免税额（附报《个人所得税减免税事项报告表》）	12	
九、已缴税额	13	
十、应补/退税额（14=11-12-13）	14	

续表

项目	行次	金额/比例
谨声明：本表是根据国家税收法律法规及相关规定填报的，是真实的、可靠的、完整的。		
纳税人签字： 年 月 日		

经办人：	受理人：
经办人身份证件号码：	
代理机构签章：	受理税务机关（章）：
代理机构统一社会信用代码：	受理日期： 年 月 日

国家税务总局监制

对上述申报表，补充说明如下：

其一，关于个人合伙人预缴税款弥补亏损的问题。

合伙企业、个人合伙人按月、按季预缴税款，填写"个人所得税经营所得纳税申报表（A表）"，该表第4行"四、弥补以前年度亏损"。实际上，按月、按季预缴只是"预缴"税款，此时弥补亏损也不是真正意义上的弥补亏损，并不代表当年度实际弥补的亏损。预缴时可弥补数额主要看上一年度汇缴尚有多少"未弥补的亏损"，只是减少"预缴税款数额"而已，相当于"事前演习"。

由于经营所得按纳税年度征税，只有年度汇算清缴填写"个人所得税经营所得纳税申报表（B表）"，弥补的以前年度亏损才是真正的弥补亏损。

其二，关于季度预缴税款的"先分后税"问题。

合伙企业所得税实行"先分后税"，此处不是指实际的分配。大多数合伙企业对年度汇缴所得"先分后税"相对完善一些，对季度预缴的"先分后税"坚持得不太好。一般而言，个人合伙人在合伙企业所在地缴税，相对容易控制；其法人合伙人往往是异地的，税收监管难度大。实际上，如法人合伙人的主管税务局提出其未将合伙企业季度、月份会计利润预缴税款，这将是一个风险点。

其三，关于多层嵌套合伙企业的"先分后税"问题。

前已述及，此类合伙企业是税收管理的盲点，由于上层、下层合伙企业相互嵌套，而且不在同一省市，监管难度大。目前，多层嵌套的合伙企业之间，如果年度汇缴能够严格履行"先分后税"，税款流失不大。建议：一是在"个人所得税经营所得纳税申报表"的A表、B表中，增设从下层合伙企业"先分"利润的情形，一方面让其"有地方填表"，另一方面发挥技术威慑作用，税务局还可利用大数据扫描发现疑点。二是在合伙企业设立时，税务局应将所得税的"先分后税"政策、操作要求讲清楚，对遵循不好的单位，适时通过大数据扫描，进行风险提示。

其四，建议适时研究制定合伙企业清算的纳税申报表。

合伙企业清算，目前没有专门的纳税申报表。一方面不利于纳税服务，另一方面，不利于规范管理，导致各省市管理要求不统一。建议参照法人企业清算的相关规定，适时制定合伙企业清算的纳税申报表。

六、合伙企业、合伙人所得税管理的税收风险控制

合伙企业及合伙人的法人企业所得税、个人所得税，涉及多方面税收风险。如合伙企业虚开发票，或接受虚开发票，属于"灭顶之灾"。再如，有些合伙企业的合伙人是"自己人合伙"或"夫妻合伙"，可能存在财务混同，将家庭支出在合伙企业报销，以此减少纳税，这属于手段低端、风险较大的"骚操作"。下面，谈一下涉及合伙企业、合伙人所得税的几项风险。

（一）严禁设立多个"空壳"合伙企业，谋求或滥用核定征税政策，分拆收入，转换所得项目逃避税

个别地方政府、招商园区为"招商引资"、转引税源，采取核定征税、滥发财政补贴、税收返还等方式，诱导某些"富人""持股人"等在多地设立多个"空壳"合伙企业，分拆收入，转换所得项目。例如，某些网红、影视明星，将本应由其按"劳务报酬所得"适用3%至45%的综合所得项目收入，改由"空壳"合伙企业签订合同、开发票、收款，而这些合伙企业又是核定征税的，将其应按45%税率征税的项目，降为3%，还美其名曰"税收筹划"。有些公司高管年薪100万元，将其中40万元在本公司发放，另由其办理"空壳"合伙企业，由该合伙企业与公司签订用工合

同，将60万元在合伙企业发放，从而核定征税，既分拆了收入降低税负，又拿出"一大半"以核定方式逃税。目前，税务局已经实现大数据管税，下一步必将实行AI管税。在税务局的后台数据中，这些逃避税情形如同"在海滩裸泳"，这些高管人员的身份证号码是唯一的，税务局很容易扫描同时具有高管年薪收入、合伙企业所得的个人，而且其合伙企业所得又实行了核定征税，税收风险很高。

（二）合伙企业故意混淆"先分后税"和"实际分配再征税"，人为推迟纳税

这是合伙企业所得税管理的一个"顽症"。虽然合伙企业对"先分后税"的规则是清楚的，但心存侥幸，认为其与税务局"信息不对称"，故意拖延至"实际分配再征税"。有些多层嵌套的合伙企业，上下层合伙企业分布在不同省市，确实存在税务局监管困难问题。有些合伙企业在募资时，存在对有限合伙人的利益承诺，有的承诺"先收回投资成本，再确认收益"，人为偷逃税款。

（三）某些合伙企业贪图地方政府、招商园区的"小恩小惠"，滥用核定征税、低税率等"土政策"

某些市县区地方政府，与被招商的合伙企业签订核定征税、税收返还等协议，这些协议是地方政府、招商园区的违规操作，在未被审计、巡视等查处之前，合伙企业、合伙人确实能得到一些"小恩惠"，但在税收大数据面前，这些问题很容易被扫描"现形"，在后期整改阶段，税务局往往要求其补缴税款、滞纳金，反而增加税负。在现行合伙企业所得税政策中，对个人合伙人转让财产份额、对合伙企业取得"利息、股息、红利所得"、对单一核算的合伙制创业投资基金的个人合伙人，依法可以适用20%税率，但某些地方政府、招商园区人为扩大20%税率适用范围，将合伙企业转让股权的收益，也给予20%税率优惠，存在一定风险。

2024年，国务院第三十二次常务会议审议通过《公平竞争审查条例》，自2024年8月1日起施行。《公平竞争审查条例》规定：

第十条　起草单位起草的政策措施，没有法律、行政法规依据或者未经国务院批准，不得含有下列影响生产经营成本的内容：

（一）给予特定经营者税收优惠；

（二）给予特定经营者选择性、差异化的财政奖励或者补贴；

（三）给予特定经营者要素获取、行政事业性收费、政府性基金、社会保险费等方面的优惠；

（四）其他影响生产经营成本的内容。

2022年起，根据《财政部 税务总局关于权益性投资经营所得个人所得税征收管理的公告》（财政部 税务总局公告2021年第41号）规定，对持有股权的合伙企业，不得核定征税，但某些地方政府、招商园区默许某些合伙企业采取"假查账、真核定"的征税方法，其申报的收入是真实的，但其申报的成本是"虚拟的"，这其实很容易"露馅"，税务局可以通过软件测算合伙企业的利润率，对利润率低于15%、20%的进行约谈或核查，要求其提供成本的相关资料，风险较大。

（四）合伙人向合伙企业长期借款不还，用合伙企业资金为个人购买消费性财产

这实际上属于财务混同，对此，财政部、税务总局先后印发两份反避税文件：

1.《财政部 国家税务总局关于规范个人投资者个人所得税征收管理的通知》（财税〔2003〕158号）规定如下：

一、关于个人投资者以企业（包括个人独资企业、合伙企业和其他企业）资金为本人家庭成员及其相关人员支付消费性支出及购买家庭财产的处理问题

个人独资企业、合伙企业的个人投资者以企业资金为本人、

家庭成员及其相关人员支付与企业生产经营无关的消费性支出及购买汽车、住房等财产性支出，视为企业对个人投资者利润分配，并入投资者个人的生产经营所得，依照"个体工商户的生产经营所得"项目计征个人所得税。

除个人独资企业、合伙企业以外的其他企业的个人投资者，以企业资金为本人、家庭成员及其相关人员支付与企业生产经营无关的消费性支出及购买汽车、住房等财产性支出，视为企业对个人投资者的红利分配，依照"利息、股息、红利所得"项目计征个人所得税。

企业的上述支出不允许在所得税前扣除。

二、关于个人投资者从其投资的企业（个人独资企业、合伙企业除外）借款长期不还的处理问题

纳税年度内个人投资者从其投资企业（个人独资企业、合伙企业除外）借款，在该纳税年度终了后既不归还，又未用于企业生产经营的，其未归还的借款可视为企业对个人投资者的红利分配，依照"利息、股息、红利所得"项目计征个人所得税。

有人提出，财税〔2003〕158号文件第二条对个人合伙人从合伙企业借款超过1年，为啥不征收个税？主要考虑：一是法人企业的个人投资者，从法人企业借款超过1年不归还，相当于规避股息分红的个税，对其以"反避税"措施，视为"利息、股息、红利所得"征税，是有法理依据的。二是对合伙企业的个人合伙人而言，其计税依据是从合伙企业"先分"的应纳税所得额，个人合伙人从合伙企业借款不还，并未进入合伙企业的损益核算，不影响合伙企业利润，不影响对合伙人的计税；对此，只要个人合伙人的借款不作为坏账在合伙企业中扣除，就未引起税收流失。这是对其采取不同税收政策的原因。

2.《财政部 国家税务总局关于企业为个人购买房屋或其他财产征收个人所得税问题的批复》(财税〔2008〕83号)规定如下:

一、根据《中华人民共和国个人所得税法》和《财政部 国家税务总局关于规范个人投资者个人所得税征收管理的通知》(财税〔2003〕158号)的有关规定,符合以下情形的房屋或其他财产,不论所有权人是否将财产无偿或有偿交付企业使用,其实质均为企业对个人进行了实物性质的分配,应依法计征个人所得税。

(一)企业出资购买房屋及其他财产,将所有权登记为投资者个人、投资者家庭成员或企业其他人员的;

(二)企业投资者个人、投资者家庭成员或企业其他人员向企业借款用于购买房屋及其他财产,将所有权登记为投资者、投资者家庭成员或企业其他人员,且借款年度终了后未归还借款的。

二、对个人独资企业、合伙企业的个人投资者或其家庭成员取得的上述所得,视为企业对个人投资者的利润分配,按照"个体工商户的生产、经营所得"项目计征个人所得税;对除个人独资企业、合伙企业以外其他企业的个人投资者或其家庭成员取得的上述所得,视为企业对个人投资者的红利分配,按照"利息、股息、红利所得"项目计征个人所得税;对企业其他人员取得的上述所得,按照"工资、薪金所得"项目计征个人所得税。

合伙企业发生上述两份文件规定的情形,对其个人合伙人应按规定扣缴税款。这些情形也是税务局稽查的重点,请合伙企业的决策者好自为之。

第三篇

合伙企业所得税政策业务的实践应用

　　本篇从实践角度介绍：一是会计师事务所、律师事务所等特殊的普通合伙企业的所得税问题。二是合伙制投资持股平台涉及的所得税问题。三是合伙制私募股权投资基金的所得税问题。

　　笔者声明：本书第二篇（第二章至第八章）已全面介绍合伙企业所得税的基本框架、基本规则、内在逻辑、历史沿革等。本篇在此基础上，研究某些特定类型合伙企业的所得税问题。为避免前后内容重复，本篇不再从基本架构、基本规则等方面入手，侧重介绍某些具体类型合伙企业所得税的纳税规定和具体操作。

第九章

特殊的普通合伙企业的所得税政策业务应用

第一节 特殊的普通合伙企业的个人所得税问题

特殊的普通合伙企业,其本质仍然是一种普通合伙企业,但具有"特殊性"。

一、特殊的普通合伙企业,其"特殊性"体现在哪里

(一)法律是最高层级、最专业、最准确的逻辑归纳,从《合伙企业法》角度看其"特殊性"

1. 其"特殊性"主要针对特殊的业务服务类型

《合伙企业法》第五十五条规定:

> 第五十五条 以专业知识和专门技能为客户提供有偿服务的专业服务机构,可以设立为特殊的普通合伙企业。
> 特殊的普通合伙企业是指合伙人依照本法第五十七条的规定承担责任的普通合伙企业。
> 特殊的普通合伙企业适用本节规定;本节未作规定的,适用本章第一节至第五节的规定。

综上所述,"特殊的"主要针对"以专业知识和专门技能为客户提供

有偿服务"的专业服务机构。如律师、会计师、税务师、资产评估师，以及其他鉴证服务类中介机构，这些中介机构以其专业知识、专门技能为社会、客户提供专业服务，这一专业服务成果会影响第三方、某些社会群体的利益，甚至公共利益。例如，律师的司法鉴定意见，可能影响司法裁定；会计师、税务师的鉴定意见可能影响企业上市融资，对债权人、中小股权投资者影响都很大；资产评估意见可能影响企业重组、资产收购的定价，影响潜在投资者的利益和预期判断。

也就是说，此类中介机构鉴定意见的"利益"归属少部分人，但其损失是向社会"外溢"的，由社会承担损失，一旦处理不好，可能引发社会问题。如会计师事务所对某些拟上市企业的财务报表审核不严，就会误导投资者决策，导致投资失败甚至"血本无归"，从而引发社会问题。

2. 其"特殊性"需要专门"挂牌"标识

《合伙企业法》第五十六条规定：

> 第五十六条 特殊的普通合伙企业名称中应当标明"特殊普通合伙"字样。

特殊的普通合伙企业的设立过程，需先经行业协会审核同意（如有规定），之后，才能在市场监管部门办理设立手续。在市场监管与税务部门"多照合一"的背景下，税务局也是在此类企业成立后，着手开展税收管理。其企业名称中需要注明"特殊普通合伙"，让客户对其业务范围、法律责任"一目了然"，同时，也是对该行业从业人员的执业风险、责任的一种警示。

3. 其"特殊性"的核心体现：出现重大过错、重大失误时，"有过错者"承担无限责任，"无过错者"承担有限责任

《合伙企业法》第五十七条、第五十八条规定：

> 第五十七条 一个合伙人或者数个合伙人在执业活动中因故意或者重大过失造成合伙企业债务的，应当承担无限责任或者

无限连带责任,其他合伙人以其在合伙企业中的财产份额为限承担责任。

合伙人在执业活动中非因故意或者重大过失造成的合伙企业债务以及合伙企业的其他债务,由全体合伙人承担无限连带责任。

第五十八条 合伙人执业活动中因故意或者重大过失造成的合伙企业债务,以合伙企业财产对外承担责任后,该合伙人应当按照合伙协议的约定对给合伙企业造成的损失承担赔偿责任。

上述条款是"特殊的"普通合伙企业与其他合伙企业在法律责任方面的根本区别。其核心主旨是,当出现重大过错、造成重大损失时,让"有过错者"承担无限责任或"无限+连带"责任,让"无过错者"以其财产份额承担有限责任。

有人问,在特殊普通合伙企业中,此时出现普通合伙人承担有限责任,是否与有限合伙企业混淆了?非也,笔者整理了特殊的普通合伙企业之合伙人责任对比表,具体如表9-1所示。

表9-1 特殊的普通合伙企业之合伙人责任对比表

情形	合伙企业	有过错的合伙人	无过错的合伙人
个别合伙人出现重大过错、重大失误	先由合伙企业对外承担责任	之后,按合伙协议约定,对合伙企业赔偿	无须赔偿
		对合伙企业无法承担的负债,即合伙企业解散清算,仍然不能偿还的"责任"负债,由个别合伙人承担"无限+连带"责任	对左栏此类负债,以其合伙企业财产份额承担有限责任
非因故意、重大过失	由合伙企业对外承担责任	全体合伙人,共同承担责任	

需要说明,特殊的普通合伙企业不以投融资为目标,不得办成有限合伙企业,一般没有法人合伙人。其合伙人均为有专业知识、专门技能的个人合伙人,大家是"凭本事吃饭",不吸收投资型合伙人。

4. 其"特殊性"的保障机制

《合伙企业法》第五十九条规定：

> 第五十九条 特殊的普通合伙企业应当建立执业风险基金、办理职业保险。
>
> 执业风险基金用于偿付合伙人执业活动造成的债务。执业风险基金应当单独立户管理。具体管理办法由国务院规定。

对于"特殊的"普通合伙企业，应当建立执业风险基金，以此对冲合伙人执业过错带来的预期风险和损失，同时对个人合伙人办理职业保险，当发生执业过错时，由保险公司予以部分赔偿，降低整个合伙企业的经营风险。

（二）从有重大过错、过失合伙人履行赔偿责任角度，看其"特殊性"

"特殊的"普通合伙企业与一般合伙企业的根本区别，主要体现在有重大过错的个别合伙人的责任分担方面，表9-1"特殊的普通合伙企业之合伙人责任对比表"对比说明有"重大过错、重大失误"的个别合伙人承担"无限+连带"责任。这一法律约束的主要原因：

其一，在特殊普通合伙企业中，合伙人数众多，有的甚至达到几千名，合伙人之间并不完全熟知，每一合伙人的业务、技能、团队等相对独立，大家只是在特殊普通合伙企业这一契约平台上"干事、谋生、赚钱"，一人犯错，让其他人"连坐买单"，不太公平。

其二，特殊普通合伙企业的合伙人，都是有专业技能的个人合伙人，其个人赚钱能力强，如果"干坏事"，造成的经济损失和社会影响也大，其损失、风险有较强的外溢性。对犯重大错误的合伙人而言，如果不赋予其特别赔偿责任，就会出现"坏事干的尺度越大，谋利越多"，"干了坏事，未被发现，受益的是个人合伙人及其团队；被发现了，损失的是整个合伙企业、其他合伙人的利益"。

笔者整理了有重大过错的合伙人履行赔偿责任情形。具体如表9-2所示。

表9-2　　　　　　有重大过错的合伙人履行赔偿责任情形

情形	合伙企业	有过错的合伙人	无过错的合伙人
合伙企业有能力赔偿	由合伙企业先行赔偿	根据合伙协议约定，对合伙企业赔偿。个人合伙人一般赔偿一定比例，或约定金额	不赔偿
合伙企业无能力赔偿	合伙企业先行赔偿部分，对未能赔偿的，合伙企业解散清算	1.根据合伙协议约定，对合伙企业赔偿。之后，合伙企业进行解散清算（这很重要，可以适当减轻其他无过错合伙人的赔偿责任）。 2.以其财产份额承担赔偿责任。之后，如仍有负债，承担"无限+连带"责任	以其财产份额承担赔偿责任。之后，如仍有负债，无后续赔偿责任。清算的过程，就是无过错合伙人的赔偿过程，清算完毕，不再承担赔偿责任

二、特殊的普通合伙企业持续经营期间涉及的所得税问题

特殊普通合伙企业，其合伙人一般为个人合伙人，主要涉及个人所得税问题。本章暂不讨论法人企业合伙人纳税问题，如特殊的普通合伙企业中有法人企业合伙人，请参照本书第二篇处理。本章不全面展开特殊普通合伙企业的所得税内容，只介绍特殊业务涉及的所得税问题。

（一）特殊普通合伙企业提取执业风险基金，为合伙人办理职业保险涉及的所得税问题

1.合伙企业提取执业风险基金，冲减当期会计利润，但核算合伙企业层次应纳税所得额时，目前暂不能税前扣除

《财政部 国家税务总局关于印发〈关于个人独资企业和合伙企业投资者征收个人所得税的规定〉的通知》（财税〔2000〕91号）规定：

> 第六条　凡实行查账征税办法的，生产经营所得比照《个体工商户个人所得税计税办法（试行）》（国税发〔1997〕43号）的法规确定。但下列项目的扣除依照本办法的法规执行：
>
> ……
>
> （八）企业计提的各种准备金不得扣除。

合伙企业在会计上提取执业风险基金,冲减了当期会计利润,但财税〔2000〕91号未允许其税前扣除。次年汇算清缴时,合伙企业核算应纳税所得额时,对会计上提取的执业风险基金,应纳税调增。

以后年度实际发生损失赔偿等支出时,应优先在"执业风险基金"中列支,未减少当期会计利润。这一情况较为复杂,笔者整理了特殊普通合伙企业执业风险基金税会差异纳税调整表。具体如表9-3所示。

表9-3　　特殊的普通合伙企业执业风险基金税会差异纳税调整

情形	合伙企业层次会计处理	合伙企业层次税务处理
提取执业风险基金	在当期会计利润中列支,冲减了当期会计利润	不允许税前扣除,纳税调增
次年补提执业风险基金	同上栏	同上栏
对外赔偿支出<执业风险基金累计额	减少执业风险基金,未减少当期会计利润	因以前年度提取风险基金时未扣除,而且已纳税调增;此时按冲减的执业风险基金,作纳税调减
对外赔偿支出>执业风险基金累计额	将执业风险基金冲减至0为止,不足部分,在当期会计利润中列支	对冲减的执业风险基金部分,作纳税调减。对在会计利润中列支的执业风险基金部分,允许税前扣除,不作纳税调整
责任人赔偿	在计算本表第3行、第4行对外赔偿支出时,先冲减责任人向合伙企业的赔偿部分,再按本表第3行、第4行的规则处理	1.同左栏。 2.对责任人赔偿部分,实际冲减了待赔偿数额,减少了合伙企业的赔偿损失,具体税收处理,同上栏。 3.责任人赔偿部分,不涉及所得税

2.合伙企业为个人合伙人、员工购买职业保险,以及取得保险赔偿的处理

职业保险的被保险人是个人合伙人、员工。目前,对合伙企业为个人合伙人、员工购买职业保险的缴费,暂无税前扣除的规定。笔者认为,该项保险不同于一般商业保险,还是有其特殊性,建议适时允许此项保险在税前扣除。为避免误导读者,本书暂按不能税前扣除来写。笔者整理了合伙企业为合伙人、员工购买职业保险,以及取得保险赔款的税会处理表。具体如表9-4所示。

表9-4 特殊普通合伙企业为个人购买职业保险，以及个人取得保险赔款的税会处理

情形	合伙企业层次会计处理	合伙企业层次税务处理	个人合伙人、员工
合伙企业为个人合伙人、员工购买职业保险（合伙企业负担）	列入当期会计利润	不得税前扣除，纳税调增	个人合伙人的部分，未税前扣除，相当于已征税。合伙企业替员工负担的职业保险缴费，应作为员工收入，征收个税
合伙企业代理个人合伙人、员工购买职业保险（合伙企业不负担）	属于企业代收代付款项，不列入会计利润	不可以税前扣除，不调整。如列入员工"应付工资"，从应付工资中垫支，可以不纳税调整	1.个人合伙人。向个人合伙人收钱。或者在合伙企业层次应纳税所得额分配到每一合伙人后，加上替其负担的保费，计算个税。或者，实际分配时，扣除保费对应的资金。 2.员工。从工资中扣除。由于员工工资可以全额扣除，不再调整，按员工应发工资征个税
个人合伙人、员工取得保险赔款	该保险赔款，主要是个人发生重大失误后，其需向合伙企业赔偿。合伙企业收到保险公司或责任赔偿后，直接冲减赔偿损失。仍有损失的，可以在执业风险基金、合伙企业利润、应纳税所得额中扣除，以及向责任人追偿。具体参见表9-3		保险赔款，不征个税。一般将其转给合伙企业，抵顶个人责任赔偿，不征个税

（二）个别合伙人重大过错、失误导致合伙企业对客户赔款损失涉及的所得税问题

个别合伙人因重大过错、失误，导致合伙企业的客户发生经济损失，或者受到行政处罚。根据特殊普通合伙企业与客户签订的合同、协议，经双方协商一致，或经司法裁定，需要向客户支付赔偿金。

合伙企业向其客户支付的赔偿金，如合伙企业已提取执业风险基金，应优先从执业风险基金中列支，此时未列入合伙企业利润。对于赔偿金额超过累计提取的执业风险基金的部分，计入当期会计利润。对此相关纳税

调整情况,参见表9-3"特殊的普通合伙企业执业风险基金税会差异纳税调整"第3行、第4行。

(三)个别合伙人因重大过错、失误导致合伙企业被加收税收滞纳金、行政罚款涉及的所得税问题

第四章已述,合伙企业被加收的税收滞纳金、行政罚款,以及人民法院处以的司法罚款等,不得税前扣除。对于合伙企业缴纳的非行政罚款、非司法罚款,如向劳动仲裁机构缴纳的罚款,因贷款逾期等原因向银行缴纳的罚息等,不属于行政处罚,可以在合伙企业税基核算时,予以税前扣除。

对此种情况,根据合伙协议约定,可能由"有重大过错"的个人合伙人、员工适当赔偿、内部罚款等,合伙企业收到个人合伙人、员工的内部罚款等,计入营业外收入,也可以先行抵顶税收滞纳金、罚款。一般情况下,对责任人的内部罚款往往小于被加收的税收滞纳金、行政罚款数额。虽然对个人合伙人、员工的罚款计入营业外收入,但基本征不到税。

(四)有些个人合伙人"拿工资",如何计算其个人所得税

据了解,有些合伙企业的个人合伙人,一方面从合伙企业按月领取工资,另一方面,年底合伙企业实现盈利了,还分享合伙企业利润,称之为"分红"。有的个人合伙人,对其工资收入按综合所得申报个税;对其从合伙企业的"分红"收入,按经营所得项目适用5%至35%税率缴纳个人所得税。

笔者认为,上述做法差矣!主要理由:一是合伙企业的个人合伙人,从合伙企业取得的工资收入,不能按综合所得申报纳税,其属于经营所得的一部分,应纳入经营所得项目,计算纳税。二是个人合伙人的经营所得,应执行"先分后税",对合伙企业的应纳税所得额,在"先分"的基础上,计算缴纳个税,不能只按实际"分红"收入征税。

【案例9-1】M会计师事务所是一家特殊普通合伙企业,有

30名个人合伙人,其中甲合伙人每月从M会计师事务所领取工资2万元,已按累计预扣法扣缴个税3万元。M会计师事务所为甲合伙人负担基本社会保险,其中个人负担5万元,另甲合伙人为独生子女,申报了赡养老人专项附加扣除,其有1个女儿上小学,此项专项附加扣除由甲合伙人100%享受。当年会计师事务所实现经营利润500万元,纳税调增15万元,甲合伙人对应的分配比例为5%;另当年底,会计师事务所从累积"已税未分配利润"中向甲合伙人分红15万元。请计算甲合伙人当年应纳个人所得税。

解答:

(1)M会计师事务所对甲合伙人按月发放的工资,按综合所得扣税的方法不正确,甲合伙人的全部所得均为经营所得,应按5%至35%的超额累进税率征收个税。

(2)计算甲合伙人的应纳税额。

其从合伙企业"先分"的应纳税所得额=(500+15)×5%=25.75(万元)

甲合伙人的应纳税所得额=25.75+2×12-起征点6-社保5-2项专项附加扣除6=32.75(万元)

应纳税额=32.75×30%-4.05=5.78(万元)

次年汇算清缴补税额=5.78-3=2.78(万元)

对会计师事务所向甲合伙人分红15万元,以前年度已缴过税,属于"已税未分配利润",实际分配时,不再征税。

有人问,这个案例中,如果M会计师事务所亏损,而甲合伙人又领了工资,该怎么征税?是否对甲合伙人就不征税了?将这个案例改造一下。

【案例9-2】接【案例9-1】。假定M会计师事务所当年会计利润为亏损300万元,当年对甲合伙人也无分红,其他条件不变,请计算甲合伙人当年应纳个人所得税。

解答:

(1) M合伙企业亏损300万元,其合伙企业层次的应纳税所得额,需要按税法口径进行纳税调整确定。我国对合伙企业所得税"先分后税",只分盈利,不分亏损,该亏损额不向个人合伙人"先分"。

(2) M会计师事务所对甲合伙人按月发放工资2万元,全年发放24万元,按综合所得扣税的方法不正确。

上述24万元,如果全部来源于"已税未分配利润",则属于对此前已征税利润实际分配,不属于应税收入,不征收个人所得税。

如果M会计师事务所的"已税未分配利润"为0,此时,M会计师事务所对甲合伙人又按月发了工资,而且不会归还合伙企业,只能按"预分配"征收个税。如果此时不征税,M会计师事务所何时盈利?如何在未来盈利中扣减这一部分已发薪酬?这是一笔糊涂账,没法算。较为合理而且能操作的方法是,对此先征税,可以视为增加合伙企业的亏损,在5年内结转弥补。

按照上述考虑,M会计师事务所向甲合伙人支付的工资不能税前扣除,但可以扣除生计费用6万元,也就是说,把这6万元可以放在合伙企业层次扣除,增加合伙企业的亏损,留待以后弥补;这6万元也可以不在合伙企业层次扣除,分解到个人合伙人扣除。本案例中,我们分解到个人合伙人身上扣除。此时,甲合伙人取得的工资,视为经营所得。

甲合伙人的应纳税所得额=24-起征点6-社保5-2项专项附加扣除6=7(万元)

甲合伙人的应纳税额=7×10%-0.15=0.55(万元)

需要说明,如果M会计师事务所会计核算中列支了甲合伙人的工资,应纳税调增,但可以扣除生计费用6万元。这时,甲合伙人的6万元就不能在其经营所得中重复扣除。

则甲合伙人的应纳税所得额=24-社保5-2项专项附加扣除6=13（万元）

甲合伙人的应纳税额=13×20%-1.05=1.55（万元）

本案例中，从会计师事务所已经亏损了，合伙人的生计费用6万元就不必扣除了，改为让合伙人本人扣除，个人可少缴个税1万元。

现行税收政策对合伙企业亏损情况下，个人合伙人领取的工资如何处理，暂无明确规定。按照税收规则，合伙人领取的工资是不能税前扣除的。为减少税企争议，降低涉税风险，笔者建议合伙企业对个人合伙人领取的工资，不宜称之为工资，也不在"应付工资"科目核算，可以考虑单设一个"预分配款"科目。在预分配时，对个人合伙人先征税，待以后年度盈利了，先弥补亏损，之后应纳税所得额为正数时，在"先分"环节，把以前年度"预分配款"扣减即可。这样，一方面避免合伙人工资不能税前扣除，还要"纳税调增"，较为麻烦，算不清账；另一方面，在合伙企业亏损时，个人合伙人缴了税，在以后年度盈利了，从"先分"所得中扣减"预分配款"，减少以后年度的应纳税额。

（五）有的特殊普通合伙企业对合伙人实行分级分层管理，对分级分层的个人合伙人，按什么所得项目缴纳个人所得税

有些特殊的普通合伙企业，为加强对个人合伙人管理，对员工建立职级晋升制度，例如将合伙人分为1至4级，底层员工可以先从职员、经理、高级经理干起，之后晋升4级合伙人，再往上依次是3级、2级、1级合伙人。在这些合伙人职级中，4级、3级只是涨工资，不参与分红；2级合伙人可参与本省市该合伙企业的分红，1级合伙人除可参与本省市该合伙企业分红外，还可参与中国区域范围内的合伙企业分红。对合伙人实行分级分层管理，是一项科学合理的人力资源制度设计。一方面，给员工建立多层级的晋升制度，让大家根据业绩多年持续晋升，有职业上的成就感，但

也不至于"一晋升,就成了领导层",一下子就达到职业"天花板";另一方面,合伙企业的领导层、中层干部,有可能犯错误"降级",也不至于一下子降到普通员工,比较难堪。

笔者认为,特殊普通合伙企业中,对合伙人实行分级分层管理的,对于享受分红待遇的个人合伙人,即上述1级、2级合伙人,其所有收入均应按经营所得项目征税,即使以工资名义取得的收入,也应按经营所得项目,适用5%至35%税率,计算个人所得税。对于不享受分红待遇的个人合伙人,即上述3级、4级合伙人,其取得的收入实际上属于工资薪金所得,应按综合所得项目预扣预缴税款,次年3月1日至6月30日办理综合所得的汇算清缴,多退少补。

三、特殊的普通合伙企业清算,涉及的个人所得税问题

前已述及,与一般普通合伙企业相比,特殊普通合伙企业的区别点主要体现在个别"犯重大过错的合伙人"承担"无限+连带"责任。

特殊的普通合伙企业持续经营的,往往要求"有重大过错"的个人合伙人、员工,向合伙企业赔偿一定经济损失,或处以内部罚款,以此体现"无限+连带"责任。如其因个别合伙人重大错误、失误等,导致对客户大额赔款,被行政机关、司法机关大额罚款等,可能导致合伙企业"资不抵罚、资不抵赔",只能解散清算。

本书第七章已系统介绍合伙企业清算的所得税问题,本章不再重复。合伙企业清算实际涉及两方面所得税问题:一是如何计算每一合伙人的应纳所得税,在核算合伙企业清算环节应纳税所得额基础上,"先分后税",计算每一合伙人的应纳税额。二是如何将合伙企业的剩余财产向合伙人分配。

特殊普通合伙企业解散清算,主要有两个路径体现对"重大过错"个人合伙人的惩戒。具体如表9-5所示。

表9-5　特殊普通合伙企业清算阶段、剩余财产分配对"有过错"合伙人的惩戒

路径	合伙层次税务处理	无过错合伙人	有过错合伙人
路径一：有过错合伙人先内部赔偿，再解散清算，承担"无限+连带"责任	合伙企业先接受责任人内部赔偿，再进入清算。先处置合伙企业资产，扣除清算费用，偿还负债。假设资产处置收入-清算费用-各项负债（包括对外赔偿支出）之差为X	1.当X>0时，正常进入下一步清算：(1)当X-"已税未分配利润">0时，将其按"先分后税"向合伙人分配，再减去每一合伙人出资的计税成本，计算每一合伙人的应纳税所得额，此时，个人合伙人能收回部分投资，可能需缴纳个税，也可能不缴个税，因人而异。(2)X-"已税未分配利润"<0时，无清算所得，不缴个税，也无剩余财产分配。2.当X<0时，"资不抵债"，所有合伙人均无清算所得，无须缴个税。其对外债已履行有限责任	1.当X>0时，正常进入下一步清算：(1)与左栏(1)相同。此时，合伙企业已偿还外债，该合伙人只履行了内部赔偿，无须再承担"无限+连带"责任。(2)与左栏(2)基本相同。此时，该合伙人无清算所得，不缴个税，也无剩余财产分配。其也无须再承担"无限+连带"责任。2.当X<0时，"资不抵债"，其他无过错合伙人已经履行有限责任。有过错合伙人需要承担"无限+连带"责任，直到家庭无可供执行财产为止
路径二：直接进行清算，有过错合伙人承担"无限+连带"责任	先处置合伙企业资产，扣除清算费用，偿还负债。假设资产处置收入-清算费用-各项负债（包括对外赔偿支出）之差为X	同上栏	1.当X>0时，正常进入下一步清算：(1)与上栏(1)相同。此时，合伙企业已偿还外债，该合伙人无须再承担"无限+连带"责任。(2)与上栏(2)基本相同。此时，该合伙人无清算所得，不缴个税，也无剩余财产分配。无须再承担"无限+连带"责任。2.当X<0时，"资不抵债"，其他无过错合伙人已经履行有限责任。有过错合伙人需要承担"无限+连带"责任，直到家庭无可供执行财产为止

综上所述，路径一要求"有过错"合伙人先承担内部赔偿责任，之后再清算；然后，再由合伙企业层面偿债。对"无过错"合伙人而言，其

最大损失是"投资完全收不回",即财产份额"归0",如还有未偿还的负债,则由"有过错"合伙人承担"无限+连带"责任。"无过错"合伙人实际上承担有限责任,这与一般普通合伙企业中,普通合伙人承担无限责任不同,这是对"无过错"合伙人的一种保护。此时,如果合伙企业还不到"资不抵债"地步,"无过错"合伙人还可能收回一些投资。也就是说,让"有过错"合伙人先承担内部赔偿责任,一定程度上对"无过错"合伙人是一种照顾。

路径二直接进入清算,未要求"有过错"合伙人先赔偿,客观降低了"无过错"合伙人全面收回投资的概率。

【案例9-3】H特殊的普通合伙企业有甲、乙、丙3名合伙人,甲、乙、丙合伙人出资额分别为40万元、35万元、25万元,3人利润分配比例为6:3:1,清算所得分配比例为5:3:2。20××年9月,丙合伙人以其出资的专利技术(25万元)发生重大侵权被诉,而该专利技术对H合伙企业持续经营影响很大,当年10月底,法院裁定H合伙企业停止使用该专利技术,并需对外赔偿100万元。

根据合伙协议约定,由丙合伙人向合伙企业赔偿30万元,其余由无过错合伙人共同分担。同时,鉴于该专利技术已无法使用,11月决定解散清算,当年度正常经营期间的应纳税所得额为60万元。另外,清算期间发生清算费用20万元。H合伙企业的资产负债表如表9-6所示。

表9-6　　　　H合伙企业的资产负债表　　　　单位:万元

资产项目	账面	处置情况	负债和所有者权益	账面	实际处置
现金	10	10+30（丙赔偿）	短期借款	120	120+100（对外新债）
中间产品和原材料	50	48			
固定资产	380	475	长期借款	100	

续表

资产项目	账面	处置情况	负债和所有者权益	账面	实际处置
其中：1.办公楼	300	450	实收资本	100	
2.办公设备	60	20	已税未分配利润	200	
3.切割机	20	5			
无形资产	100	80	未税未分配利润	20	
合计	540	643	合计	540	

根据以上情况，请计算H合伙企业的个人合伙人在持续经营期间的汇算清缴、清算所得的应纳所得税情况，以及剩余财产分配，评析3个合伙人履行赔偿责任的情况。

解答：

（1）H合伙企业持续经营期间的纳税情况。

H合伙企业应纳税所得额=60+丙赔偿30–对外赔偿100=–10（万元）。甲、乙、丙合伙人不需缴纳所得税。

（2）H合伙企业清算阶段的应纳税所得额。

H合伙企业层次未扣除实收资本的清算应纳税所得额=资产处置收入643–清算费用20–短期借款220–长期借款100–已税未分配利润200–弥补亏损10=93（万元）

说明：案例中，合伙企业清算财产，已偿还全部负债，合伙人只是不能收回全部投资，丙合伙人也无须承担"无限+连带"责任。

甲、乙、丙合伙人按5：3：2"先分后税"：

甲合伙人的应纳税所得额=93×50%–40=6.5（万元），应纳税额=6.5×10%–0.15=0.45（万元）。

乙合伙人的应纳税所得额=93×30%–35=–7.1（万元），应纳税额=0。

丙合伙人的应纳税所得额=93×20%–25=–6.4（万元），应纳税额=0。

（3）剩余财产的分配。

合伙企业可供分配的剩余财产=资产处置收入643-清算费用20-短期借款220-长期借款100=303（万元）

甲合伙人分得剩余财产=303×50%-0.5（甲个税）=151（万元）

乙合伙人分得剩余财产=303×30%=90.9（万元）

丙合伙人分得剩余财产=303×20%=60.6（万元）

对该案例，有的读者困惑，清算所得"先分"到合伙人后，乙、丙合伙人都亏损了，怎么还会有剩余财产分配？而且数额还不少？主要原因是，H合伙企业有220万元的累积利润，还有100万元的出资额，合计320万元。现在，合伙人把这些"拿回来"，其为正数是正常的。

下面，我们将这个案例"改装"一下：

【案例9-4】 接【案例9-3】。假定H合伙企业因丙合伙人的重大失误，法院裁定对外赔偿300万元，按合伙协议约定，丙合伙人向合伙企业赔偿90万元。其他情况不变。H合伙企业的资产负债表如表9-7所示。

表9-7　　　　H合伙企业的资产负债表　　　　单位：万元

资产项目	账面	处置情况	负债和所有者权益	账面	实际处置
现金	10	10+90（丙赔偿）	短期借款	120	120+300（对外新债）
中间产品和原材料	50	48			
固定资产	380	475	长期借款	100	
其中：1.办公楼	300	450	实收资本	100	
2.办公设备	60	20	已税未分配利润	200	
3.切割机	20	5			
无形资产	100	80	未税未分配利润	20	
合计	540	703	合计	540	

解答：

（1）H合伙企业持续经营期间的纳税情况。

H合伙企业应纳税所得额=60+丙合伙人赔偿90-对外赔偿300=-150（万元）。甲、乙、丙合伙人不需缴纳所得税。

（2）H合伙企业清算阶段的应纳税所得额。

H合伙企业层次未扣除实收资本的清算应纳税所得额=资产处置收入703-清算费用20-短期借款420-长期借款100-已税未分配利润200-弥补亏损150=-187（万元）

H合伙企业清算所得为负数，合伙人无须缴纳个人所得税。

（3）H合伙企业债务清偿，以及向合伙人的分配情况。

H合伙企业债务清偿余额=资产处置收入703-清算费用20-短期借款420-长期借款100=163（万元）

甲合伙人分得剩余财产=163×50%=81.5（万元）

乙合伙人分得剩余财产=163×30%=48.9（万元）

丙合伙人分得剩余财产=163×20%=32.6（万元）

说明：合伙企业清算财产，能偿还全部负债。由于资产负债表中的实收资本、未分配利润的账面数额为320万元，偿还负债后只有163万元，其多年投资收益贴补了此次对外大额赔偿支出。合伙人不能收回全部投资，丙合伙人赔偿90万元后，无须再承担"无限+连带"责任。

四、特殊普通合伙企业，设立异地分支机构涉及的个人所得税问题

（一）合伙企业在异地设立分支机构，异地分支机构的个人合伙人在哪里缴纳个人所得税

有些合伙制的会计师事务所、律师事务所、税务师事务所、资产评估事务所等中介咨询服务机构，与异地（外省市）的中介咨询服务机构联合经营，或合作加盟，在异地设立分所（分支机构）。这些分所的负责人，同时亦为该会计师事务所、律师事务所、税务师事务所、资产评估事务所

的合伙人。举例来说，假定某鉴证中介机构的总部在A市，其在B、C、D等省市设立分支机构，其在B、C、D等省市分支机构的合伙人，同时也为该鉴证中介机构的合伙人，其与总部A市的合伙人在身份上没啥区别，其也应按合伙企业利润"先分后税"，其应分别在B、C、D等省市缴纳个人所得税，不宜笼统地在A市总部所在地缴纳个人所得税。

主要考虑：一是这些异地分支机构在财务上、业务上不是独立的，归属总部领导，其在异地设立分支机构的前期投资、分支机构运营、人事任免等，是由总部决定或按总部指令开展的，其分支机构与总部的利润是汇总算账的，按总部核算的利润"先分后税"。但其实际利润来源，或对应利润的来源地，不是A市，而是B、C、D等省市，其应当在税源地B、C、D等省市分别缴纳个税。二是现行个人所得税为中央与地方共享税种，央地财政分配比例为6∶4，如果分支机构合伙人的个税，都在A市缴纳，将影响B、C、D等省市的财政利益。

（二）对总部与分支机构为直营关系的，其合伙人实行分级分层管理的，如何缴纳个人所得税

本节"二"之"（五）"中，已经探讨合伙企业对合伙人实行分级分层管理问题。总体考虑是，对有分红资格的高层级个人合伙人，其"先分后税"所得，包括日常发放的工资等，均按经营所得项目，适用5%至35%的超额累进税率；对没有分红资格的低层级个人合伙人，其报酬一般不采取"先分后税"方式，其拿的还是薪酬，应按综合所得项目，适用3%至45%税率，计算个人所得税。

对于特殊普通合伙企业的中介机构，总部与分支机构属于直营关系的，其分支机构与总部利润是汇总算账的，其分级分层的个人合伙人，也按上述规则确定其适用的个人所得税税目，分支机构的合伙人原则上在分支机构所在地缴纳个人所得税。

实践中，有的分支机构的合伙人，是由总部或其他分支机构内部调任的，其在总部或其他省市有买房、买车、社保、子女上学等方面的考虑，这些指标有的与个税缴纳地点挂钩，可能不愿在被派遣地区的分支机构缴

纳个税。笔者认为，对此，可以考虑让这些合伙人在异地适当兼职，把一部分收入留在其指定地区，从而满足在指定地区缴税的意愿，但在其工作的分支机构所在地，还是要缴税的，而且要把主要税款缴在工作地，以免工作地税务局提出整改意见，较为麻烦。

（三）对分支机构与中介机构总部为加盟、挂牌关系的，其分支机构合伙人的个人所得税问题

1.加盟的分支机构以交纳加盟费、管理费，有偿使用该中介机构的品牌、管理规范、业务平台、共享数据信息库、共享某些资源等方式合作，该分支机构独立核算，独立缴纳税费。

此种情形的合作，不是真正的上下层级关系，也不是真正的总分关系，实际是一种交易。加盟的分支机构每年向总部交纳一笔加盟费、管理费等，有偿使用该中介机构的品牌资源。其各项税费均在所在地缴纳。

该分支机构有可能是一个当地的独立的合伙企业，由数个合伙人发起成立，名义上该中介机构是一个分支机构，实际上是一个独立的经营主体。应按独立合伙企业核算，之后按照"先分后税"规则，由个人合伙人在当地缴纳个人所得税。

2.某合伙企业与异地合伙企业签订合作协议，在组织架构、对外工商登记等方面是总分机构关系，总部与异地分支机构名义上是一家，实际上业务、利益、利润都是独立的，对外进行合并财务报表，也合并计算所得税。

【案例9-5】M会计师事务所是一家驰名中外的特殊普通合伙企业，为扩大行业影响，与多家异地会计师事务所合并成一家，这样，可以将各家异地分支机构的收入合并，其每年合并后的经营收入超过亿元。但实际上，各地分所与总部之间是一种"貌合神离"的合作关系，各地分支机构在业务拓展、对外服务、招投标方面均可以M会计师事务所的名义。各地分所在业务上、经营上均独立运作、独立核算。每季度末、年末将其经营数据上传总部。除个人所得税外，相关税费均由总部、各分支机构

在当地独立缴纳。

在形式上，总部将各地分所的利润合并，计算M会计师事务所在全国合并的利润，经纳税调整后，核算应纳税所得额，也对各地合伙人"先分后税"，之后，异地合伙人在其所在地缴纳个人所得税。

当M会计师事务所总部及各地分支机构都盈利的情况下，没有太大操作问题。将总利润，汇总的应纳税所得额，根据总部、各分所利润的占比，进行"先分"，由各合伙人按比例在其所在地缴纳个人所得税即可。

但是，当有的分支机构盈利，有的分支机构亏损时，M会计师事务所在合并利润过程中，各地分支机构在会计利润核算，计算整个合伙企业层次的应纳税所得额时，就有一个"盈亏互抵"过程。对盈利分所的合伙人而言，其从总部"先分"的应纳税所得额，是弥补了其他分所的亏损之后的余额的"先分"，其实际税负就会低于按实际收益计算的税收，其当然不会把本分所实现的真实利润、资金向总部上缴；对亏损分所而言，总部在"先分后税"的过程中，不会向其"先分"应纳税所得额，其当年也不需要缴税，但其亏损额抵顶了总部、其他异地分所的合伙人的部分应缴个税，这部分亏损被总部、其他分所"利用"了，下一年度不能再用于本分所弥补。就此而言，亏损的分所实际上"吃了亏"。

下面，以案例说明如下：

【案例9-6】假定S会计师事务所有甲地分所、乙地分所2个加盟分所。甲地分所、乙地分所的业务、利益均独立，独立计算其合伙人的个税。按有关管理要求，总部和加盟分所需要汇总核算利润，汇总核算合伙人的个税。总部有20名合伙人，甲地分所有5名合伙人，乙地分所有6名合伙人。假定总部、甲地分所、乙地分所的当年利润如表9-8所示。

表9-8　　　　S会计师事务所及其甲、乙地分所的利润表　　　　单位：万元

项目	总部	甲地分所	乙地分所	合计
一、营业收入	4 000	800	600	
其他业务收入	2 800	500	500	
主营业务税金及附加	420	88	65	
主营业务利润	780	212	35	
加：其他业务利润	50	30	20	
减：营业费用	86	20	25	
管理费用	47	15	18	
财务费用	35	12	24	
三、营业利润	662	195	−12	
加：投资收益（亏损用"−"）	160	60	92	
补贴收入	38	20		
营业外收入	2			
减：营业外支出	10	2	赔偿支出162	
四、利润总额	852	273	−82	1 043
纳税调整后的应纳税所得额	900	300	−90	1 110

问题：

（1）假如你是总部财务经理王五，在汇总核算S会计师事务所的应纳税所得额时，用乙地分所的亏损抵减了总部、甲地分所的纳税义务，如何进行利益平衡？

（2）乙地分所当年亏损，假定乙地分所6名合伙人，分别按月领取工资1万元，乙地分所的"已税未分配利润"为0，乙地分所的6名个人合伙人，如何计算缴纳个人所得税？

解答：

（1）这个问题实际上是S会计师事务所及其加盟分所的协议安排问题。从相关规定看，鼓励会计师事务所搞直营分所，而不是加盟分所。换言之，加盟、挂牌不太符合规定。

在此语境下，S会计师事务所与加盟分所之间的协议，对这一情况应有相应考虑。实践中有两种方案：

方案一：各分所（包括总部在内）年终核算利润、应纳税所得额时，盈亏互抵；之后，对本年亏损的乙地分所，其亏损额90万元被总部、甲地分所横向弥补后，属于无偿使用，乙地分所在以后年度不再弥补90万元。同时，在计算纳税时，乙地分

所合伙人的应纳税所得额为0，或按每一合伙人2 000元（应纳税所得额）计算税款（说明：财税〔2008〕159号文件，不允许仅对部分合伙人分配）。

方案二：各分所（包括总部在内）年终核算利润、应纳税所得额时，盈亏互抵；之后，乙地分所90万元亏损额被总部和甲地分所横向弥补后，由享受抵减亏损好处的总部、甲地分所，一律按照亏损额90万元×10%税率，估算减税额9万元，按此向乙地分所支付对价。

（2）乙地分所当年亏损，但每个合伙人当年均有收入12万元。从总部核算的应纳税所得额及分配比例看，其每一合伙人对应的应纳税所得额为0。对此较为尴尬。

此前，在独立的合伙企业中，笔者曾建议亏损合伙企业的合伙人领工资的，按经营所得项目，缴纳个人所得税；而且按照规定，合伙人的工资支出不能税前扣除。对于加盟、挂牌的乙地分所，由于总部向其推送、向税务局报送的纳税申报表中，均反映乙地分所的合伙人分配额为0（或很少），这时，乙地分所的合伙人如按每人12万元申报应纳税所得额，与总部向税务局报送的申报表的数据金额"对不上账"，可能引起税务局质疑。

在此情况下，如果乙地分所的所有者权益项下，有"已税未分配利润"，直接冲减"已税未分配利润"科目，可以暂不缴税。如果"已税未分配利润"余额为0，建议以合伙人"预分配款"方式处理，按经营所得缴纳个人所得税。如后续税务局质疑，据实报告。或者在"已税未分配利润"中，以负数挂账，以后年度盈利后，再行处理。

五、特殊普通合伙企业，原则上不核定征收个人所得税

（一）合伙企业本身不属于所得税纳税人，不宜直接对合伙企业核定征收个人所得税

前已述及，根据《合伙企业法》、财税〔2008〕159号等规定，合伙企

业的所得税，实行"先分后税"，以其合伙人为纳税人。

此前，个别市县税务局在核定征税工作中，武断地将合伙企业作为个人所得税的纳税人，直接核定个税。这一做法不符合税法规则，如果合伙企业的税基不能核算清楚，符合财税〔2000〕91号规定的核定征收条件，可以按应税所得率等方式核定合伙企业的应纳税所得额，之后再按照"先分后税"规则，由个人合伙人缴纳个税。

（二）限制对特殊普通合伙企业核定征税

第八章已介绍，合伙制会计师事务所、律师事务所等有较高鉴证服务能力，其所服务的客户大都采用查账征税方式，对这些中介机构核定征税，不太合乎逻辑，"老师核定征税，学生查账征税"。在此笔者辑录税务总局相关规定，再次重申限制对某些中介机构核定征税。

《国家税务总局关于进一步加强高收入者个人所得税征收管理的通知》（国税发〔2010〕54号）规定：

> 二、切实加强高收入者主要所得项目的征收管理
>
> （三）加强规模较大的个人独资企业、合伙企业和个体工商户的生产、经营所得征收管理
>
> 1.加强建账管理。主管税务机关应督促纳税人依照法律、行政法规的规定设置账簿。对不能设置账簿的，应按照税收征管法及其实施细则和《财政部 国家税务总局关于印发〈关于个人独资企业和合伙企业投资者征收个人所得税的规定〉的通知》（财税〔2000〕91号）等有关规定，核定其应税所得率。税务师、会计师、律师、资产评估和房地产估价等鉴证类中介机构不得实行核定征收个人所得税。

《国家税务总局关于切实加强高收入者个人所得税征管的通知》（国税发〔2011〕50号）规定：

二、不断完善高收入者主要所得项目的个人所得税征管

各级税务机关要继续贯彻落实国税发〔2010〕54号文件规定，以非劳动所得为重点，依法进一步加强高收入者主要所得项目征管。

（三）完善生产经营所得征管

1.重点加强规模较大的个人独资、合伙企业和个体工商户的生产经营所得的查账征收管理；难以实行查账征收的，依法严格实行核定征收。对律师事务所、会计师事务所、税务师事务所、资产评估和房地产估价等鉴证类中介机构，不得实行核定征收个人所得税。

第二节　合伙制律师事务所的个人所得税问题

本章第一节介绍了特殊的普通合伙企业，其合伙人之间的利益分配基本上属于"大锅饭"，即按合伙协议约定分配比例进行利益分割，并按此确定应纳税所得额的"先分后税"。

实践中，有的律师事务所的合伙人之间是一种"业绩承包"关系（用语不一定准确），根据合伙人律师及其团队的业绩确定其实际收入，合伙人律师既是合伙人，其与律所又存在一种结算关系。同时，鉴于国家税务总局对律师事务所的纳税问题有专门规定，本节将着重介绍律师事务所的个税专项规定，同时以此为例，介绍"业绩承包"关系下，合伙人律师的个人所得税核算问题。

一、合伙制律师事务所涉及的个人所得税问题

（一）我国不得设立公司制律师事务所

《律师法》规定，我国律师事务所主要包括合伙制律师事务所和个人律师事务所，暂不允许设立公司制律师事务所。相关规定如下：

第十四条　律师事务所是律师的执业机构。设立律师事务所应当具备下列条件：

（一）有自己的名称、住所和章程；

（二）有符合本法规定的律师；

（三）设立人应当是具有一定的执业经历，且三年内未受过停止执业处罚的律师；

（四）有符合国务院司法行政部门规定数额的资产。

第十五条　设立合伙律师事务所，除应当符合本法第十四条规定的条件外，还应当有三名以上合伙人，设立人应当是具有三年以上执业经历的律师。

合伙律师事务所可以采用普通合伙或者特殊的普通合伙形式设立。合伙律师事务所的合伙人按照合伙形式对该律师事务所的债务依法承担责任。

第十六条　设立个人律师事务所，除应当符合本法第十四条规定的条件外，设立人还应当是具有五年以上执业经历的律师。设立人对律师事务所的债务承担无限责任。

（二）合伙制律师事务所涉及的个人所得税规定

合伙制律师事务所核算合伙人的个人所得税时，应遵循本书第二篇（第二章至第八章）内容，在此基础上，按照国家税务总局对律师事务所的相关规定执行。

1.税务总局印发的律师事务所个税相关政策文件

（1）《国家税务总局关于律师事务所从业人员取得收入征收个人所得税有关业务问题的通知》（国税发〔2000〕149号）；

（2）《国家税务总局关于强化律师事务所等中介机构投资者个人所得税查账征收的通知》（国税发〔2002〕123号）；

（3）《国家税务总局关于律师事务所从业人员有关个人所得税问题的公告》（国家税务总局公告2012年第53号）；

（4）《财政部 税务总局关于法律援助补贴有关税收政策的公告》（财政部 税务总局公告2022年第25号）。

2.合伙制律师事务所涉及的不同种类纳税人及其纳税方法

律师事务所涉及不同情形的纳税人，其个税的纳税方法有所不同。笔者根据国税发〔2000〕149号等文件，整理了合伙制律师事务所涉及的不同纳税人及其个税纳税方法，如图9-1所示。

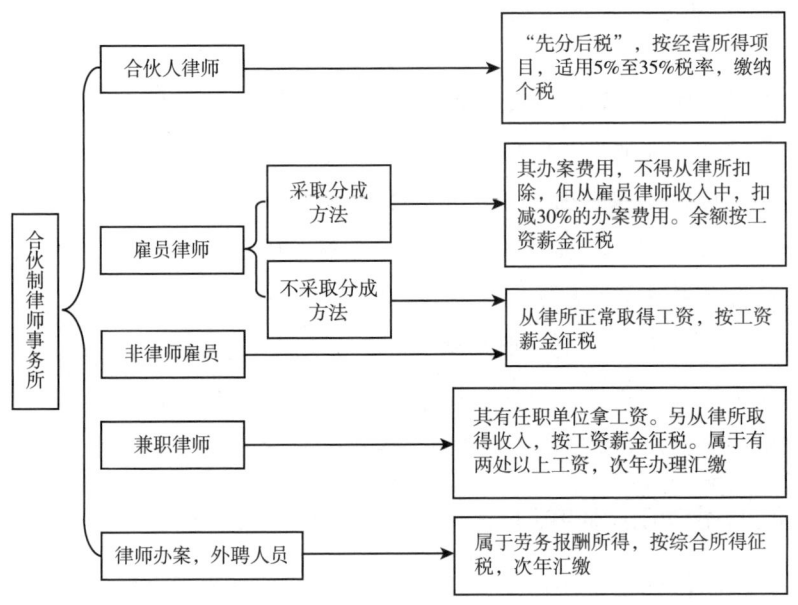

图9-1 合伙制律师事务所涉及的不同纳税人及其个税纳税方法

3.合伙人律师

（1）合伙制律师事务所，对合伙人律师征税遵循"先分后税"规则。国税发〔2000〕149号文件规定：

> 二、合伙制律师事务所应将年度经营所得全额作为基数，按出资比例或者事先约定的比例计算各合伙人应分配的所得，据以征收个人所得税。

律师事务所核算出应纳税所得额后，按照"先分后税"确定合伙人律师的应纳税所得额，适用5%至35%税率，计算个人所得税。

（2）核算律所的应纳税所得额。

合伙制律师事务所核算应纳税所得额，除遵循本书第四章"合伙企业层次的税基核算"内容外，根据《财政部 税务总局关于法律援助补贴有关税收政策的公告》规定，对律师取得的法律援助补贴（包括合伙人律师、雇员律师、兼职律师等）免征个人所得税。财政部、税务总局公告2022年第25号规定如下：

> 一、对法律援助人员按照《中华人民共和国法律援助法》规定获得的法律援助补贴，免征增值税和个人所得税。
>
> 四、本公告所称法律援助机构是指按照《中华人民共和国法律援助法》第十二条规定设立的法律援助机构。群团组织参照《中华人民共和国法律援助法》第六十八条规定开展法律援助工作的，按照本公告规定为法律援助人员办理免税申报，并将法律援助补贴获得人员的相关信息报送司法行政部门。

（3）在"先分后税"基础上，对律师个人承担的律协规定业务培训费用，可据实扣除。

税务总局公告2012年第53号规定：

> 四、律师个人承担的按照律师协会规定参加的业务培训费用，可据实扣除。

此外，为鼓励律师事务所实行查账征收方式，2013年至2015年，税务总局公告2012年第53号对合伙人律师曾规定一项优惠政策，现已到期。规定如下，供参考：

> 三、合伙人律师在计算应纳税所得额时，应凭合法有效凭

据按照个人所得税法和有关规定扣除费用；对确实不能提供合法有效凭据而实际发生与业务有关的费用，经当事人签名确认后，可再按下列标准扣除费用：个人年营业收入不超过50万元的部分，按8%扣除；个人年营业收入超过50万元至100万元的部分，按6%扣除；个人年营业收入超过100万元的部分，按5%扣除。

不执行查账征收的，不适用前款规定。前款规定自2013年1月1日至2015年12月31日执行。

另，本章第一节已述，国税发〔2010〕54号、国税发〔2011〕50号文件规定，对合伙制律师事务所核算应纳税所得额时，不得采取核定征收方法。

4.雇员律师

对与律所采取收入分成方式的雇员律师（"挂靠"关系），律师事务所不负担律师办理案件支出的费用（如交通费、资料费、通信费及聘请人员等费用），即相关办案费用不在律所报销，由雇员律师自行解决。为此，允许雇员律师从其分成收入中，扣除一定比例的办案费用，目前，办案费用的扣除比例为雇员律师分成收入的30%。之后，雇员律师对此项剩余70%的收入，按"工资、薪金所得"项目计征个人所得税。

【案例9-7】李某为北京D律师事务所的雇员律师，其与律所采取收入分成方式，对其取得的办案收入，律所留25%作为公共费用（如律所办公场所租金、行政人员工资、增值税之类税费等）。李某的办案费用由其自行承担，假定李某当年从客户处取得收入200万元。李某负担的"三险一金"为8万元，子女教育专项附加扣除2.4万元，请计算其应纳个人所得税。

解答：

根据现行政策规定，李某可从办案分成收入中，扣除30%的办案费用。

李某应税收入 =200×（1–25%）×（1–30%）=105（万元）

李某应纳税所得额 =105–6–8–2.4=88.6（万元）

李某应纳税额 =88.6×35%–8.592=22.418（万元）

对雇员律师不采取分成收入方法的，其发生的办案费用可在律所报销，其从律所取得的收入，为工资薪金所得。平时由律所按综合所得项目预扣预缴个税，次年3月1日至6月30日，办理个税汇算清缴。

5.兼职律师

根据国税发〔2000〕149号文件规定，兼职律师是指取得律师资格和律师执业证书，不脱离本职工作从事律师职业的人员。

兼职律师有其任职、受雇单位，另可以在律所参与办案，或从事其他法律业务工作，律所将根据其业绩情况支付一定报酬。注意，兼职律师从律所取得的收入，不按"劳务报酬所得"项目征税，而是按"工资、薪金所得"项目征税，这是与税收原理不同之处。次年3月1日至6月30日，兼职律师应当办理个税汇算清缴。

6.律所非律师雇员、外聘人员

非律师雇员是律所招聘的从事行政、后勤、综合服务等工作人员，其从律所取得工资收入，平时由律所按综合所得项目预扣预缴个税，次年3月1日至6月30日，办理个税汇算清缴。

外聘人员是律所办案过程中，临时聘请的协助办案的人员，外聘人员不是律所的职工，充其量属于临时工，对其按"劳务报酬所得"项目征收个税。2019年个人所得税改革后，"劳务报酬所得"项目可以从收入总额中扣减20%（劳务成本），其实际税负有可能低于工资薪金所得项目。平时由律所扣缴个税，次年3月1日至6月30日，办理个税汇算清缴。

二、"业绩承包"关系下，合伙人律师事务所涉及的个人所得税问题

此处称之为"业绩承包"关系，用语不一定准确。前已述及，有些

合伙企业对合伙人是分级分层管理，有的中低层级合伙人只享受"荣誉"，不实际分红；高层级合伙人享受分红。有的律所为拓展市场，增强业绩、利润观念，将合伙人律师的收益与其业绩高度绑定，合伙人律师利用律所的招牌、公共资源，以律所名义对外签订合同，以律所名义开具发票、收款。

该合伙人律师有其工作团队，团队成员均属于律所雇员，虽然名义上由律所发放工资，但相关费用从该合伙人律师的业绩收入中支付，由律所扣缴个税；但年末或每季末，律所均需与该合伙人律师对此结算。合伙人律师团队取得的业务收入，需先行承担律所的一定公共费用，将剩余资金弥补合伙人律师及其团队的成本费用，从而确定某合伙人及其每一团队成员的收入，并据此征税。在此模式下，笔者戏称之为"业绩承包"关系下的合伙制律师事务所，其主要机制是打破"大锅饭"，让每一合伙人律师凭本事、凭个人资源"吃饭"。

【案例9-8】孙某为上海F律师事务所的合伙人律师，为提高合伙人律师的市场竞争、业绩意识，对高层合伙人律师采取"业绩承包"模式。合伙人律师可以根据工作需要招聘助理、办案律师等，组建工作团队。根据孙某与律所签订的业绩协议，孙某团队的业务收入，由律所扣除25%公共费用（办公场所租金、行政人员工资、营业税金及附加等税费），其余由孙某掌握。孙某团队人员的工资、社保等，可由律所先行垫支，并由律所扣缴团队成员的个税，孙某团队发生的办案费用，凭合规发票在律所入账，均从剩余75%收入中支出，每季末由律所与孙某结算。

孙某团队有4人，孙某每月领取3万元，助理人员1名，每月固定工资1万元，其他2名办案律师每月工资2万元，年底由孙某结合业绩情况发放全年奖金，剩余部分为孙某个人收入。孙某为调动团队积极性，规定了内部绩效办成方法，如表9-9所示。

第九章 特殊的普通合伙企业的所得税政策业务应用

表9-9　　合伙人律师孙某团队业绩收益分配表

剩余收益的计算	每项业务，律所留25%作为公共费用，其余75%属于合伙人律师团队。团队人员的工资、社保、奖金等，由律所代发，从团队75%收入余额中冲减；团队发生的办案费用，凭合规发票、协议等相关凭据支取。每季末进行一次预结算，年末进行一次年度最终结算
剩余收益在团队内的分配方法	3名工作人员按规定领薪。年终，根据团队对个人业绩、个人贡献、团队总体业绩等方面进行核算，由合伙人律师对团队利润进行分配。其中，合伙人律师：2名法律工作人员：助理的分配比例为45%：40%（每人20%）：15%

假定合伙人孙某律师团队当年取得营业收入总额500万元，其中办案费用150万元，均向律所提供发票报销。律所负担的基本社保费为每月工资的20%，个人负担每月工资的8%，从其当月应发工资中扣除。暂无其他扣除项目，请计算合伙人孙某律师团队成员的应纳个人所得税。

解答：

（1）计算孙某团队的收益。

团队成员的工资支出=（3+2×2+1）×12=96（万元）

律所为团队成员负担的社保支出=96×20%=19.2（万元）

团队的剩余收益=500×（1-25%）-办案费用150-工资96-社保19.2=109.8（万元）

（2）孙某团队对上述收益的分配。

孙某=109.8×45%=49.41（万元），其总收入=49.41+36=85.41（万元）。

2名法律工作人员=109.8×20%=21.96（万元），其总收入=21.96+24=45.96（万元）。

助理人员=109.8×15%=16.47（万元），其总收入=16.47+12=28.47（万元）。

（3）计算孙某团队成员的应纳个税。

孙某作为合伙人，按经营所得项目纳税，其应纳税所得额=85.41-起征点6-个人负担的社保3×8%×12=76.53（万元）。应纳税额=76.53×35%-6.55=20.2355（万元）。

2名法律工作人员按工资薪金项目缴税，其应纳税所得额=45.96-起征点6-个人负担的社保2×8%×12=38.04（万元）。应纳税额=38.04×25%-3.192=6.318（万元）。

助理人员按工资薪金项目缴税，其应纳税所得额=28.47-起征点6-个人负担的社保1×8%×12=21.51（万元）。应纳税额=21.51×20%-1.692=2.61（万元）。

合伙人律师孙某需将团队每一成员的计税收入等信息告知律所财务人员，以便其为每一人员计算扣缴个税。另，孙某作为合伙人，财务人员需统一核算律师事务所的应纳税所得额，将向孙某的"先分后税"金额确定为85.41万元，由孙某于次年3月底前办理经营所得的汇算清缴。

当然，孙某对团队成员的年终兑现部分，也可以适用全年一次性奖金政策，不再多述。

在该案例中，财务人员的具体操作较为麻烦，既要做好律所与每一团队的结算工作，又要核算律所层次的应纳税所得额，之后，还要与"先分后税"的结果"对上账"。实践中可能出现，律所的应纳税所得额，不一定等于各个合伙人律师的应纳税所得额的合计数。这时就需要将这个差额记到"大Boss"合伙人的"头上"，由其按此计算经营所得的个人所得税。这样，对"大Boss"合伙人而言，其"先分"应纳税所得额可能与实际收入不一致。既可能出现其"先分"应纳税所得额＞实际收入，这就可能多缴点税，也有可能"先分"应纳税所得额＜实际收入，那就少缴点税，赚点便宜。在"业绩承包"规则下，这个差额也只能由"大Boss"合伙人兜底了。这只是笔者一家之妄言，不一定对。

第十章

持股平台合伙企业的所得税政策业务应用

第一节 持股平台企业为什么选择有限合伙企业

在当前市场主体的组织形式中,合伙企业算是一个"小众"选择,但在持股平台类企业、私募基金等领域,合伙企业却是一个"大众"普遍认同的存在。与一般法人制企业相比,持股平台类企业、私募基金等具有"钱多、人少、事少、事儿大"等特点,有限合伙企业组织形式有效契合了持股平台类企业、私募基金的这些特点。

本书第一章"我们所认知的合伙企业"中,多维度对比分析了合伙企业与法人企业的异同点。有限合伙企业是合伙企业制度发展史上一项伟大创举,赋予了合伙企业"灵性",既保留了合伙企业融资的便捷性,又保证了普通合伙人的控制权"不旁落",这也是上市公司、法人企业、有限合伙企业等"创始人"最钟情的"关键优点"。

本书第一章对有限合伙企业与投资平台类企业、私募基金的"适配度"已有较多介绍,本节主要介绍有限合伙企业组织形式在保证"创始人"控制权"不旁落"的优势问题。

一、公司制企业在保证"创始人"股东控制权的"尴尬"

(一)对外融资,将引起控制权稀释,乃至控制权"旁落"

"创始人"与"联合创始人"股东(以下统称"创始人"股东)投资兴办公司制企业后,前期往往较为困难。一方面需要研发新产品、设计经营模式、锁定消费群体、不断开拓市场或深耕市场、优化服务、承担社会责任，以便建立持久的业务盈利点，这是公司生存、发展、赚钱的"基石"所在；另一方面，从"创始人"股东角度看，公司运营是有固定成本的，每天不论是否有收入，都会有经营场所租金、人员工资、采购、销售、协调等方面的成本。"收入覆盖成本"决定着公司能不能发展，"现金流覆盖支出"决定着公司能不能活着！当一家公司制企业"现金流不能覆盖支出"时，公司就必须对外融资。

对外融资方式较多，但融资领域往往"嫌贫爱富"，当你越没钱的时候，融资越难、融资越贵，融资条件苛刻；当你有钱时，融资易，融资成本反而降低；当你由"有钱"变"没钱"，企业经营走下坡路时，或者遇到经营麻烦、产品质量问题、合规风险、政府处罚、司法诉讼败诉、舆论形象下跌时，昔日给你借钱的好友、银行、投资人都会很快"翻脸不认人"。

在一家公司初创期的前几年，股东前期投入"花完了"，此时往往是公司财务最困难、融资最艰难、融资条件最苛刻的时候。债权融资虽然不影响"创始人"股东的控制权，但在缺钱的时候，还需要背负利息支出，"压力山大"，如果公司此时拿不出让债权人"眼前一亮"的东西，也难以持续债权融资。股权融资虽然不需要支付固定利息，但会引起"创始人"股东的股权稀释。一般在公司起步阶段，公司规模较小，天使轮融资、A轮融资、B轮融资中，投资人相对强势，对"创始人"股东控制权的稀释较多；如果公司经营持续不见起色，继续股权融资，一旦外部股东的股权占比超过30%左右，外部股东就会要求改组董事会，重新提名董事长，导致"创始人"股东的控制权"旁落"。

相反，在公司经营几年后相对成熟，特别是IPO之前的融资中，更多是"财务投资者"想来"分蛋糕"，此时公司已形成稳定的盈利模式，需要外部资金支持盈利规模扩张，上市只是时间问题。"创始人"股东此时对投资者有较大主动权，一般会压榨"财务投资者"。例如，"财务投资者"出资1亿元，只将其中2 000万元计入股本，剩余8 000万元计入"资本公积"，这8 000万元就由所有股东"共享"了。当然，此时也会引起控制权稀释，但稀释的尺度略小一些。

(二)从公司法角度看,"创始人"股东需要保持一定的持股比例,以免影响控制权

与合伙企业高度"人合性"不同,公司制企业是"资合+人合"的企业,而且是"资合"在前,"人合"在后,更强调资本的力量,"谁出钱多,谁说了算"。

从公司治理架构看,股东大会是公司最高权力决策机构,管战略、管方向;董事会属于执行机构,主要职责是落实股东大会的决议;总经理是职业经理人,负责公司日常运行,将董事会的议定事项付诸实施;监事会与董事会"平级",相当于公司纪检委,其对股东大会负责,监督董事会、总经理的履职履责情况。

股权的含义很丰富,其中的控制权、投票权属于股权的"政治权",分红权、转让股权的收益权等属于股权的"经济权"。对"创始人"股东而言,在对外融资过程中,让渡一些分红权、投资收益等经济权益属于"舍不得孩子,套不住狼","不得已而为之";一旦控制权受到撼动,有可能被"踢出局",当外部股东的持股比例足够大,有较多话语权时,就可能要求改组董事会。有的投资人明确提出,投资后,将由其任命财务总监,在董事会中要派驻董事1名。说到底,根据《公司法》规定,能决定"创始人"股东在公司中"大哥"地位的,还是其持股比例。

现将单海洋所著《公司控制权与股权布局》(中国纺织出版社)一书第47页"表:不同股权比例背后的意义"分享给读者(见表10-1)。

表10-1　　　　　　　　　　不同股权比例背后的意义

持股比例	含义	详解
100%	完全控股	控股股东对公司上下事务具有完全控制权
66.7%	绝对控股	对公司股东会决策均有一票否决权
51%	相对控股	对公司一般事项具有决策权
34%	一票否决	对公司特殊事项具有一票否决权
10%	申请解散	拥有召开临时股东会和申请法院解散公司的权利
3%	提案资格	拥有提交股东大会议案的权利

根据《公司法》规定，对修改公司章程、增加或减少注册资本、公司的合并分立或变更公司形式、公司的解散或注销，需经过2/3以上表决权的股东通过，即上表持股比例66.7%，公司章程另有规定的除外。对此，如果某一股东持股比例达到34%以上，则意味着"创始人"股东的持股比例低于66.7%，此时该股东对公司的特殊事项，有一票否决权。

表10-1中"一票否决权"是指在投票选举或表决中，只要有一张反对票，候选人或被表决内容就会被否定。在风险投资中，投资人通常会向被投资公司索要一票否决权。实践中，风险投资人索要的"一票否决权"，主要针对股权回购、借债、出售公司、授权发行更多股份、支付或宣布支付股利、变更董事会的董事数量、变更公司章程或登记执照、变更优先股股东所持股份、发行优先股或等同于优先股股东持有股份的股票等事项。

（三）股份有限公司可以发行类别股，行使不同的表决权，但有类别股的公司暂未允许在境内上市IPO

现辑录《公司法》有关类别股的规定如下：

第九十五条 股份有限公司章程应当载明下列事项：
……
（四）公司注册资本、已发行的股份数和设立时发行的股份数，面额股的每股金额；
（五）发行类别股的，每一类别股的股份数及其权利和义务；
……

第一百一十六条 股东出席股东会会议，所持每一股份有一表决权，类别股股东除外。公司持有的本公司股份没有表决权。

股东会作出决议，应当经出席会议的股东所持表决权过半数通过。

股东会作出修改公司章程、增加或者减少注册资本的决议，以及公司合并、分立、解散或者变更公司形式的决议，应当经出席会议的股东所持表决权的三分之二以上通过。

第一百四十三条 股份的发行,实行公平、公正的原则,同类别的每一股份应当具有同等权利。

同次发行的同类别股份,每股的发行条件和价格应当相同;认购人所认购的股份,每股应当支付相同价额。

第一百四十四条 公司可以按照公司章程的规定发行下列与普通股权利不同的类别股:

(一)优先或者劣后分配利润或者剩余财产的股份;

(二)每一股的表决权数多于或者少于普通股的股份;

(三)转让须经公司同意等转让受限的股份;

(四)国务院规定的其他类别股。

公开发行股份的公司不得发行前款第二项、第三项规定的类别股;公开发行前已发行的除外。

公司发行本条第一款第二项规定的类别股的,对于监事或者审计委员会成员的选举和更换,类别股与普通股每一股的表决权数相同。

第一百四十五条 发行类别股的公司,应当在公司章程中载明以下事项:

(一)类别股分配利润或者剩余财产的顺序;

(二)类别股的表决权数;

(三)类别股的转让限制;

(四)保护中小股东权益的措施;

(五)股东会认为需要规定的其他事项。

第一百四十六条 发行类别股的公司,有本法第一百一十六条第三款规定的事项等可能影响类别股股东权利的,除应当依照第一百一十六条第三款的规定经股东会决议外,还应当经出席类别股股东会议的股东所持表决权的三分之二以上通过。

公司章程可以对需经类别股股东会议决议的其他事项作出规定。

据360搜索，雷军作为小米公司的"创始人"股东，通过AB股架构保证其控制权。以下为360搜索内容：

1. 小米的AB股

小米的股份分为A类和B类。

对于普通事项，A类股每股可投10票，B类股每股可投1票。

对于以下保留事项，AB股的投票权相同，都是每一股可投1票：

（1）修订章程或细则，包括修改任何类别股份所附的权利。

（2）委任、选举或罢免任何独立非执行董事。

（3）委任或撤换小米的会计师。

（4）小米主动清盘或解散。

2. 创始人在股东会层面的控制权

拥有A类股份的只有雷军和林斌两人，其他人拥有B类股份。

雷军有20.51%的A类股份和10.9%的B类股份，两项相加共有31.41%的股份，55.7%的投票权。

另外，有部分股东委托雷军代为投票（不清楚是否是员工持股部分），所以雷军共控制小米57.9%的投票权。

林斌有11.46%的A类股份和1.87%的B类股份，两项相加共有13.33%的股份，林斌共控制小米30%的投票权。

按开曼公司法和小米的章程，小米的普通事项由半数以上表决权的股东同意通过，重大事项经3/4表决权的股东同意通过。

雷军拥有57.9%的投票权，一个人可决定普通事项，一个人就可否决重大事项。

雷军+林斌共拥有87.9%的投票权，两人可决定重大事项。

小米的控制权架构如图10-1所示，其他股东虽有投票权，但陪衬而已，投或不投都不会影响结果。

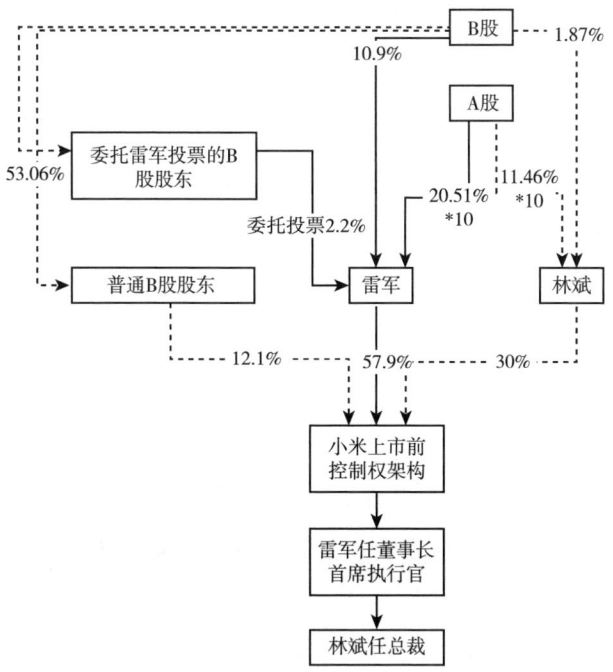

图10-1 小米公司的控制权架构

虽然上市后雷军和林斌的股权比例有所稀释,但因发行新股比例较低且都是B股,对两人的投票权影响很微弱。

A股的申请书提示,雷军和林斌能够影响股东大会表决结果,在特殊情况下,雷军和林斌的利益可能和公司其他股东的利益不一致,可能因此损害中小股东的利益。

3. 在董事会层面

公司董事共7名,2名执行董事为雷军和林斌,2名非执行董事,3名独立董事。其中一名董事须为雷军或其正式委任的代理董事。

公司业务由董事管理,除组织章程细则明确赋予的权力及授权外,董事可行使一切权力。

董事会决议经多数投票表决通过,当出现同等票数时,则会议主席可投第二票或决定票。

此外，雷军担任公司的董事长兼首席执行官；而林斌为总裁。

两人加起来对董事会和管理层有较大影响力或决定权。

（四）《公司法》规定，有些事项需全体股东一致同意，增加了"创始人"股东的决策难度

现辑录《公司法》有关规定如下（涉及全体股东之处，以黑体字显示）：

第五十八条　有限责任公司股东会**由全体股东组成**。股东会是公司的权力机构，依照本法行使职权。

第五十九条　股东会行使下列职权：

（一）选举和更换董事、监事，决定有关董事、监事的报酬事项；

（二）审议批准董事会的报告；

（三）审议批准监事会的报告；

（四）审议批准公司的利润分配方案和弥补亏损方案；

（五）对公司增加或者减少注册资本作出决议；

（六）对发行公司债券作出决议；

（七）对公司合并、分立、解散、清算或者变更公司形式作出决议；

（八）修改公司章程；

（九）公司章程规定的其他职权。

股东会可以授权董事会对发行公司债券作出决议。

对本条第一款所列事项股东以书面形式一致表示同意的，可以不召开股东会会议，直接作出决定，并**由全体股东在决定文件上签名或者盖章**。

第六十四条　召开股东会会议，应当于会议召开十五日前**通知全体股东**；但是，公司章程另有规定或者**全体股东另有约定**的除外。

股东会应当对所议事项的决定作成会议记录，出席会议的股东应当在会议记录上签名或者盖章。

第八十三条　规模较小或者股东人数较少的有限责任公司，可以不设监事会，设一名监事，行使本法规定的监事会的职权；**经全体股东一致同意**，也可以不设监事。

第八十五条　人民法院依照法律规定的强制执行程序转让股东的股权时，**应当通知公司及全体股东**，其他股东在同等条件下有优先购买权。其他股东自人民法院通知之日起满二十日不行使优先购买权的，视为放弃优先购买权。

第二百一十条　公司分配当年税后利润时，应当提取利润的百分之十列入公司法定公积金。公司法定公积金累计额为公司注册资本的百分之五十以上的，可以不再提取。

公司的法定公积金不足以弥补以前年度亏损的，在依照前款规定提取法定公积金之前，应当先用当年利润弥补亏损。

公司从税后利润中提取法定公积金后，经股东会决议，还可以从税后利润中提取任意公积金。

公司弥补亏损和提取公积金后所余税后利润，有限责任公司按照股东实缴的出资比例分配利润，**全体股东约定不按照出资比例分配利润的除外**；股份有限公司按照股东所持有的股份比例分配利润，公司章程另有规定的除外。

公司持有的本公司股份不得分配利润。

第二百四十条　公司在存续期间未产生债务，或者已清偿全部债务的，**经全体股东承诺**，可以按照规定通过简易程序注销公司登记。

通过简易程序注销公司登记，应当通过国家企业信用信息公示系统予以公告，公告期限不少于二十日。公告期限届满后，未有异议的，公司可以在二十日内向公司登记机关申请注销公司登记。

公司通过简易程序注销公司登记，股东对本条第一款规定的内容承诺不实的，应当对注销登记前的债务承担连带责任。

二、持股平台企业为什么选择合伙企业组织形式，合伙制持股平台企业的主要类型和架构设计

（一）持股类投资平台企业为什么选择合伙企业组织形式

本书第一章第二节"合伙企业为什么广受青睐"中，已详细阐述有限合伙企业在私募股权基金、创业投资基金、持股平台等领域广受青睐的六个原因：

一是在向有限合伙人融资时，能够保证发起人、普通合伙人的控制权，这是发起人、普通合伙人最为看重的优势之一，"利用别人的钱，实现自己的理想"。

二是有限合伙企业是一个高度自治企业，如何摆布"出钱人""出智人""出力人"之间在合伙企业中的地位、角色、权责等，主要看普通合伙人和有限合伙人之间的谈判、博弈情况，看合伙协议怎么签。如发生纠纷，法院也会尊重合伙协议的约定，从而实现普通合伙人的人力、智力与有限合伙人的财力有机结合。

三是有限合伙架构是一个开放的融资机制。虽然合伙企业的合伙人不能超过50人，但并未限制普通合伙人同时设立多个合伙企业。在合伙企业投资架构中，可以多个合伙企业同时横向对同一被投资项目进行投资，也可以搭建叠加的、多层嵌套的合伙企业架构，其融资机制实际上是"敞口"的，开放式的，这是发起人、普通合伙人看重的优势之一，即利用合伙企业架构融资，"只要有需求，只要有人投，其融资额可以无限"。

四是有限合伙企业的管理机制较为灵活，可以通过合伙人之间协商，建立灵活高效的管理机制，可由全体普通合伙人"管事"，也可授权一个或几个合伙人"管事"，还可将"管事权"外包。

五是有限合伙企业的出资方式、分配机制较为灵活。普通合伙人可以"出力不出钱""出力少出钱"，普通合伙人与有限合伙人之间的利润分配比例可以约定；在有限合伙人之间，也可以区分"资深合伙人"与"新来合伙人"或者"钱多合伙人"与"钱少合伙人"，分配机制较为

灵活。

六是有限合伙企业的合伙人，不论法人合伙人，还是个人合伙人，只缴一道企业所得税或者个人所得税。目前，有些市县区政府、招商园区擅自制定税收优惠"土政策""小政策"，个人合伙人的税负较低，导致私募股权基金、持股平台企业较钟情于合伙企业。2024年8月《公平竞争审查条例》正式实施，着手对地方"土政策"清理。下一步，即使铅华散尽，个人合伙人均恢复到5%至35%征收个税，与投资法人企业相比，其理论税负也不算高。

（二）持股平台合伙企业的主要类型

笔者是税收专家，不是企业管理方面的专家。为写作本书，笔者阅读了多本合伙企业书籍[①]，现班门弄斧，叙说一二。

在合伙企业专家的视角里，合伙制度首先是一种处理人与人之间关系的一种市场化合作理念，对很多涉及绩效、利益分享方面业务，都可以采用合伙企业的理念、合作方式；其次，通过设立合伙企业组织形式，建立真正的合伙制度。笔者摘录《合伙人制度：以控制权为核心的顶层股权设计》（郑指梁著，清华大学出版社）相关内容，合伙主要包括4种模式：

1. 虚拟合伙

虚拟合伙方式，为实现对员工业绩考核激励，不是在市场监管部门设立"有形"的合伙企业，而是根据员工的岗位、级别、绩效，给员工分配一定数量的期权，不向员工派发实股，期权不需员工花钱购买，到期对绩效考评前30%的员工兑现，以5年为一个结算周期。或者允许优秀员工出资花钱购买，但其离职、退休、违纪等，公司会回购或取消其股权。华

---

① 主要包括：
（1）郑指梁：《合伙人制度：以控制权为核心的顶层股权设计》，清华大学出版社，2019年。
（2）单海洋：《公司控制权与股权布局》，中国纺织出版社，2024年。
（3）李利威：《一本书看透股权节税》，机械工业出版社，2022年。
（4）谢普：《合伙人法则：互联网时代的互惠互利之道》，华龄出版社，2021年。

为、碧桂园等曾实施此类合伙制度，这实际上是一种激励制度，把员工个人贡献与组织绩效相结合，增强员工归属感、团队意识。

2.事业合伙

事业合伙是在公司内部建立合伙人制度，又称"内部合伙"，其主要目标不是建立福利体系，相当于在公司内部建立股权激励制度。事业合伙的逻辑，是基于雇佣关系存在弊端，而将某些雇佣关系变为合伙关系。在雇佣关系下，如果员工不犯错误，实际上是一种最舒服的工作，有人可以短期"摸鱼"，是一种"无风险、无责任的保底薪水"。

在公司内部建立合伙人制度，一方面可以留住优秀员工，形成激励导向作用，对混日子员工形成无形压力；另一方面，内部合伙人制度实质上是一种股权激励，而且激励的是实股，不是虚股，让员工有获得感；再一方面，公司在此过程中还可获取内部合伙人的投资，进行利益捆绑。这些员工掏不掏钱，对公司的爱是不一样的，掏钱之后，更有主人翁精神、奉献精神、责任意识。

建立此类事业合伙（内部合伙）制度的多为非上市企业。根据证监会《上市公司股权激励管理办法》（证监会令第148号）规定，上市公司股权激励均直接授予被激励对象，严格地说，对境内上市公司不允许搭建持股平台间接持有股权激励股票。

对实行事业合伙（内部股权激励）的非上市企业，一般情况下，"创始人"股东并不向被激励对象直接授予本公司股权，而是搭建一个有限合伙企业架构，实现被激励对象（有限合伙人）对本公司的间接持股。如图10-2所示：

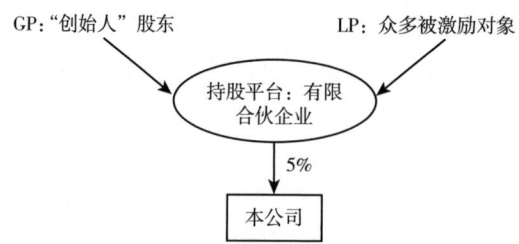

图10-2　事业合伙（非上市企业内部股权激励）间接持股的架构

非上市公司搭建有限合伙企业间接持股平台，而不是采取直接持股（用本公司股权）方式的考虑：一是保留"创始人"股东的控制权不变。二是被激励对象因离职、退休、反目成仇等原因，不再为本公司效力时，不会在股权架构方面形成负面影响。前已述及，《公司法》规定某些事项必须全体股东同意或签字确认，搭建有限合伙架构，避免了这一麻烦。

从上市公司看，证监会《上市公司股权激励管理办法》规定，上市公司股权激励均直接授予被激励对象，因为上市公司股票的"盘子大"，具有较强流通性，"小股东"基本没什么发言权，不会产生上述麻烦。

3.股东合伙

股东之间共同经营企业，"要用共同利益去追求兄弟情谊，而不是用兄弟情谊去追求共同利益"。公司做生意，亏了可以重来，如果股东内斗、互不信任甚至是以法律之名互相伤害，更加可怕。

股东之间友好合作，需要解决十个方面问题：股权架构的合理性、股权控制权、股东议事规则、公司估值问题、动态股权设计问题、股东退出问题、股东分红及变现问题、公司财务透明问题、股权转让的税务问题、股东坐享其成等问题。解决这十个问题主要涉及"人性"问题，成功时想多分钱，不患寡而患不均；失败时想及时止损，不愿多承担责任，协调起来非常复杂，容易顾此失彼。

公司经营前期，因产品开发、市场开拓、客户挖掘等方面不一定顺利，缺钱是正常的，大多需要对外融资，引入新股东，从而老股东的股权不断稀释，如融资过多，"创始人"股东有可能出局。随着引入外部资金越来越多，新老股东就会各怀"小心思、小算盘"。此处股东合伙，对"创始人"股东而言，如能像前述第2点事业合伙一样，搭建一个合伙制持股平台，是非常理想的，避免控制权旁落。但公司前期融资时，战略投资者一般不要这些持股平台的间接股权，而是要求直接分享本公司股权，以便未来上市流通后套现。对于"创始人"股东、"联合创始人"股东，以及某些前期投资者，有可能搭建一个公司制的持股平台，以保证老股东的控制权不变。如图10-3所示：

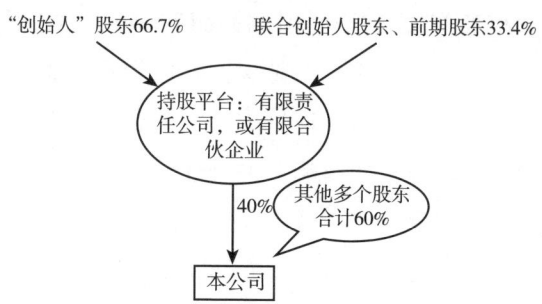

图10-3 股东合伙的间接持股的架构

图10-3中,新股东人数较多,股权分散,实际上难以形成"合力"。实践中,"创始人"股东为保证其控制权稳定,有可能与其他股东签订"一致行动人"协议,或委托投票权协议,或者在公司章程中明确"创始人"股东可以指定董事会成员中2名执行董事,以此保证其控制权。

由此可知,股东合伙有的搭建持股合伙平台或有限公司持股平台,保证"创始人"股东的控制权。对于通过"一致行动人"、委托投票权等方式把持控制权的,实际上是一种股东合伙理念,并未建立实体的合伙企业。

4. 生态链合伙

生态链合伙是指同行业竞争对手之间,上下游企业之间,由此前的竞争、内耗关系,改为合作关系,从而实现资源整合,降低成本。一般而言,生态链合伙的牵头人,应是同行业的翘楚、上下游产业链中的"链主",具有较强影响力;生态链合伙的其他合伙人,也乐意改竞争为合伙,由尔虞我诈的厮杀,改为"握手言和",原来是"抢饭吃,吃着闹心",现在变成"有饭吃,不一定多,但安心"(见图10-4)。

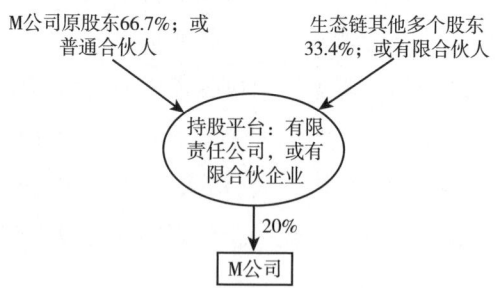

图10-4 生态链合伙的间接持股的架构

对M公司原股东而言，尽量不让生态链合伙中的其他合伙人直接持有M公司的股权，这样，可以给其分红权，让渡经济利益，保证表决权不受影响。

（三）拟上市股份公司的持股平台、投资平台合伙企业的架构

对拟上市股份公司，其持股平台合伙企业不是一个孤立的问题，其是股份公司股权架构设计之中的"一道小菜"，是整体股权架构设计的一部分。

【案例10-1】D公司是一家股份有限公司，为某飞机制造厂生产精密零部件，是高新技术企业，有50项专利技术，近年D公司业绩不错，"创始人"股东有上市的想法，准备通过IPO融资后研发新的专利技术。经证券公司、税务师、律师共同研究，为该公司搭建了下面的股权架构，如图10-5所示。

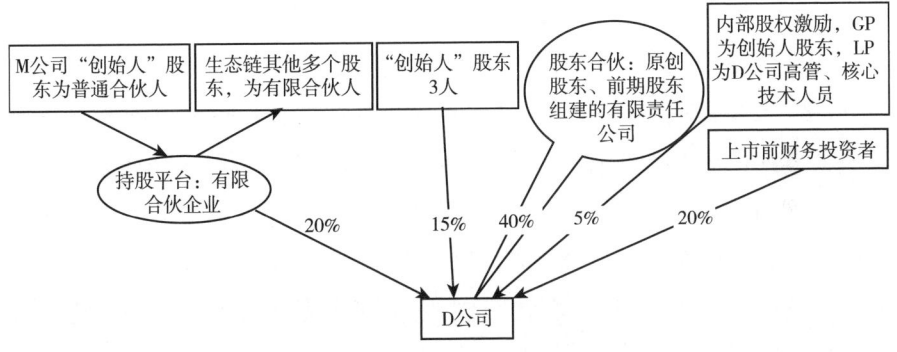

图10-5 拟上市企业的股权架构

图10-5是笔者参考某些拟上市公司股权架构后设计的股权架构。此种设计是因为大多数上市公司的股权架构很复杂，读起来眼花缭乱，易扰乱视线。现说明如下：

（1）"创始人"股东为保证控制权"不旁落"，对原创股东、前期股东的股权进行整理，组建有限公司持股平台（此处不含创投，如含创投，需直接持股），合计持股40%，这样能保证"创始人"股东的控制权稳定。

此处采取有限公司未采取合伙企业的原因是，对该持股平台中的其他法人股东，其通过该有限公司减持股权、分红，税收政策不受影响，其分红可以免征企业所得税。该有限公司的个人股东，取得分红按20%扣缴个税。

（2）"创始人"股东3人保留15%的直接持股。D公司上市后，《公司法》《证券法》对大股东减持股票有限制性规定，但其也需要减持一些股票"改善生活"，此处保留15%的直接持股，按限售股缴纳20%个税即可，税负较低。而且，个人直接持股，还可根据持股时间长短，享受股息差别化的个税优惠政策。如其减持持股平台有限公司的股票，需承担一道25%的企业所得税，再就税后利润缴纳20%的分红的个人所得税，合计税负为40%。

（3）生态链合伙企业持股比例20%。"创始人"股东在有限合伙持股平台上是普通合伙人，不出资，只出力，负责管理合伙事务，不参与利益分配，其重点是掌握控制权。对有限合伙人而言，如其为法人企业，将其股权不论装在有限公司，还是装在合伙企业架构中，对其税收利益没有太大影响，税率均为25%；如其为个人合伙人，装在合伙架构中的税负为5%至35%；装在有限公司架构中的理论税负为40%。

（4）上市前的财务投资者持股比例20%。大多数拟上市前的财务投资者持股比例为10%左右，一方面，D公司拟上市前可能也缺钱，适当融资"做大商业模式"；另一方面，财务投资者都是有影响力的国内国际投资机构，有其影响力和社会资源，拉其作为财务投资者，既能让渡一些利益，也能有效利用其社会资源。这些财务投资者多为基金公司、财务公司、投资银行等。

（5）内部股权激励，有限合伙企业持股5%。这个持股比例不会太高，D公司上市前搭建有限合伙持股架构，由"创始人"股东或其代理人为普通合伙人，被激励对象为有限合伙人，发挥普通合伙人的控制作用，而且D公司未上市前，这些被激励对象都是D公司高管，不能让其直接持股，否则其离职、退休、与公司结怨，都比较麻烦，建立有限合伙企业的持股平台，能有效避免这些问题。D公司上市后，如果再搞股权激励，则为直接持股了，届时流通股盘子较大，个别高管持股，也属于小股东，负面影响有限。

第二节　持股平台合伙企业涉及的所得税问题

本书第二篇（第二章至第八章）已全面介绍合伙企业涉及所得税问题，持股平台合伙企业可按前述规定核算所得税，不再重复。另，本节将在第二篇内容基础上，侧重介绍持股平台类有限合伙企业的专项所得税问题。

一、非上市公司搭建持股平台有限合伙企业实施股权激励，个税怎么算

（一）对比一下上市公司与非上市公司个人直接行权（不搭建持股平台合伙企业）的个税核算问题

股权激励所得是指上市公司、在全国中小企业股份转让系统（"新三板"）挂牌交易的非上市公众公司，以及非上市企业，为激励董事、监事、高级管理人员、核心技术人员（下称"高管、核心技术人员"），在正常工资薪金收入之外，按照股权激励计划，通过行权方式取得的股票形式的劳动所得。

股权激励主要包括股票期权、股票增值权、限制性股票、股权奖励等不同激励方式。为对比各类股权激励方式的不同，笔者列表如表10-2所示。

表10-2　　　　上市公司与非上市公司股权激励的对比

股权激励项目	是否影响资本结构	行权后是否有限售期	个人支出情况
股票期权	影响	无限售期	低价购买
股票增值权	行权时直接兑现，不影响股权结构	领取现金收益，不存在限售问题	不掏钱，直接领取股票价差
限制性股票	影响	有限售期	低价购买
股权奖励	影响	有限售期	基本无支出

表10-2对股票期权、股票增值权、限制性股票、股权奖励的划分不是绝对的,"'股票期权、股权奖励'+限售期"就会变成限制性股票。限制性股票在高管、核心技术人员行权后,对其仍有一定期间(限售期)的利益"绑定",对高管、核心技术人员有约束效果,为广大企业所青睐。股权奖励一般适用于历史上有突出贡献、未来有较大潜力的特殊人才,企业承担的对价较大。

股权激励主要包括两个环节:一是授权环节。即公司与被激励对象签订一份股权激励协议,约定某一时间之前,公司、高管、核心技术人员达到相应业绩条件,可按约定价格购买一定数量的本公司股票。二是行权环节。即高管、核心技术人员以约定价格购买约定数量股票,即为"行使此前约定的购股权"。此时行权价格一般低于现时价格,即高管、核心技术人员低价购买了股票,其"少花的钱"属于公司让利,对高管、核心技术人员而言,相当于一项劳动所得。

2019年个人所得税改革后,将工资薪金所得、劳务报酬所得、稿酬所得、特许权使用费所得作为综合所得项目,实行按年度算税,按月按次预扣预缴,次年3月1日至6月30日汇算清缴,多退少补。按照个人所得税规定,股权激励所得是基于高管、核心技术人员的任职、受雇关系取得的一项所得,应当将其归属于"工资薪金所得"项目。从道理上也应将其纳入综合所得项目,办理汇算清缴,多退少补。2019年个税改革以来,国家对股权激励所得的个税问题,一直"网开一面",单独算税,未并入综合所得汇算清缴。《财政部 税务总局关于延续实施上市公司股权激励有关个人所得税政策的公告》(财政部 税务总局公告2023年第25号)规定如下:

为继续支持企业创新发展,现将上市公司股权激励有关个人所得税政策公告如下:

一、居民个人取得股票期权、股票增值权、限制性股票、股权奖励等股权激励(以下简称股权激励),符合《财政部 国家税务总局关于个人股票期权所得征收个人所得税问题的通知》

（财税〔2005〕35号）、《财政部 国家税务总局关于股票增值权所得和限制性股票所得征收个人所得税有关问题的通知》（财税〔2009〕5号）、《财政部 国家税务总局关于将国家自主创新示范区有关税收试点政策推广到全国范围实施的通知》（财税〔2015〕116号）第四条、《财政部 国家税务总局关于完善股权激励和技术入股有关所得税政策的通知》（财税〔2016〕101号）第四条第（一）项规定的相关条件的，不并入当年综合所得，全额单独适用综合所得税率表，计算纳税。计算公式为：

应纳税额=股权激励收入×适用税率-速算扣除数

二、居民个人一个纳税年度内取得两次以上（含两次）股权激励的，应合并按本公告第一条规定计算纳税。

三、本公告执行至2027年12月31日。

目前，对上市公司、非上市公司高管、核心技术人员取得股权激励所得，采取不同方法计算个人所得税。笔者整理了上市公司与非上市公司股权激励所得的个税规定对比表。具体如表10-3所示。

表10-3　　上市公司与非上市公司股权激励所得的个税规定对比

	非上市公司股权激励	上市公司股权激励
适用文件	1.《财政部 国家税务总局关于完善股权激励和技术入股有关所得税政策的通知》（财税〔2016〕101号）。 2.《财政部 税务总局关于延续实施上市公司股权激励有关个人所得税政策的公告》（财政部 税务总局公告2023年第25号）	1.《财政部 国家税务总局关于个人股票期权所得征收个人所得税问题的通知》（财税〔2005〕35号）。 2.《国家税务总局关于个人股票期权所得缴纳个人所得税有关问题的补充通知》（国税函〔2006〕902号）。 3.《国家税务总局关于股权激励有关个人所得税问题的通知》（国税函〔2009〕461号）。 4.《财政部 税务总局关于个人所得税法修改后有关优惠政策衔接问题的通知》（财税〔2018〕164号）。 5.《财政部 税务总局关于延续实施上市公司股权激励有关个人所得税政策的公告》（财政部 税务总局公告2023年第25号）。

续表

	非上市公司股权激励	上市公司股权激励
计税方法	1.符合规定条件的，经向主管税务机关备案，可实行递延纳税政策。即员工在取得股权激励时可暂不纳税，递延至转让该股权时纳税；股权转让时，按照股权转让收入减除股权取得成本以及合理税费后的差额，适用"财产转让所得"项目，按照20%的税率计算缴纳个人所得税。股权转让时，股票（权）期权取得成本按行权价确定，限制性股票取得成本按实际出资额确定，股权奖励取得成本为零。2.对于不符合规定条件的，按照本表右栏上市公司股权激励的计税方法，计算个税	1.不并入当年综合所得，全额单独适用综合所得年度税率表，计算纳税。计算公式为：应纳税额=股权激励收入×适用税率−速算扣除数 2.对于同一纳税年度取得两项以上，或同项股权激励两笔以上所得的，应合并后按上述规定统一计税，减去上一项、上一次股权激励所得的已纳个税，按其差额补缴个税
股权激励条件	同时满足以下条件：1.属于境内居民企业的股权激励计划。2.股权激励计划经公司董事会、股东（大）会审议通过。未设股东（大）会的国有单位，经上级主管部门审核批准。股权激励计划应列明激励目的、对象、标的、有效期、各类价格的确定方法、激励对象获取权益的条件、程序等。3.激励标的应为境内居民企业的本公司股权。股权奖励的标的可以是技术成果投资入股到其他境内居民企业所取得的股权。激励标的股票（权）包括通过增发、大股东直接让渡以及法律法规允许的其他合理方式授予激励对象的股票（权）。4.激励对象应为公司董事会或股东（大）会决定的技术骨干和高级管理人员，激励对象人数累计不得超过本公司最近6个月在职职工平均人数的30%。	财税文件未规定硬性条件。主要执行上市公司的股权激励条件

续表

	非上市公司股权激励	上市公司股权激励
股权激励条件	5.股票（权）期权自授予日起应持有满3年，且自行权日起持有满1年；限制性股票自授予日起应持有满3年，且解禁后持有满1年；股权奖励自获得奖励之日起应持有满3年。上述时间条件须在股权激励计划中列明。 6.股票（权）期权自授予日至行权日的时间不得超过10年。 7.实施股权奖励的公司及其奖励股权标的公司所属行业均不属于《股权奖励税收优惠政策限制性行业目录》范围。公司所属行业按公司上一纳税年度主营业务收入占比最高的行业确定	

2019年个人所得税改革后，股权激励所得的个税政策优惠点是什么？我们参照个人所得税综合所得项目的税率表来回答这一问题。税率表如表10-4所示。

表10-4　　个人所得税综合所得项目汇算清缴适用税率表

级数	年度应纳税所得额	税率（%）	速算扣除数
1	不超过36 000元的部分	3	0
2	超过36 000元至144 000元的部分	10	2 520
3	超过144 000元至300 000元的部分	20	16 920
4	超过300 000元至420 000元的部分	25	31 920
5	超过420 000元至660 000元的部分	30	52 920
6	超过660 000元至960 000元的部分	35	85 920
7	超过960 000元的部分	45	181 920

此项政策的优惠点主要有二：一是股权激励所得不并入综合所得汇算清缴，单独算税，客观上起到分拆收入、降低适用税率效果，从而降低税负；二是股权激励所得单独算税，比合并算税可以多减去一个速算扣除数。股权激励所得如适用35%税率，比合并纳税多减去85 920元；如适用

45%税率，比合并纳税多减去181 920元。

（二）非上市公司搭建有限合伙企业持股平台行权，个税怎么算

表10-3"上市公司与非上市公司股权激励所得的个税规定对比"中，对于非上市公司高管、核心技术人员以个人名义直接持股行权的，并符合表10-3中规定条件的，可按财税〔2016〕101号文件，实行递延纳税政策，其税率锁定20%。

目前，对非上市公司搭建有限合伙企业持股平台，替高管、核心技术人员行权的，暂不符合财税〔2016〕101号规定条件，不能享受递延纳税的优惠政策。那么，对非上市公司搭建有限合伙企业持股平台替高管、核心技术人员行权的，其个税怎么算？这个问题有点争议，笔者提供两个方案：

1. 方案一：直接适用上市公司的股权激励计税方法

即对该股权激励所得，适用上市公司股权激励的计税规定，直接按综合所得年度税率表计算缴纳个人所得税。主要依据是财税〔2016〕101号文件：

> 四、相关政策
>
> （一）个人从任职受雇企业以低于公平市场价格取得股票（权）的，凡不符合递延纳税条件，应在获得股票（权）时，对实际出资额低于公平市场价格的差额，按照"工资、薪金所得"项目，参照《财政部 国家税务总局关于个人股票期权所得征收个人所得税问题的通知》（财税〔2005〕35号）有关规定计算缴纳个人所得税。

2. 方案二：因其搭建有限合伙企业持股架构，可以按经营所得项目计算个税

这里有两个操作思路：

（1）操作思路1：个人先掏钱行权，之后将行权后的禁售股权装入有

限合伙企业。

在此情形下，不能按经营所得项目征收个税。主要原因是，个人先行权了，行权时个人已低价拿到股权，只能按工资薪金所得征收个税。即可以比照上市公司股权激励所得的计税公式，先征税。征税后的股票的计税成本为行权时股票的公允价值，此时，个人合伙人的合伙企业财产份额亦为该公允价值。

之后，当合伙企业所持股票解禁，合伙企业减持股票，相当于个人委托合伙企业作了一笔委托投资、委托理财。对于此时股票价格比行权时股票价格"涨价"的差额收益，应按照"先分后税"规则，按经营所得项目，适用5%至35%税率计算个人所得税。若此时股票价格比行权时"跌价"了，实际上属于合伙企业投资理财亏损，只能由以后的盈利在5年内弥补。实践中，由于先按工资薪金所得项目缴纳一道个税，基本无人选择该方法。

（2）操作思路2：个人先掏钱给合伙企业，由合伙企业统一行权（合伙企业知悉每一合伙人持股份额），合伙企业在股票解禁后按个人指令减持。

实践中，大多采取该做法。主要理由：其一，个人作为合伙人出资搭建合伙企业架构，合伙企业行权时，个人合伙人并没有拿到股票，此时，对个人合伙人不能征税；很多合伙企业看中这一点，以此推迟缴税。其二，合伙企业减持股票，当年度形成利润（即减持股票减去行权成本的差额收益）"先分后税"，按经营所得项目，适用5%至35%税率计算个人所得税。比按工资薪金所得项目计税的税率略低。

上述方案一、方案二，均有可行性，建议非上市公司斟酌选择。

（三）非上市企业搭建有限合伙企业架构行权，非上市企业的股权激励成本，能不能税前扣除

对于高管、核心技术人员向公司直接行权的，公司承担的股权激励成本可以税前扣除。《国家税务总局关于我国居民企业实行股权激励计划有关企业所得税处理问题的公告》（国家税务总局公告2012年第18号）规定：

二、上市公司依照《管理办法》要求建立职工股权激励计划,并按我国企业会计准则的有关规定,在股权激励计划授予激励对象时,按照该股票的公允价格及数量,计算确定作为上市公司相关年度的成本或费用,作为换取激励对象提供服务的对价。上述企业建立的职工股权激励计划,其企业所得税的处理,按以下规定执行:

(一)对股权激励计划实行后立即可以行权的,上市公司可以根据实际行权时该股票的公允价格与激励对象实际行权支付价格的差额和数量,计算确定作为当年上市公司工资薪金支出,依照税法规定进行税前扣除。

(二)对股权激励计划实行后,需待一定服务年限或者达到规定业绩条件(以下简称等待期)方可行权的。上市公司等待期内会计上计算确认的相关成本费用,不得在对应年度计算缴纳企业所得税时扣除。在股权激励计划可行权后,上市公司方可根据该股票实际行权时的公允价格与当年激励对象实际行权支付价格的差额及数量,计算确定作为当年上市公司工资薪金支出,依照税法规定进行税前扣除。

(三)本条所指股票实际行权时的公允价格,以实际行权日该股票的收盘价格确定。

三、在我国境外上市的居民企业和非上市公司,凡比照《管理办法》的规定建立职工股权激励计划,且在企业会计处理上,也按我国会计准则的有关规定处理的,其股权激励计划有关企业所得税处理问题,可以按照上述规定执行。

按照国家税务总局公告2012年第18号规定,公司的股权激励支出在高管、核心技术人员实际行权的年度税前扣除。对于已授权未行权时,公司会计核算估算一个股权激励成本,计入当期会计利润,即减少了当期会计利润。现行企业所得税应纳税所得额的核算,是在会计利润总额基础上进行"纳税调整",对于当年"已授权未行权"的股权激励支出,会计上扣减了利润,税法不让扣除,当年需"纳税调增";在之后的实际行权年度,再根据该股票实际行权时的公允价格与当年激励对象实际行权支付价格的差额及数量,计算确定作为当年上市公司工资薪金支出,在税前扣除,进行"纳税调减"。

对于股权激励支出,存在两项税会差异,笔者整理了股权激励支出税会差异对比表。具体如表10-5所示。

表10-5　　　　　　　公司股权激励支出的税会差异对比

	扣除数额	扣除时点
当年授权,当年行权	会计上:按股票的公允价值、股票数量,考虑离职率等因素,即估算数计入会计利润。 税法上:按股票公允价值减去行权价格之差,与行权股份数量之积,计算扣除额	会计上:当年冲减会计利润。 税法上:允许税前扣除。 但会计支出数,与税法扣除数不一致,税法按其差额纳税调整
当年授权,当年未行权	会计上:同上栏会计核算。 税法上:不允许税前扣除,对计入会计利润的股权激励支出,纳税调增	会计上:当年冲减会计利润。 税法上:不允许税前扣除,作纳税调增
以前年度授权,当年未行权(等待期内)	会计上:以前年度已冲减会计利润,当年不再处理。 税法上:以前年度已纳税调增,本年不处理	会计上:当年不处理。 税法上:当年不处理。也不让税前扣除
以前年度授权,之后年度行权	会计上:以前年度已冲减会计利润,当年不再处理。 税法上:按股票公允价值减去行权价格之差,与行权股份数量之积,计算扣除额	会计上:当年不处理。 税法上:允许税前扣除,作纳税调减

行文至此,回归主题,非上市公司通过搭建合伙企业持股平台行权,其股权激励成本让不让税前扣除?

笔者认为,在现行政策没有明确禁止的情况下,应允许税前扣除。主要考虑:一是非上市公司此项股权激励支出是实际发生的支出,具有真实性,而且不违规;上市公司如搭建合伙架构行权则不宜税前扣除,《上市公司股权激励管理办法》(证监会令第148号)要求,上市公司股权激励均直接授予被激励对象,对间接持股方式授予股权激励,不合规。实际上,上市公司股权激励是行政审批事项,上市公司这一操作,也不会被批准。二是非上市公司虽然搭建合伙企业架构行权,但该合伙企业的个人合伙人，与股权激励对象名单是完全一致的，其均属于非上市公司员工，让其扣除此项股权激励支出，更为合适。不让其税前扣除，不符合税法真实发生支出的精神，可能会有民怨。三是个人合伙人对其股权激励所得，不论按工资薪金所得，还是按经营所得，都在非上市企业所在地缴纳一道个人所得税，而且个税税率高于企业所得税25%税率，从财政意义上说，其收入缴了个人所得税，在企业所得税前扣除相关成本，是合适的，也符合对等原则。

二、持股平台合伙企业的持股成本，与合伙人的财产份额的计税成本不一致，怎么衔接和解决这一问题

本书第五章第一节提出，"三、合伙人持有合伙份额的计税基础，不等于合伙企业资产的计税基础，这是一个税收风险点"。有的合伙人将其对合伙企业财产份额的计税成本，误作为合伙企业所持资产的计税成本，增加税收风险。这一问题对从事生产经营的合伙企业不太明显，对于持股平台类、投资型合伙企业的影响较为明显。

（一）个人合伙人对持股平台合伙企业财产份额的计税成本，与合伙企业所持股票的计税成本，二者基本没有直接对应关系

本书第五章第一节"三、合伙人持有合伙份额的计税基础，不等于合伙企业资产的计税基础，这是一个税收风险点"中，对此已作介绍，并辅以相关案例（案例5-1、案例5-2），读者可以"回头看"。

在持股平台合伙企业中，造成合伙人持有财产份额的计税成本与合伙企业所持资产的计税基础不尽一致，甚至相差较远的主要原因：

其一，个人合伙人与所投资合伙企业是两个不同的主体，个人合伙人在合伙企业的财产份额，与合伙企业的资产价值是两个相互独立的事项，二者不一致是正常的。

其二，在有限合伙企业中，既存在普通合伙人以"劳务"出资难以"入账入表（资产负债表）"问题，又有合伙企业可以约定合伙人的分配比例的问题，而且分配比例的确定，与合伙人的出资比例是"脱钩"的。

其三，有些合伙人将其合伙企业的财产份额对外转让，财产份额的转

让价格往往参照该合伙人在合伙企业中的净资产,或者溢价后的净资产比例估值确定;在此过程中,新合伙人持有合伙份额成本提高了,而合伙企业资产的账面价值、计税成本没有变化,导致二者相差更远。

(二)持股平台合伙企业与一般生产经营合伙企业不同,前者转让股权是对合伙企业"存量资产、存量财富"的处置;后者经营所得是对"增量资产、流动财富"的处置。这两种情形,对合伙人收回投资、确认收益的影响是不同的

为简化起见,此处以个人合伙人为例说明。举例说明如下:

【案例10-2】M1有限合伙企业是一家持股平台企业,持有300万股股票,资产总额3 000万元(公允价值),无负债,净资产亦为3 000万元。M1合伙企业的资产负债表如表10-6所示。

表10-6　　　　M1有限合伙企业资产负债表　　　　单位:万元

资产项目		负债和所有者权益	
现金		短期借款	
存货		长期借款	
固定资产		实收资本	600
无形资产		资本公积	2 400(公允价值变动收益)
投资资产	600	已税未分配利润	
投资收益	2 400(公允价值变动收益)	未税未分配利润	
合计	3 000	合计	3 000

假定对所持股票分三年处置,每年处置100万股,处置价格为10元/股不变,计税成本2元/股,不考虑合伙企业层次的相关税费,每年800万元利润(假定与应纳税所得额同)。有5个合伙人,张三为合伙人之一,每人均按20%分享利润,并对利润全部分配。在三年内股票减持完毕后注销。

M2有限合伙企业是一家从事医疗技术咨询的合伙企业,其资产负债表如表10-7所示。

表 10-7　　　M2 有限合伙企业资产负债表　　　单位：万元

资产项目		负债和所有者权益	
现金	300	短期借款	600
存货	150	长期借款	1 400
固定资产	2 000	实收资本	1 800
无形资产	550	已税未分配利润	150
投资资产	1 000	未税未分配利润	50
合计	4 000	合计	4 000

M2 合伙企业每年营业收入 3 000 万元，成本费用、人员工资等相关支出 2 200 万元，不考虑合伙企业层次相关税费，每年 800 万元利润（假定与应纳税所得额同）。有 5 个合伙人，李四为合伙人之一，每人按 20% 分享利润，并对利润全部分配。在三年后解散注销。

请对比一下 M1、M2 两个合伙企业的净资产变化，张三、李四两个合伙人缴纳个人所得税情况，以及三年后清算所得应缴个税的核算。

解答：

（1）M1、M2 合伙企业净资产变化情况，以及张三、李四每年纳税情况。列表如下，具体如表 10-8 所示。

表 10-8　　　M1、M2 有限合伙企业净资产变化，
　　　　　　 以及张三、李四纳税情况

年度	M1 合伙企业净资产	张三纳税	M2 合伙企业净资产	李四纳税
第一年末	2 000 万元	应纳税所得额为 160 万元，应纳税额=160×35%-6.55=49.45（万元）张三可分回 110.55 万元（160-49.45）5 个合伙人缴个税后，合计分回 552.75 万元	3 000 万元	与张三同
第二年末	1 000 万元	同上	3 000 万元	与张三同
第三年末	0	同上	3 000 万元	与张三同

（2）三年后，对M1、M2合伙企业清算。

本书第七章"合伙企业清算的所得税"中已述，合伙企业层次清算的应纳税所得额，来源于资产溢价、债权人放弃债权等因素。

对比一下M1、M2合伙企业层次的清算所得，列表如表10-9所示。

表10-9　　　　M1、M2有限合伙企业层次清算
应纳税所得额计算

	M1合伙企业层次	M2合伙企业层次
资产负债表的变化	股票已卖完，资产负债表左侧资产总额为600万元（虽然卖完股票，但对应股票成本的部分未分配）；资产负债表右侧为实收资本600万元，无其他项目。假定每年处置股票时，对溢价形成的资本公积进行冲销	在清算过程中，无资产溢价，也无债权人放弃债权，假定其资产负债表仍为表10-7"M2有限合伙企业资产负债表"
清算应纳税所得额的核算	M1合伙企业层次清算应纳税所得额＝0万元	M2合伙企业层次清算未扣除实收资本的应纳税所得额＝资产处置收入4 000－短期借款600－长期借款1 400－已税未分配利润150＝1 850（万元）（说明：未税未分配利润50万元此前未征税，转为清算所得征税；另1 800万元为实收资本，为合伙人投资，由个人合伙人计税时扣除。5个合伙人的清算应纳税所得额合计为50万元，与未税未分配利润数额50万元相同）
个人合伙人的清算应纳税所得额	张三"先分"0万元，无所得。对其投资120（600÷5）万元能够收回	李四先分370万元，减去其投资360万元，清算所得为未税未分配利润10万元，其投资能够收回
原因分析	其每年股票处置，相当于处置存量资产，已全部作为当年度经营所得征税，清算时，已无清算资产	其每年经营所得，均为增量财富，未处置存量财富。清算时，其仍有存量资产可供处置

第七章对比了企业所得税清算所得、个税经营所得项目（含合伙企业）清算所得计算公式的差异。其逻辑要点是，基于"资产负债表左侧资产数额=右侧负债+所有者权益数额"，企业所得税、个税经营所得项目分别从资产负债表的左侧、右侧项目入手，规定了清算所得的不同计算公式，希望读者回看，不再赘述。

笔者在此补充说明两点：

其一，M1合伙企业的个人合伙人张三，其设立合伙企业的出资额为120万元，但其每年"先分"应纳税所得额160万元，每年缴纳个税49.45万元，实际分回110.55万元，三年合计缴税148.35万元，合计分回331.65万元，其投资早已收回。主要原因是，单纯持股企业平时减持股票，与其进入清算卖股票的动作，在实质上是"合一"的。

其二，从清算所得的核算公式看。M1合伙企业是单纯持股平台企业，其卖出每一笔股票，都是对"存量财产"的处置，不存在工商企业"生产经济循环"问题。在计算M1合伙企业层次（持续经营）应纳税所得额时，是以其资产处置收入减去资产的计税成本，来核算应纳税所得额的，这个公式与《企业所得税法实施条例》规定的企业清算所得的计算公式何其近似。对比一下企业所得税清算规定：

> 第十一条　企业所得税法第五十五条所称清算所得，是指企业的全部资产可变现价值或者交易价格减除资产净值、清算费用以及相关税费等后的余额。

这表明，合伙人的投资成本实际上已收回了，本案例中，实收资本与股票的计税成本是一致的。

（三）单纯持股平台合伙企业，如一次性进入清算，其投资成本、合伙人财产份额的计税成本，在计算清算应纳税所得额时能够扣减

本书第七章"合伙企业清算的所得税"已述，合伙企业在持续经营阶段和清算期间，其核算合伙层次应纳税所得额的最大区别点是，后者可以

扣减负债，前者不让扣减负债（说明：依据企业所得税的清算所得公式可知，负债的数额，蕴含在资产净值之中）。

【**案例10-3**】接【**案例10-2**】，读者回看表10-6"M1有限合伙企业资产负债表"，假定M1合伙企业直接进入清算，在清算阶段一次性减持300万股，请计算M1合伙企业层次的清算应纳税所得额，计算合伙人张三的应纳税额、分回剩余财产的情况。

解答：

M1合伙企业层次清算应纳税所得额=资产处置收入3 000万元，因无负债，所以也无"已税未分配利润"，无其他扣减项目。注意：此处未直接扣减计税成本600万元，其中对应张三的120万元。

张三"先分"600万元，其应纳税所得额=600−120=480（万元），这与张三在前一案例中"三年合计"应纳税所得额是一致的。本案例中，每一合伙人的投资均已收回。但本案例中，张三所缴纳的税款，比案例10-2多，主要原因是，案例10-2将480万元分成3份，分3次算税，虽然税率均为35%，但可以减去3个速算扣除数6.55万元；本案例中，张三480万元一次性征税，税率亦为35%，但只减去1个速算扣除数6.55万元。

三、持股平台合伙企业拟进行清算，将所持股票以非交易过户方式一次性转给个人合伙人，如何算税

（一）从减少税收操作成本和心理安慰角度，先进入清算阶段，再办理股票非交易过户

有的持股平台合伙企业，因出于禁售、限售、对股市行情不看好等考虑，拟注销持股平台，将股票直接以非交易过户方式，向每一合伙人"分股票"，之后办理注销手续。有的基层税务局对持股平台合伙企业解散清算的业务不熟悉，合伙企业将股票"分给"每一合伙人后，其未涉及发票领购开具等情况，对其采取简易方式注销了。此后，审计将其列为风险

点,有些已注销的合伙企业又被税务局激活追税,增加了税收风险。

持股平台合伙企业将其所持股票以非交易过户方式转给合伙人,已发生股票的"资产所有权转移",应视同销售。合伙企业"带着股票"进入清算,这些股票就属于可供清算的资产;相反,合伙企业处置完股票,再进入清算,其清算时就没有资产了。表面上看,其负债、投资成本都没扣除,感觉亏了。

本节"二"之(二)(三)内容表明,"先清算再卖股票"和"先卖股票再清算",个人合伙人的应纳税所得额基本差不多,这只是算账问题。但是,先进入清算,再卖股票,是用股权转让收入减去负债、已税未分配利润之差额,分给合伙人扣减"出资额",明显感到负债、实际投资都从清算所得的税基中扣除了,心里舒服一些。此为原因之一。

笔者建议"先清算再卖股票"的原因之二,是合伙人所持合伙企业的财产份额有可能是从前一合伙人手中溢价买来的,财产价额的计税成本并不等于前一合伙人的实际出资额,而是等于合伙人的实际购置价款。对此,"先清算再卖股票"更有利于溢价收购合伙份额的合伙人,该合伙人从合伙企业"先分"清算所得后,在计算其应纳税所得额时,可以按本人实际购买合伙企业财产份额的支出进行扣除。

【案例10-4】接【案例10-3】,M1合伙企业的合伙人张三,假定其从合伙人S手中,花200万元购买的合伙企业财产份额,当然,合伙人S已就转让财产份额的溢价80(200-120)万元,按财产转让所得项目,缴纳了16万元的个人所得税。

当前,M1合伙企业在清算过程中,张三"先分"600万元,其应纳税所得额=600-200=400(万元)。此处是可以扣减200万元,这是张三持有合伙份额的计税成本,而不是扣减120万元。

本案例"先清算再卖股票",将核算工作都放在清算环节,如无其他业务,清算之前对本纳税年度的汇算清缴,就可以零申报了,减轻税收核算工作量。

（二）将股票一次性非交易过户给合伙人，视同销售怎么定价？同时建议先完税，再注销

中国证券登记结算公司2011年发布《证券非交易过户业务实施细则》，规定了证券非交易过户的情形、基本规则、提交资料、相关流程等，未规定非交易过户的股票定价问题。

但合伙企业解散清算时，将股票以非交易过户方式给合伙人，此时，合伙企业所持股票一般是有溢价的，如让合伙人缴税，还需另筹资金。建议合伙企业对外卖一部分股票，至少不能让合伙人"另从兜里掏钱缴税"。

对于非交易过户股票视同销售的定价，财税〔2000〕91号文件规定，按照清算时的全部资产或者财产的"公允价值"掌握，这很原则。有的税务局按照解散清算当日的该股票的收盘价格确定。

有人提出，非交易过户的股票数量很大，证监会对大宗交易过户的股票，是允许在一定限度内打折的。由此带来的诉求是，非交易过户的股票数量也很大，能不能适当打折计算视同销售收入？笔者认为，这是一个技术问题，打折有打折的道理，不打折也很难说不对，建议以税务局统一口径为准。

四、代持股权涉及的个人所得税问题

（一）为什么研究代持股权的税收问题

从逻辑上看，代持股权不属于合伙企业所得税的研究范围。本节从"数学考试的附加题"角度，对此适当研究。主要考虑：

其一，有些非上市公司在搭建持股平台合伙企业用于对高管、核心技术人员激励时，其股票来源于此前的"股票池"。当然，这只是来源之一。非上市公司可以定向增发，也可以大股东送股进行股权激励。对于提前建立"股票池"用于股权激励的，在股权激励行权之前，这些股票在非上市企业属于"代持"状态，这是非上市企业设计股权架构时的提前规划设计。

其二，很多代持股权属于违规代持。如某些官员、法官等，依法应

禁止其经商，禁止其持有非上市公司股权，但仍有些官员、法官等，利令智昏，通过其他公司、个人当"白手套"绕过监管，违规代持股权。对此，司法机关和税务局采取两种不同处理理念。在司法实践中，有些法院按照民商法规定，对已有的代持股权行为本着尊重事实的初衷，依法裁定被代持人的经济利益。但这只是法院在民商法领域内的裁定，对违规代持股权的官员、法官等，纪委监察部门仍按有关规定追究当事人的违纪违法责任。税务局在征税时，对某些企业、个人提交的代持股权协议基本"不认账"，仍坚持征税；但对法院裁定的代持股权事实，有的税务局基本上"认账"不征税，有的税务局要求视同销售处理，对其征税。当然，如果纪检部门对这些股票等采取没收方法，或个人主动将其上交组织，税务局不宜再征税。

（二）从税收风险角度看，股权代持主体怎么选

退一步说，假如税务局对股权代持"不认账"，代持方将股权转交给被代持人，需要缴纳一道所得税。对此，从税负较低、税收风险较小角度对比如表10-10所示。

表10-10 不同主体代持股权，向被代持人转交股权的所得税的处理

代持主体	被代持主体	所得税规定
法人企业	法人企业	1.代持主体。按法人企业转让给法人企业处理。对代持主体所持股票的溢价，计算应纳税所得额，征收企业所得税。 2.被代持主体。过户时未支付对价，难以按代持主体已征税的价格确认计税基础。如拟按此价格作计税基础，需提交代持方已征税的相关证据，与税务局有一个协调过程。 有可能保留以前年度委托代持时的支付凭据。但该价值可能较低，可以作为投资成本的证据
	合伙企业	基本同上栏
	个人	1.代持主体。法人企业需按视同销售处理。同第1栏。 2.被代持主体。个人提交代持主体已征所得税的证据，相关征税价格，可视为其新的持股成本。 如果法人企业将股票卖掉，对其征收企业所得税后，个人收到税后款项，应按"利息、股息、红利所得"，征收一道20%的个人所得税

续表

代持主体	被代持主体	所得税规定
合伙企业	法人企业	1.代持主体。对代持主体所持股票的溢价，计算应纳税所得额，"先分后税"，由法人合伙人缴纳企业所得税，个人合伙人缴纳个人所得税。 2.被代持主体。基本同第1栏
合伙企业	合伙企业	1.代持主体。基本同上栏。 2.被代持主体，基本同第1栏
合伙企业	个人	1.代持主体。基本同上栏。 2.被代持主体。基本同第3栏，法人企业代个人持股过户情形
个人	法人企业	1.代持主体。对个人所持股票的溢价，按财产转让所得，适用20%税率，缴纳个税。 2.被代持主体。基本同第1栏
个人	合伙企业	1.代持主体。基本同上栏。 2.被代持主体。基本同第1栏
个人	个人	1.代持主体。同上上栏。 2.被代持主体。按照规定，可按代持主体已视同应税收入的价格，作为持股的计税成本

从表10-10可知：

其一，代持主体将股权转交给被代持主体，如税务局不认可代持事实，对其征收所得税，代持主体为法人企业、合伙企业时，税负较重；当代持主体为个人时，税负相对较轻。

其二，实践中，代持双方如均为法人企业、合伙企业，其代持行为的账务处理，比较麻烦。个人之间的代持相对简单，因为个人对此不需做账。

其三，个人之间代持股权风险主要包括：代持人死亡，其继承人不认可代持事实；代持人存在道德风险，时间长了想"据为己有"。

笔者建议，如非迫不得已，建议股权架构设计、对外投资时，尽量少搞股权代持。对于必须要搞股权代持业务的，如抛开代持人死亡、道德风险外，仅从税收角度看，个人作为代持主体，税负较低。

行文至此，从税负较低、后续麻烦较少的角度看，不建议代持人向被代持人返还股票，可由代持人直接卖掉股票，向被代持人返还现金，代持人按规定缴税后，被代持人不论是企业，还是个人，其后续处理都较为简单。

【案例10-5】 张三是一名基层法院的法官，10年前，当地矿山开采业务较为赚钱，其私下通过亲戚李四代持方式，在某煤矿入股50万元，当前该笔股权已升值到200万元。现法官张三已退休，想收回此前李四代持的股权。请问如何处理相关所得税事项？

解答：

（1）方案一：李四将该笔股权归还张三。

如视同销售，李四缴纳个税=（200–50）×20%=30（万元）。之后，张三持股成本为200万元，但这笔税款肯定由张三负担。

（2）方案二：李四直接卖掉股权，将现金返还给张三。

李四缴纳个税=（200–50）×20%=30（万元）。之后，将剩余170万元现金转给张三。由于此笔交易已征个税，张三收到170万元现金后，不再征税。

对张三的违纪问题，由纪检部门另行处理。

（三）税务局对哪些股权代持情形可以"认账"不征税

1. 对司法裁定的股权代持情形

目前，对这一问题并无定论，税务局也不会对股权代持业务全面"认账"。按照税法理念，股权代持是一项民商事行为，不是交易，税务局如对此"认账"，就不宜再对其征税。从《公司法》《会计法》以及税法角度看，是不赞同企业之间股权代持的，税法也轻易不认同。凡发生代持股权向被代持人返还股票的情形，一般按视同销售处理，对其征税。

但对于个人之间的代持行为，税务局有限度地"认账"，对于经过司法裁定、事先公证、仲裁等法律流程的，有的税务局尊重既定事实，对其暂未征收个税。实践中，对纳税人提交司法裁定书、公证书、仲裁文书的，税务局可能要求纳税人进一步提交具体证据资料，经核实，有可能不将其视为交易，暂不征税，但被代持人收回股权后，其所持股权的计税成本，仍为其初始投资成本。

对于单纯拿一纸代持协议、提供原来委托代持的资金流的，其证明力不够硬，税务局基本不认账。

2. 对用于股权激励的"股票池"的代持情形

《国家税务总局关于发布〈股权转让所得个人所得税管理办法（试行）〉的公告》（国家税务总局公告2014年第67号）规定：

第十一条　符合下列情形之一的，主管税务机关可以核定股权转让收入：

（一）申报的股权转让收入明显偏低且无正当理由的；

（二）未按照规定期限办理纳税申报，经税务机关责令限期申报，逾期仍不申报的；

（三）转让方无法提供或拒不提供股权转让收入的有关资料；

（四）其他应核定股权转让收入的情形。

第十三条　符合下列条件之一的股权转让收入明显偏低，视为有正当理由：

（三）相关法律、政府文件或企业章程规定，并有相关资料充分证明转让价格合理且真实的本企业员工持有的不能对外转让股权的内部转让；

（四）股权转让双方能够提供有效证据证明其合理性的其他合理情形。

非上市公司若将"股票池"的股权委托某一高管、个人股东代持，如拟进行股权激励。大多数情况下，原代持人只是单纯代持，其不会向公司实缴这笔出资的，此时可由公司无偿收回这笔代持股权，用于股权奖励。当然，为避免对原代持人征收个税，建议公司章程对该代持行为，应有适当表述，能做公证的，事先做一个公证手续，税务局对此可以不征收个税。

3. 公司代持股权分置改革的限售股的情形

2011年，税务总局印发《关于企业转让上市公司限售股有关所得税问题的公告》(国家税务总局公告2011年第39号),总体思路是:对因股权分置改革造成原由个人出资而由企业代持有的限售股,原则上只征一道所得税:由持股的公司缴纳企业所得税,或者由个人缴纳一道个人所得税。国家税务总局公告2011年第39号规定:

三、企业在限售股解禁前转让限售股征税问题

企业在限售股解禁前将其持有的限售股转让给其他企业或个人(以下简称受让方),其企业所得税问题按以下规定处理:

(一)企业应按减持在证券登记结算机构登记的限售股取得的全部收入,计入企业当年度应税收入计算纳税。

(二)企业持有的限售股在解禁前已签订协议转让给受让方,但未变更股权登记、仍由企业持有的,企业实际减持该限售股取得的收入,依照本条第一项规定纳税后,其余额转付给受让方的,受让方不再纳税。

实践中,有些企业代个人持股,想利用该文件"只征收一道所得税",但该文件是有适用范围的。其一,适用于因股权分置改革形成的企业代个人持股,其他企业代个人持股情形,难以适用此项政策。其二,国家税务总局公告2011年第39号第三条第(二)项有其特定操作情形,不符合该情形的,不宜滥用。

第十一章

合伙制私募股权投资基金的所得税政策业务应用

私募股权投资基金属于高风险、高收益行业,同时也是集专业性、实践性、挑战性于一体的职业,其从诞生之初就与有限合伙制度具有天然的契合性。这也是大多数私募股权投资基金选择有限合伙这一组织形式的内在动因!

我国2007年实施修订后的《合伙企业法》,全面引入有限合伙企业制度。从近20年实践看,有限合伙企业制度促进了私募股权基金"大发展",当然,这也得益于近10多年来人民群众占有财富的增加,同时伴随多元化资产配置需求的日益兴旺,此情此景是需要专业化财富管理的。这些同时发生的"故事"互为因果,合伙制私募股权基金也在实践中不断丰富、创新、发展了有限合伙企业制度。

鉴于第二篇(第二章至第八章)、第十章(持股平台合伙企业)对合伙企业已有很多描述,本章拟在此基础之上专题介绍合伙制私募股权基金的所得税问题。

第一节 给合伙制私募股权投资基金"画一张像"

一、什么是合伙制私募股权投资基金

投资基金是当前一个丰富多彩的金融投资产品。从募集方式看,既包括公募基金,也包括私募基金;从基金投资对象看,既包括证券投资基金,也包括股权投资基金、房地产投资基金,珠宝玉石、稀有金属等投资

基金;从基金的组织方式看,既包括公司制、契约型基金,也有合伙制投资基金。本书定位于合伙企业的所得税问题,主要介绍合伙制私募股权投资基金的所得税问题。

本节将"抽丝剥茧"地引申出合伙制私募股权投资基金的概念。

(一)私募投资基金

为谨慎起见,笔者引用证监会的官方定义。《私募投资基金监督管理暂行办法》规定:

> 第二条 本办法所称私募投资基金(以下简称私募基金),是指在中华人民共和国境内,以非公开方式向投资者募集资金设立的投资基金。
>
> 私募基金财产的投资包括买卖股票、股权、债券、期货、期权、基金份额及投资合同约定的其他投资标的。
>
> 非公开募集资金,以进行投资活动为目的设立的公司或者合伙企业,资产由基金管理人或者普通合伙人管理的,其登记备案、资金募集和投资运作适用本办法。
>
> 证券公司、基金管理公司、期货公司及其子公司从事私募基金业务适用本办法,其他法律法规和中国证券监督管理委员会(以下简称中国证监会)有关规定对上述机构从事私募基金业务另有规定的,适用其规定。

综上所述,私募投资基金概念主要锁定三个关键点:

一是属于"投资基金"。基金是指一大笔钱,其用途是专门对外投资谋利。

二是"私募"——"非公开募集"。私募与公募的本质区别是,前者有特定的募集对象和人数限制,只能在特定"朋友圈"内募资,不能公开向"不认识的人"募资,这既是指私募基金发行方式,也是其核心特点。后者可向"不认识的人"募资,为避免蜕变成"非法集资"影响社会稳定，公募必须经国家金融部门审批"背书"，持牌运营。在此逻辑下，就决定了私募投资基金的两项基本条件，其一，人数不得超过50人；其二，投资者必须为合格投资者。合格投资者就是其财富达到一定数量等级，能够满足基金快速募资要求，有相应抗风险能力，即"亏得起"，赔了钱不闹事"不跳楼"，不影响社会稳定。

三是投资范围较为广泛。可以买卖股票、股权、债券、期货、期权、基金份额及投资合同约定的其他投资标的。

（二）私募股权投资基金

私募投资基金的投资范围很广，私募股权投资基金只是其中之一。前已述及，按投资对象分类，私募投资基金可以分为：

1.私募证券投资基金

私募证券投资基金主要投资二级证券市场的股票、债券、基金份额等。

2.私募房地产投资基金

私募房地产投资基金主要投资房地产项目的溢价或其租赁市场，如房地产投资信托（即REITs，全称"Real Estate Investment Trust"）。从国际上看，REITs是一种以发行收益凭证方式汇集特定多数投资者的资金，由专门投资机构进行房地产投资经营管理，并将投资综合收益按比例分配给投资者的一种信托基金。

REITs属于资产证券化的一种方式，其运作方式有两种：其一，特殊目的载体公司（SPV）向投资者发行收益凭证，将所募集资金集中投资于写字楼、商场等商业地产，并将经营性物业所产生的现金流向投资者还本归息；其二，原物业商将旗下部分或全部经营性物业资产打包设立专业的REITs，以其收益如每年的租金、按揭利息等为标的，均等地分割成若干份额出售给投资者，然后定期派发红利，实际上给投资者提供的是一种类似债券的投资方式。

3.私募股权投资基金

私募股权投资基金指通过私募方式，向合格投资者募集资金，由专业基金管理人管理，以未上市的股权、可转债、可转化为普通股的优先股等作为投资对象，**进行阶段性持股，通过股权退出获得资本收益的基金**。狭义指对相对成熟的未上市公司股权进行权益性投资的基金；广义指对从初创到Pre-IPO（即将上市）等全部时期的未上市公司进行股权投资的基金。

根据被投资企业成长阶段不同，包括创业投资基金、风险投资基金、Pre-IPO投资基金。

此外，按投资对象不同，还包括私募贵金属基金、私募红酒基金等。

（三）合伙制私募股权投资基金

私募股权投资基金需要进行基金的"募、投、管、退"，需要对外签订合同，需要资金结算，需要财务会计税务处埋，需要项目考察、决策，遇到纠纷需要起诉或应诉等，这决定了基金必须有一个"外壳"，有一个组织形式。目前，私募股权投资基金主要包括公司制、合伙制、信托制（又称契约型）3种不同组织形式。美国的私募股权基金多为合伙制，英国多为契约型、信托型，日本受大陆法系影响，私募股权基金多为公司制。我国私募股权基金主要采取合伙制。公司制、契约型私募股权投资基金在我国不是主流选项，在此一并介绍其所得税问题，后面不再赘述。

1. 公司制私募股权投资基金

投资人均为基金公司的股东，由股东以出资方式完成基金的募集，股东出资记入公司的实收资本、资本公积等科目，通过"长期股权投资""金融资产"等科目进行投资核算，按照法人企业治理方法进行公司管理。

所得税方面。私募股权基金公司与其他法人企业在所得税核算方面基本一致：私募股权基金公司以股权方式投资于未上市公司，取得的收益、损失、营业税金等，按会计规定核算会计利润。之后，在利润总额基础上"纳税调整"，计算出基金（公司）层面的应纳税所得额，按25%税率计算企业所得税。其中，对于基金公司从被投资项目企业取得的股息收入，按照《企业所得税法》第二十六条规定，可以视为居民企业之间直接投资取得的权益性收益（即股息、红利收入），免征企业所得税，从应纳税所得额中作"纳税调减",其从被投资项目退出取得的股权转让收入减去股权投资成本之差,计入当期会计利润,计算缴纳企业所得税。

私募股权投资基金公司缴纳所得税后,将其税后利润向其法人股东分配,可以按照《企业所得税法》第二十六条规定,视为居民企业之间直接投资取得的权益性收益,其法人股东对此免征企业所得税。将其税后未分配利润向个人股东分配,应按"利息、股息、红利所得"项目和20%税率,扣缴个人所得税。

私募股权投资基金公司的法人股东转让股权(基金份额)时,其法人股东按财产转让收益,并入应纳税所得额计算企业所得税;如为亏损,可以计算投资损失,从应纳税所得额中扣除。其个人股东转让股权(基金份额)盈利的,应按"财产转让所得"项目和20%税率,计算缴纳个人所得税;对个人股东转让股权(基金份额)亏损的,不征个税;由于"财产转让所得"在现行《个人所得税法》中属于分类所得项目,其投资亏损,暂不能从其他应税收入中扣减。

2. 契约型私募股权投资基金

实践中,私募股权投资基金较少采用"契约型"。主要原因:一是管理人如属于证券公司子公司、基金公司子公司等,其契约型基金可以采取公募方式,一般不采用私募方式。二是对投资人而言,其选择公司制、合伙制私募股权基金方式都是有形的,其本人可以当股东、合伙人,在心理上知道资金的安全性;而投资契约型私募基金,这是没有机构的,只是一纸契约、一个信托账号,投资人缺乏安全感。这不同于公募契约型基金,公募契约型基金是有官方审批背书的。

另根据前述《私募投资基金监督管理暂行办法》第二条规定,"非公开募集资金,以进行投资活动为目的设立的公司或者合伙企业……",此处只提出非公开募集基金的载体是公司、合伙企业,未提及契约型。

契约型私募股权投资基金的运作方式与信托型投资产品、公募基金较为相似,即通过信托协议或基金合同的形式设立,由基金管理人负责投资,基金资金由托管人托管,投资者可按信托协议对基金经理的管理行为进行监督，但不能干预其投资决策。也就是说，契约型私募股权基金在形式上只是由管理人负责一笔钱，在银行或托管机构开一个账号，资金的进出、投资及退出均通过该账号。契约型基金结构简单、运作效率高，不具有独立法人资格，本身不构成所得税应税主体，在设立、运作和解散等程序上比较方便，但存在投资者和管理人信息不对称问题。

所得税方面。契约型私募股权投资基金没有实体机构，不属于企业所得税纳税人。其投资人为法人企业的，其从管理人手中取得投资收益，并入其会计利润，此为税前会计利润，依法缴纳企业所得税。其投资人为个人的，其取得的收益相当于信托收益，按《个人所得税法》规定精神，至少应按"利息、股息、红利所得"或"财产转让所得"，缴纳一道20%的个人所得税。目前，此项个税征收情况不理想，对其征税问题，建议以财政部、税务总局政策文件为准。

3.合伙制私募股权投资基金

合伙制私募股权投资基金，是在市场监管部门领取"合伙企业"营业执照，其本质上是合伙企业，其发起人、管理人为普通合伙人，投资者为有限合伙人。

实践中，普通合伙人一般由有专业管理能力的基金管理公司或有限合伙企业担任，由其派出的管理团队行使对基金的管理权；投资者通过认购基金份额加入基金，成为有限合伙人。合伙协议往往由普通合伙人先行起草，在募资过程中，有限合伙人可与普通合伙人谈判进行有限度的修订。之后，通过合伙协议，有限合伙人将基金托付给普通合伙人管理运作，普通合伙人既是出资者，又是有限合伙人或投资者选择的职业经理人。实际上，投资者选择合伙制私募股权投资基金，并非仅看中其有限责任，更多的是对普通合伙人能力、以往业绩和品行的认可。

对合伙制私募股权投资基金的所得税问题，将在本章第二节介绍。

（四）私募基金的发展情况

据中国证券基金业协会官网所载《私募基金管理人登记及产品备案月报》（2025年2月），截至2025年2月末，存续私募基金管理人20 007家，管理基金数量143 182只，管理基金规模19.93万亿元。其中，私募证券投资基金管理人7 893家；私募股权、创业投资基金管理人11 916家；私募资产配置类管理人6家；其他私募投资基金管理人192家。

在上述143 182只私募基金中，存续私募证券投资基金86 708只，存续规模5.24万亿元；存续私募股权投资基金30 148只，存续规模10.95万亿元；存续创业投资基金25 441只，存续规模3.38万亿元。

二、为合伙制私募股权投资基金"画一张像"

合伙制私募股权投资基金在底层逻辑上是一个有限合伙企业，为给其"画像"，笔者提炼出合伙制私募股权投资基金的"十三大特色"：

（一）严格限定非公开募集

这是区别"私募"与"公募"的重要特色。《私募投资基金监督管理暂行办法》对"私募方式"严格规定：

> 第十四条 私募基金管理人、私募基金销售机构不得向合格投资者之外的单位和个人募集资金，不得通过报刊、电台、电视、互联网等公众传播媒体或者讲座、报告会、分析会和布告、传单、手机短信、微信、博客和电子邮件等方式，向不特定对象宣传推介。
>
> 第十九条 投资者应当确保投资资金来源合法，不得非法汇集他人资金投资私募基金。

（二）只接受现金出资，不接受非货币出资，也无劳务出资

从制度上看，一般合伙企业允许合伙人以现金、非货币性资产出资，允许普通合伙人以"劳务"出资。前已述及，"劳务"出资较为麻烦，需要评估并经其他合伙人同意，"劳务"是与普通合伙人绑定的特殊能力，难以割舍，难以评估定价，难以入账，难以入资产负债表，至多属于普通合伙人参与利润分配的依据。为节约资金，普通合伙人可能根据投资项目的资金需求，约定有限合伙人的投资数额、投资期限、投资批次、投资进度。

对合伙制私募股权基金而言，其直接向被投资企业"投钱"，不接受非货币出资，普通合伙人也懒得用"劳务"出资。普通合伙人在募资时起草的合伙协议，直接"赤裸裸"地约定了普通合伙人、有限合伙人的出资及利益分配方法，同时，即使在私募基金盈利之前，普通合伙人也可以拿"管理报酬"，懒得用"劳务"出资来当"遮羞布"。

（三）对有限合伙人进行限定，其需为合格投资者

合格投资者制度是一种准入门槛，是投资者进入私募股权基金行业应当具备的特殊民事行为能力，是建立合伙关系的一种特殊要求，要求其具备一定契约履约能力。同时，合伙制私募股权基金涉及大规模的资金募集和流动，是高风险行业，投资者要具备相应的风险判断及承担能力，"赔钱"后不会"跳楼"。

2018年，中国人民银行、原银保监会、证监会、国家外管局印发《关于规范金融机构资产管理业务的指导意见》（以下简称《资管新规》），明确了资管业务中合格投资者的标准。现将《资管新规》与《私募投资基金监督管理暂行办法》（以下简称《暂行办法》）有关合格投资者的标准对比如表11-1所示。

表11-1 《资管新规》与《暂行办法》中合格投资者的标准对比

主要方面	相关类别	《资管新规》中的合格投资者标准	《暂行办法》中的合格投资者标准
风险能力		具备相应风险识别能力和风险承担能力	具备相应风险识别能力和风险承担能力
投资金额	固定收益类	30万元	100万元
	混合类	40万元	
	权益类	100万元	
	商品及金融衍生品类	100万元	

续表

主要方面	相关类别	《资管新规》中的合格投资者标准	《暂行办法》中的合格投资者标准
资产规模与投资经历	个人	具有2年以上投资经历	无
		家庭金融净资产不低于300万元	个人金融资产不低于300万元
		家庭金融资产不低于500万元	
		近3年本人年均收入不低于40万元	最近三年个人年均收入不低于50万元
	单位	最近1年末净资产不低于1 000万元	净资产不低于1 000万元
	其他	金融管理部门视为合格投资者的其他情形	（一）社会保障基金、企业年金等养老基金，慈善基金等社会公益基金；（二）依法设立并在基金业协会备案的投资计划；（三）投资于所管理私募基金的私募基金管理人及其从业人员

私募股权基金的有限合伙人，大多为个人，其短期性、投机性强，缺乏私募基金所需的长期性、稳定性，一旦市场环境发生变化，这些个人投资者都急于脱身，影响基金的后续募集和基金治理的稳定。

（四）基本上无负债经营

合伙制私募股权投资基金基本上限制负债经营。一方面，从有限合伙人角度看，其在私募基金中"出钱多"，意味着"责任大"，一般在合伙协议中有专门限制普通合伙人举债的条款；另一方面，从普通合伙人角度看，其在募资阶段对整个投资项目的资金需求已作统筹安排，"大钱"都是有限合伙人的，如发生追加资金的情形，可以与有限合伙人商量增资，没有必要举债，其私下举债发生的风险，有限合伙人不一定"认账"。

（五）不承诺保本收益

2018年，《资管新规》对"刚性兑付"按下"暂停键"。其实早在2014年，《暂行办法》就规定：

第十五条　私募基金管理人、私募基金销售机构不得向投资者承诺投资本金不受损失或者承诺最低收益。

不允许承诺保本保收益的主要考虑：

其一，私募股权投资基金本身是一个高收益、高风险、透明度低、封闭运行的行业，收益与风险是对等的，这也是正常的市场规则。有限合伙人既然敢于涉足私募股权投资基金，出现亏损也属正常现象，其应勇于为本人的选择"买单"。

其二，保本保收益意味着风险都由普通合伙人"背锅"。一方面对普通合伙人不公平；另一方面，保本保收益会激发有限合伙人单纯追求投资短期化、高收益率，形成对普通合伙人的"事实绑架"。从长远看，私募股权投资基金是"能人"+"富人"的合作，如果"能人"赚不到钱，也将影响"富人"赚钱的可持续性。

其三，保本保收益将增大金融风险。一方面，如仅从一单私募股权投资基金来看，问题似乎不大，但如对此不加限制，就会形成行业惯例，出现在募资阶段有限合伙人对普通合伙人"要挟"的情形；但在退出阶段，如果真亏损了，也只能"耍赖"，反而破坏规则。另一方面，私募股权投资基金有限合伙人的资金，其实有些通过资管产品、银行理财、信托等渠道，实际来源于金融机构，有些普通合伙人也可能是金融机构的"白手套"，不利于控制金融风险。

（六）投资对象为未上市企业的股权等

私募股权基金主要投资于未上市企业的股权、可转换债券等。对企业上市之前的所有股权投资，如可转换债券、优先股等，均属于股权投资范畴。企业一旦上市，就属于投资二级市场上的股票，属于金融商品范畴了。

（七）预设存续期

合伙制私募股权投资基金一般均预设存续期间。存续期长短，主要取决于被投资项目的培养、发展、成熟，这一过程也是基金的资金投入、管理、退出的过程。

按照被投资企业的不同发展阶段，私募股权投资基金可以分为：

其一，创业投资基金。私募基金在企业的初创期就开始投资，又称天使轮投资，主要卖点是"投早、投小、投科技、投创新"，由于在企业初创期投资，是风险最高、收益最大的投资阶段。国家对创业投资给予相应税收支持政策，对此将在本章第三节介绍。

其二，风险投资基金。企业成立3至5年后，往往是最困难、最无助的阶段。一方面，前期投资已基本花完，此时的产品、研发、市场、商业模式等还没看到希望，一旦断血，就只能关门解散，留下"一地鸡毛"；此时若有新的投资人注入资金，尚可"苟延残喘"，至于最终能否成功，答案是"不知道"。此时真正考察的是私募投资基金管理人的战略眼光和格局，很多互联网企业都是在此期间持续得到有眼光的资本大鳄的青睐的，如京东在上市之前先后得到A、B、C、D、E、F六轮融资，滴滴从2012年成立，至2021年上市之前融资23轮。对被投资企业而言，这个阶段是极其痛苦的，没有收入来源、没有利润，一直都在花各种投资人的钱，"创始人"股东就靠给投资人不断地描绘"蓝图""骗点钱"维持运转。私募基金对这一阶段的投资均属于风险投资。

其三，上市前投资基金。一家企业经过此前多轮投资者大量资金的"血祭"，经过多次试错，其研发、产品、服务、商业模式等在某一方面取得成功，能够"保本"经营了，逐步盈利了，能持续盈利就看到了上市的希望。从盈利到上市还有一个相对坎坷的历程。

主板上市条件：

根据《关于修改〈首次公开发行股票并上市管理办法〉的决定》（证监会令第173号）规定，股份有限公司申请股票上市，在主体资格、规范运行、财务与会计等方面都需符合相应条件。其中，在财务指标上应当符合下列条件：

（一）最近3个会计年度净利润均为正数且累计超过人民币3 000万元，净利润以扣除非经常性损益前后较低者为计算依据；

（二）最近3个会计年度经营活动产生的现金流量净额累计超过人民币5 000万元；或者最近3个会计年度营业收入累计超过人民币3亿元；

（三）发行前股本总额不少于人民币3 000万元；

（四）最近一期末无形资产（扣除土地使用权、水面养殖权和采矿权等后）占净资产的比例不高于20%；

（五）最近一期末不存在未弥补亏损。

创业板上市条件：

根据《首次公开发行股票并在创业板上市管理办法》（证监会令第99号）规定，发行人申请首次公开发行股票并在创业板上市应当符合下列条件：

（一）发行人是依法设立且持续经营三年以上的股份有限公司。有限责任公司按原账面净资产值折股整体变更为股份有限公司的，持续经营时间可以从有限责任公司成立之日起计算；

（二）最近两年连续盈利，最近两年净利润累计不少于一千万元；或者最近一年盈利，最近一年营业收入不少于五千万元。净利润以扣除非经常性损益前后孰低者为计算依据；

（三）最近一期末净资产不少于二千万元，且不存在未弥补亏损；

（四）发行后股本总额不少于三千万元。

客观而言，在该阶段，企业老板融资时"腰杆硬了"，不似在风险投资阶段那样"低声下气"。这一阶段的投资者主要是财务投资人，是来准备赚钱的，与前面的风险投资不同。此时，是原创股东、风险投资人等对新进入财务投资人的一个"盘剥"过程，例如，新的财务投资人的出资额为5亿元，进入实收资本的只有1亿元，剩余4亿元属于"做贡献"，归属于所有股东，这也是对前期投资者的补偿。

当然，企业上市后，这些股东所持股票均为限售股，达到解禁条件后，并不是立刻就能减持套现，还要按照《公司法》《证券法》，以及证监会、证券交易所规定，每年减持股票不超过所持股票的25%。

此外，2024年5月起，《上市公司股东减持股份管理暂行办法》（证监会令第224号）明确了上市公司大股东、实控人等减持股票的规定，相关条款较多，在此摘录2条如下：

第七条　存在下列情形之一的，大股东不得减持本公司股份：

（一）该股东因涉嫌与本上市公司有关的证券期货违法犯罪，被中国证监会立案调查或者被司法机关立案侦查，或者被行政处罚、判处刑罚未满六个月的；

（二）该股东因涉及与本上市公司有关的违法违规，被证券交易所公开谴责未满三个月的；

（三）该股东因涉及证券期货违法，被中国证监会行政处罚，尚未足额缴纳罚没款的，但法律、行政法规另有规定，或者减持资金用于缴纳罚没款的除外；

（四）中国证监会规定的其他情形。

第八条　存在下列情形之一的，上市公司控股股东、实际控制人不得减持本公司股份：

（一）上市公司因涉嫌证券期货违法犯罪，被中国证监会立案调查或者被司法机关立案侦查，或者被行政处罚、判处刑罚未满六个月的；

（二）上市公司被证券交易所公开谴责未满三个月的；

（三）上市公司可能触及重大违法强制退市情形，在证券交易所规定的限制转让期限内的；

（四）中国证监会规定的其他情形。

（八）设立私募股权投资基金不需审批，需向中国证券投资基金业协会备案

《暂行办法》规定：

第五条　中国证监会及其派出机构依照《证券投资基金法》、本办法和中国证监会的其他有关规定，对私募基金业务活动实施监督管理。

设立私募基金管理机构和发行私募基金不设行政审批，允许各类发行主体在依法合规的基础上，向累计不超过法律规定数量的投资者发行私募基金。建立健全私募基金发行监管制度，切实强化事中事后监管，依法严厉打击以私募基金为名的各类非法集资活动。

……

第七条　各类私募基金管理人应当根据基金业协会的规定，向基金业协会申请登记，报送以下基本信息：（略）

基金业协会应当在私募基金管理人登记材料齐备后的20个工作日内，通过网站公告私募基金管理人名单及其基本情况的方式，为私募基金管理人办结登记手续。

第八条　各类私募基金募集完毕，私募基金管理人应当根据基金业协会的规定，办理基金备案手续，报送以下基本信息：（略）

基金业协会应当在私募基金备案材料齐备后的20个工作日内，通过网站公告私募基金名单及其基本情况的方式，为私募基金办结备案手续。

第九条　**基金业协会为私募基金管理人和私募基金办理登记备案不构成对私募基金管理人投资能力、持续合规情况的认可；不作为对基金财产安全的保证。**

第十条　私募基金管理人依法解散、被依法撤销或者被依法宣告破产的，其法定代表人或者普通合伙人应当在20个工作日内向基金业协会报告，基金业协会应当及时注销基金管理人登记并通过网站公告。

（九）普通合伙人"变形记"

合伙制私募股权基金的外壳和内核都是一个有限合伙企业，按照《合伙企业法》的立法本意，普通合伙人应当承担"无限+连带"责任。但合伙制私募股权投资基金的普通合伙人，出现了"变形"。

1.变形之一：大多数合伙制私募股权基金的普通合伙人不是个人，而是有限公司或有限合伙企业，导致无限责任"悬空"

《合伙企业法》让普通合伙人承担"无限+连带"责任的初衷，是让其忠诚勤勉、尽责履职，否则将赔上"身家性命"。大多数合伙制私募基金的普通合伙人并不是个人，而是专业化的投资公司或有限合伙企业。根据《公司法》规定，有限公司的股东对公司债权承担的是"有限责任"，从逻辑上变成让"有限责任"的主体承担"无限+连带"责任，"打"了《合伙企业法》让普通合伙人承担无限责任的"脸"。

2.变形之二：有限合伙人与普通合伙人之间出现"两层委托代理"关系

合伙制私募股权投资基金是"能人"+"富人"组合，是有限合伙人委托普通合伙人投资理财的关系，这是第一层委托代理。实践中，由于普通合伙人是有限责任公司或有限合伙企业，普通合伙人派出其管理团队作为私募基金的管理人，但管理团队是自然人，这是第二层委托代理。其受雇并忠于普通合伙人，其与有限合伙人并无契约关系，当其自身利益、普通合伙人的利益与有限合伙人发生冲突时，其不会全面维护有限合伙人的利益。

3.变形之三：同一普通合伙人（有限公司或有限合伙企业）的同一管理团队，同时管理多个合伙制私募股权投资基金，不符合"竞业禁止"要求，难以平衡多个基金之间的利益

《合伙企业法》第三十二条规定，"合伙人不得自营或者同他人合作经营与本合伙企业相竞争的业务"，这是普通合伙人忠诚勤勉、尽责履职的逻辑根基。同一管理团队同时运作多只策略一致或投向一致的基金，各只基金的募、投、管、退很难做到相互独立，实践中容易出现分期募集、联合投资、借新还旧、相互接盘等问题，基金财产独立性原则和投资人利益至上原则受到挑战。

（十）投资决策机制——设立投资决策委员会和投资顾问委员会

一只私募股权基金投资成功的关键，很大程度上取决于私募股权基金及其管理人是否有慧眼，能否在茫茫大海中发现有发展前景的投资项目！这种专业技能是一种专业知识与实践经验的综合体，包括基金设立、管理团队的构建、甄选投资项目、对项目尽职调查、与被投资企业谈判、对投资项目决策、投后跟踪管理、项目退出等方面。在有限公司（或有限合伙企业）担任普通合伙人时，通常组建专业团队行使对基金的管理权，团队中包括有产业背景、金融背景、法律以及财务背景的专业人员。

为优化投资决策机制，有的私募基金设立投资决策委员会、投资顾问委员会。笔者整理了二者的对比表，具体如表11-2所示。

表11-2　　　　投资决策委员会和投资顾问委员会的对比

项目	投资决策委员会	投资顾问委员会
组织构成	普通合伙人为更好更科学对基金投资事项进行决策，防范投资风险而设立的组织，其成员不仅仅局限于普通合伙人，也可以包括相关的专家，甚至有限合伙人委派的代表	合伙人会议的常设机构，其组成人员实行代表制，一般由有限合伙人协商或公开选举确定，而非全部有限合伙人参加。有的也吸收个别普通合伙人代表参加
对投资项目的决策	私募股权基金投资的最高决策机构，对基金投资项目有决策权	无权对基金项目投资进行决策，主要是建议权、监督权
主要关注点	主要关注基金的项目投资和退出等事宜	除关注基金的项目投资和退出外，还关注基金日常管理等事务

（十一）特殊的利益分配机制

实践中，合伙制私募股权基金的盈利分配机制，既不同于公司制依股权比例分配，也不同于普通合伙制按合伙协议约定分配，而是采取相对固定的分配办法，如"二八比例"或"三七比例"，这一分配方法意在促使有限合伙人和普通合伙人在收益与风险、责任与权利之间相对平衡。对普通合伙人而言,其管理运作基金可以获得远超过其出资比例的盈利分配,享受超额收益;有限合伙人不具体负责合伙事务,能相对轻松获得高收益,达到"双赢"。

根据行业惯例,普通合伙人一般认缴基金总额的1%至2%,但却获得23%左右的收益。其收益包括两部分:一是收取固定管理费用,收取比例为基金总额的1.5%至3%。二是固定比例的业绩报酬,通常是投资收益的20%左右。有限合伙人分享大约剩余75%的投资收益。实践中,有的有限合伙人根据其出资额的不同,进一步分为优先级与劣后级合伙人,基金收益先保证优先级有限合伙人相对固定、相对较低的投资收益;如有剩余收益,再由劣后级有限合伙人分享,但有亏损也由劣后有限合伙人分担。

(十二)普通合伙人的"跟投"制度

据了解,私募股权基金中有"跟投"的,大概占比34%。先看一下普通合伙人"跟投"制度的流程图(见图11-1)。

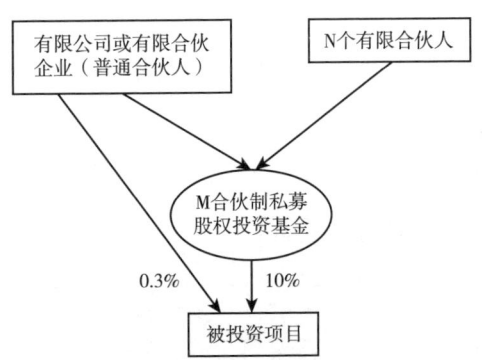

图11-1 合伙制私募股权投资基金普通合伙人跟投制度流程

图11-1中,普通合伙人除通过合伙制私募股权投资基金投资之外,另行以自有资金对被投资项目跟随投资,此即"跟投"制度。

"跟投"制度本意是普通合伙人为降低代理成本,要求或允许其派出的管理人员或项目经理对所负责项目,跟随基金共同投资,将普通合伙人的利益与相关管理人员或项目经营进行利益绑定,防止其代理风险和道德风险、控制、降低管理人员的流动风险。实践中，有限合伙人也通过跟投制度，跟随基金对拟投资项目投资，以期获得超额收益。

"跟投"机制是普通合伙人对其管理团队的一种约束、激励机制，是普通合伙人解决其内部委托代理问题的一个有效手段。一方面，普通合伙人能够对其派出的核心团队人员进行约束激励，促使这些人员谨慎对待基金项目投资和风险控制；另一方面，有限合伙人借助跟投制度，有效约束普通合伙人的失范行为，促使其勤勉尽责。但是，"跟投"价格有可能比基金的要低，这是一种利益侵占；另外，投资退出时，"跟投"人可能利用信息差，提前退出获利。

（十三）母基金——搭建多层合伙嵌套架构

母基金又称"基金的基金"，FOF基金，其与私募股权基金多层合伙嵌套架构是"同一事实之两个不同概念"。前者定位于基金投资对象，基金一般直接向被投资项目进行股权投资，母基金不直接向被投资项目投资，而是设立子基金，其向子基金投资，之后再由子基金投资于具体投资项目，母基金是"间接"投资于被投资项目。从纵向来看，实际上就是搭建了一个两层嵌套的合伙企业投资架构。后者所称多层合伙嵌套架构，是从基金投资的组织架构而言的，实际上也是母基金与子基金之间的投资关系。如图11-2所示。

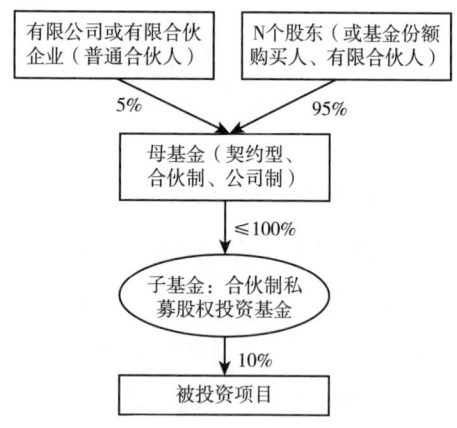

图11-2　简单的母子基金、多层嵌套合伙私募基金架构

图11-2可以进一步扩容，母基金可以同时投资多个子基金，形成较为复杂的多层合伙嵌套架构。如图11-3所示。

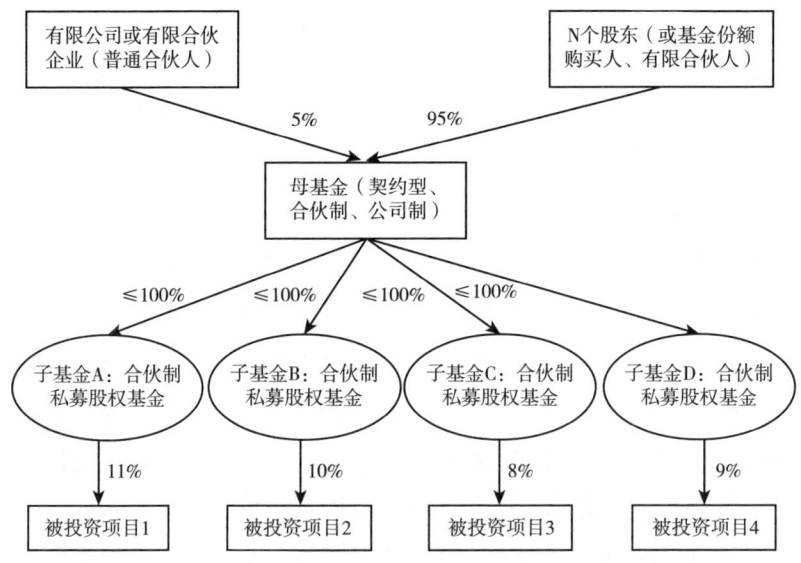

图11-3　复杂的母子基金、多层嵌套合伙私募基金架构

实践中，有的母基金对子基金纵向搭建2层以上的多层合伙嵌套架构，如设置3至5层的合伙嵌套架构。主要原因：

其一，绕过行业监管部门的监管。有些商业模式、合伙架构的搭建，属于"无效违规创新"，其主要目标是绕开行业主管部门的监管。例如，在中央对房地产业宏观调控时，禁止银行向房地产企业贷款，有些银行等金融机构为了赚钱，通过推出资管产品、信托计划等多种方式为房地产行业输血。

其二，违规享受某些市县区地方政府、招商园区的财政奖励、税收返还、核定征税等税收优惠"土政策"。在上述母子基金的多层嵌套架构中，母基金、子基金都属于从事"非生产经营业务"的轻资产合伙企业，通过在多省市搭建多层合伙嵌套的架构，以"打游击"方式享受各地市县区的税收"土政策"。

其三，从投资人角度看，其购买母基金的基金份额，或成为母基金的有限合伙人后，母基金会根据投资人的投资方向、投资风险、投资收益率、投资行业等多种选择,将其资金投入不同的子基金,满足不同投资人的目标需求。

在上述母子基金多层嵌套的架构中,母基金一般充当子基金的有限合伙人,较少担当普通合伙人,由于母基金在子基金中占有较大份额,在较大程度上能够影响子基金的具体投资的"募、投、管、退",实现对基金运营的控制。

需要说明的是,有些产业投资基金(政府基金)是以母基金形式参与合伙制私募基金投资,这些产业投资基金一般为政府财政出资搭建的基金,其投资标的为未上市公司股权,主要目的是通过整合目标公司资源以及培养目标公司,使其资本增值或者满足证券交易所上市条件,最终通过股权的转让、回购或者减持等方式实现退出和收益。其往往采用有限合伙企业形式,其合伙人包括合伙人A公司、B产业投资基金,以及C公司。名义上,A公司作为发起人设立该股权投资基金,且作为普通合伙人管理基金企业投资事务和日常事务;而B产业投资基金和C公司则作为有限合伙人;B产业投资基金作为股权投资基金的母基金。产业投资基金主要负责推荐目标公司、出资,以及与有关政府部门的对接等工作。

在我国私募股权基金发展过程中,一度出现"全民私募"狂热,既有民间资本介入私募基金的发展,也有政府产业引导基金、国有企业资金、银行理财产品、证券公司资管产品、信托公司的信托计划等,通过多种方式介入私募股权投资领域,有的在其中发挥具体投资管理工作,有的只是一个"通道"业务。对此,笔者将在本章第二节结合所得税政策一并讲述。

第二节　合伙制私募股权投资基金的所得税问题

本节在第二篇(第二章至第八章)、第十章等有关合伙企业所得税问题基础上,专项介绍合伙制私募股权投资基金涉及的特色所得税规定;第三节介绍创业投资合伙企业(合伙制创投基金)所得税问题。

一、多层嵌套合伙私募股权投资基金（母子基金）架构的所得税问题

（一）母子基金、多层嵌套合伙私募基金架构的所得税问题

以本章第一节图11-3"复杂的母子基金、多层嵌套合伙私募基金架构图"为例说明如下：

该图中，子基金A是一家合伙制私募股权投资基金，往下看，对被投资项目1的持股比例为11%，表明还有其他股东，此处只介绍子基金A条线的所得税问题。往上看，其母基金有可能是公司制、契约型基金，本章第一节已介绍公司制、契约型基金的合伙人缴纳所得税问题，不再赘述；本节介绍母基金为合伙制基金的纳税情况。

实践中，母基金及其普通合伙人、有限合伙人，子基金A、被投资项目1，有可能不在同一省市，分别受当地主管税务局管辖。被投资项目1为一家有限责任公司或股份公司，可能有拟上市的考虑。

子基金A从被投资项目1获得的收益包括两种：一是股息、利息类收益；二是股权转让所得。对于股息、利息类收益，如子基金A是单层基金，其合伙人直接为个人或法人企业，对个人合伙人对应股息、利息类收益，可按"利息、股息、红利所得"和20%税率，在子基金A所在地缴纳个人所得税。但本案例属于多层合伙嵌套的私募基金，子基金A不能将股息、利息类收益向上层母基金"穿透"，应全部作为子基金A层面的利润；对子基金A转让被投资项目1股权的股权转让价差，亦属于子基金A层面的利润。子基金A层面利润总额，经过纳税调整，核算出应纳税所得额，按照"先分后税"规则，向上层母基金、其他合伙人"先分"应纳税所得额。

母基金作为子基金A的普通合伙人或者有限合伙人，其从子基金A"先分"的应纳税所得额，为母基金层次应纳税所得额的一部分，其同时还从子基金B、C、D处"先分"应纳税所得额。为减少母基金的风险，母基金一般为"空壳企业"。如果母基金无其他业务，其从子基金A、B、C、D"先分"的应纳税所得额之和，即为母基金的应纳税所得额。如果母基金有其他业务，其业务盈利、亏损，可与其从子基金A、B、C、D"先分"

的应纳税所得额合并算税。

之后,母基金的法人合伙人、个人合伙人,再按照从母基金"先分"的应纳税所得额,分别计算缴纳企业所得税、个人所得税。

(二)银行理财产品、资管产品、信托计划等参与合伙制私募股权投资基金的所得税问题

本节图11-4至图11-8共5张合伙企业架构图,均来源于陈翔博士所著《私募合伙人:有限合伙私募股权基金治理》(法律出版社)一书,特此致谢。

1.定增企业差补平层模式

该模式由银行理财产品参与证券子公司或基金子公司的资管计划投资,之后由资管计划作为有限合伙人出资有限合伙企业。当然,资管计划的发起人团队为有限合伙企业的普通合伙人,再投资于单一资金信托,由资金信托出面参与上市公司股票的定向增发业务。上市公司的实控人、大股东等为保证定向增发成功,对有限合伙企业取得的收益低于某固定收益率的,给予适当补偿。如图11-4所示。

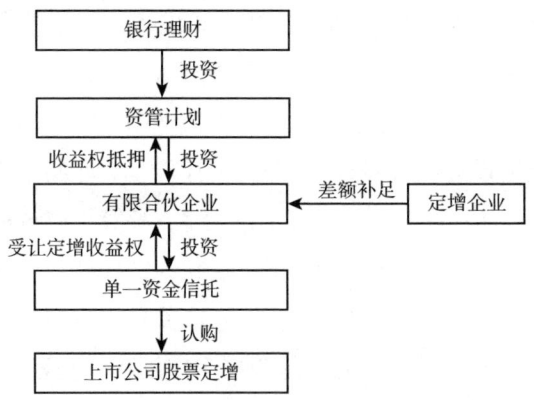

图11-4 定增企业差补平层模式

图11-4中,单一资金信托是一个契约型投资架构,不属于《企业所得税法》规定的"组织",不属于企业所得税纳税人,其所得税实际上也执行"先分后税",只不过其按出资比例分配利润,而不是像合伙企业一

样约定分配比例。资管计划一般为有限合伙企业的有限合伙人,其按约定分配比例"先分"应纳税所得额(在此架构下,有限合伙企业一般实时分配,不留存利润);银行理财通过资管计划获取的收益,按照银行理财产品合同约定,向银行理财产品的投资人返还本金和收益。对投资人为法人企业的,应将此项收益并入应纳税所得额,缴纳企业所得税;对投资人为个人的,按《个人所得税法》精神,应按"利息、股息、红利所得"项目和20%税率,扣缴个人所得税。目前,银行理财产品投资者的个人所得税扣缴情况不理想,此后,如财政部、税务总局发文要求征税,应按规定处理。

2. 上市公司市值管理模式

该模式由上市公司控股股东发起,目标是进行上市公司市值管理,避免上市公司股价大幅波动。对上市公司而言,其股价稳定是公司形象的一种表现,有利于稳定潜在投资人信心,促进公司正常经营和市场稳定,有利于降低公司再融资成本。如图11-5所示。

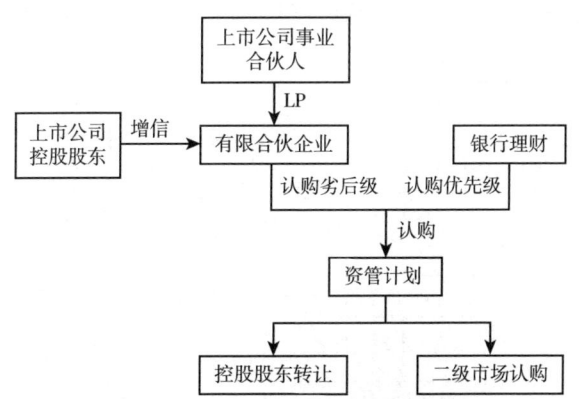

图11-5　上市公司市值管理模式

图11-5中,有限合伙企业与上市公司控股股东、上市公司事业合伙人(属于上市公司的第三方)有"千丝万缕"的联系,一个向其借钱增信(不能直接投资,否则涉嫌违规),另一个直接充当有限合伙人。在此说明,在这个有限合伙企业中,上市公司事业合伙人尽管为有限合伙人,但其可以通过投资决策委员会、投资顾问委员会等影响有限合伙企业的投资决策。有限合伙企业在资管计划中充当劣后投资人,银行理财产品充当优

先投资人，对于资管计划取得的收益，银行理财产品先拿一个相对稳定、不太高的收益率（银行理财产品都是投资人的钱，不敢追求过高收益，不敢承担更高风险），之后再由有限合伙企业"拿大头"或进行"兜底"。如果投资不成功，要优先保证银行理财产品的优先利益。

在该架构中，上市公司事业合伙人属于合伙企业的有限合伙人，其一般为法人企业，从有限合伙企业中取得的收益，按规定缴纳企业所得税。上市公司实控股东向有限合伙企业借钱，可以收取利息，依法缴纳企业所得税或个人所得税；有限合伙企业向上市公司实控股东支付的利息，可以在核算合伙企业层面应纳税所得额时扣除。

3. Pre-IPO模式

该模式主要是银行发行理财产品，由理财产品投资于资管计划，与融资人（银行向融资人贷款增信）共同设立有限合伙企业，投资于拟上市公司。按照证监会规定，资管产品等不能作为拟上市公司股东，否则不允许上市，只能"绕开"相关规定，通过有限合伙企业间接持股。如图11-6所示。

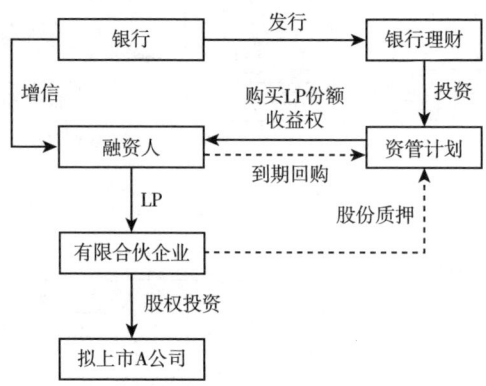

图11-6 Pre-IPO模式

图11-6中，融资人设立的有限合伙企业，根据目前证监会口径，可以认定为员工持股平台，可以不办理私募基金产品备案手续，因此，该有限合伙属于普通的工商企业，不是私募基金产品。

融资人如为上市公司员工，其通过有限合伙企业（股权激励平台、员工持股平台）进行股权激励或员工持股。如其通过有限合伙企业低价购买本公司股票,应按股权激励相关规定,按照综合所得项目单独计算个人所得税,不需与当年正常工资薪金所得合并办理汇算清缴。如其以税后收入搭建有限合伙企业持股平台,则可以不按工资薪金所得征税,而是按照合伙企业"有限合伙人"身份"先分后税",按经营所得计算缴纳个人所得税。对银行理财产品投资人的所得税问题,与上述"1.定增企业差补平层模式"相同,不再赘述。

4. 上市公司并购杠杆融资模式

该模式是银行理财产品、基金公司等参与并购基金,收购某些股价较低或业绩不太好的上市公司的股票;待取得控制权后,再对上市公司重组整合管理,待上市公司业绩提升之后,再出售股票获利,即"银行理财+基金子公司资管+并购基金"架构(见图11-7)。

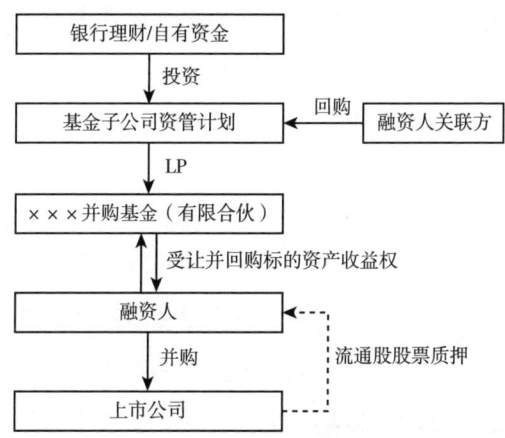

图11-7 上市公司并购杠杆融资模式

该业务相当于证券公司、基金公司、银行的投资银行业务,并购基金并不是直接收购上市公司股票。本案例中,并购基金作为有限合伙企业,资管计划、银行理财产品都属于"通道",其本身并无机构和人员,不属于《企业所得税法》所称企业或"组织",不属于企业所得税的纳税义务人,不对其直接征收所得税,将其利润按照约定向投资人"先分"。对银行理财产品投资人的所得税问题,与上述"1.定增企业差补平层模式"相同,不再赘述。

二、普通合伙人、有限合伙人涉及的所得税问题

（一）普通合伙人的所得税问题

1.普通合伙人为有限合伙企业、有限公司

合伙制私募股权基金的普通合伙人，大多为有限公司或有限合伙企业，不论基金投资盈亏，均可按基金净值提取1.5%至3%的管理报酬，此外，还能再与其他有限合伙人一起，分享20%左右的附带收益。

如果上述普通合伙人直接从合伙私募股权基金中取得管理报酬，此时，合伙私募股权基金还没有利润，其支出的管理报酬作为一项成本费用计入当期利润表，此时还不能算"先分"利润，因为还没有利润。合伙私募股权基金支付的管理报酬，可以税前扣除，在其无利润的情况下，先形成亏损，在5年内弥补。这在核算效果上，与"先分利润"是近似的，即先形成负利润，之后年度弥补亏损后再"先分"。

对普通合伙人而言，其在私募基金亏损情况下收取的管理报酬，不会返还私募基金，也不会抵顶以后"应分"利润，确实属于普通合伙人（有限合伙企业、有限公司）的一笔收入，应并入其利润，按照"先分后税"规则处理有关所得税问题（如其为有限公司，直接核算有限公司的应纳税所得额，缴纳企业所得税）。对普通合伙人取得的附带收益，属于私募股权基金"先分"的应纳税所得额，视为普通合伙人（有限合伙企业、有限公司）的收入，正常处理其所得税问题。笔者曾碰到一个案例，税务局在核查某合伙私募股权基金所得税问题时，该合伙企业未将利润向普通合伙人"先分"，只在有限合伙人之间"先分"，税务局要求私募基金对此调整，要求该普通合伙人必须也"先分"一块利润。笔者认为，如果该普通合伙人在某一年度获取了管理报酬，暂时还没到拿附带权益的时候，不必勉强，只要各个合伙人"先分"利润合计占比达到100%即可，国家税收没流失，无须大惊小怪。

2.普通合伙人为个人

笔者出于逻辑完整角度对此简要表述,实际上,在合伙制私募股权基金中,基本没有个人担当普通合伙人的。假如个人普通合伙人取得管理报酬,只要其属于合伙人身份,对其取得的管理报酬、附带收益等,就按经营所得项目,适用5%至35%超额累进税率,计算个人所得税。

(二)有限合伙人的所得税问题

有限合伙人中可能包括劣后级合伙人、优先级合伙人,一般而言,劣后合伙人都是资金实力较强,或者与普通合伙人有"千丝万缕"关联的投资者,其在私募基金收益不佳的情况下,有收益先向优先级合伙人分配,发挥"兜底担保"功能。在收益较多的时候,先向优先级合伙人分配,后由其与普通合伙人等获取剩余"大头"。在此过程中,优先级合伙人多为人民群众的投资,"亏不起,只能赢",多享受相对固定、盈利率略低的收益。如其为法人合伙人,应按规定缴纳企业所得税;如其为个人合伙人,按经营所得项目,适用5%至35%超额累进税率,计算个人所得税。

(三)有时普通合伙人、劣后级有限合伙人属于"关联方",劣后级有限合伙人与普通合伙人一并管理私募基金

个别有限合伙人会同普通合伙人参与私募股权基金管理,不符合《合伙企业法》规定,但劣后级有限合伙人在私募基金中出钱占"大头",或者其与普通合伙人"本来就是一家人"。如图11-8所示。

图11-8中,普通合伙人是一个空壳企业,并未从私募基金中取得管理报酬,管理顾问费从普通合伙人中列支,未在私募基金层面扣除。本案例中,私募股权基金的合伙人均为合伙企业,属于多层嵌套的合伙企业架构,底层私募基金的应纳税所得额,只能"先分"到上层合伙人(合伙企业),由其再按照"先分后税"规则处理所得税问题。

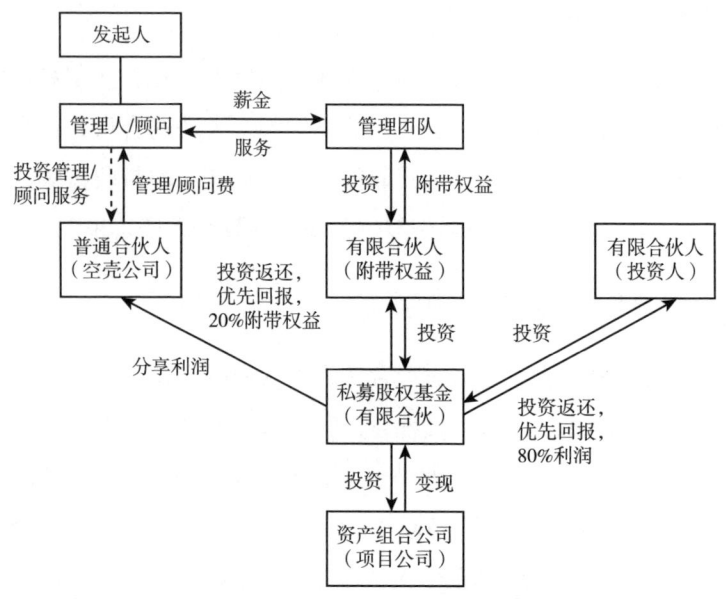

图11-8 合伙制私募股权投资基金的普通合伙人、有限合伙人的利润分配

三、普通合伙人"跟投"涉及的所得税问题

本章第一节介绍了普通合伙人及其团队成员在合伙制私募基金中的"跟投"问题。任何事情都有两面性,"跟投"既可视为有限合伙人对普通合伙人及其团队成员履职勤勉尽责的业绩考核,又可看作普通合伙人遇到好的投资项目"搭便车"牟利。

在合伙制私募基金投资过程中,普通合伙人不会将"跟投"资金放在"基金"中,而是与基金一起参与底层被投资项目的股权投资。"跟投人"可能是普通合伙人(有限合伙企业),也可能是其团队成员,如其以有限合伙企业身份投资,按照前述"先分后税"规则处理即可。如团队成员以个人名义(也可能另搭建一个有限合伙企业)投资,对个人从被投资企业取得的股息、红利所得,直接按"利息、股息、红利所得"项目和20%税率扣缴个人所得税;对其转让被投资项目的股权取得的价差收益,按照"财产转让所得"项目和20%税率缴纳个人所得税。

四、合伙制私募股权投资基金"明股实债"涉及的所得税问题

有些合伙制私募股权投资基金在投资一些不太景气、业绩一般，但又很缺钱续命的非上市公司时，虽然以股权投资方式投资，但签订的投资协议有被投资企业、实控人、关联方企业的股权回购条款，以此确保私募股权基金的保本及相应收益。该种投资在形式上是股权投资，但私募基金只要拿相对固定的保底收益，就属于债权投资，又称"明股实债"。在"明股实债"的操作之下，被投资企业即使以支付股息方式向私募基金支付收益，其股息也并不符合真正的股息规定。股息所得有三个条件：一是在投资形式上，投资方与被投资方存在直接股权投资关系；二是在股息来源上，股息一般来源于被投资企业资产负债表中的"盈余公积"和"未分配利润"，此类被投资企业有的长期亏损，根本没有"盈余公积"和"未分配利润"；三是在股息分配流程上，被投资企业应召开股东会议，通过分配决议。

就合伙制私募股权基金的合伙人缴税问题看，仍应遵循"先分后税"规则，由其法人合伙人缴纳企业所得税，个人合伙人缴纳个人所得税。私募基金对被投资企业是否采取"明股实债"，不影响其合伙人缴税问题的判定。

笔者声明，"明股实债"是中国证券投资基金业协会禁止的投资方式，应由行业主管部门另行处理，但不影响其合伙人缴纳所得税问题。

五、有限合伙人"先收回本金，再取得投资收益"涉及的所得税问题

有的合伙制私募股权基金募集资金困难，有时会答应有限合伙人"先收回本金，再取得投资收益"的要求，甚至将其写入合伙协议中（如写入合伙协议，中国证券投资基金业协会不给备案）。有的投资人（有限合伙人）在税务局对其征税时，也要求税务局允许其"先收回本金，再对投资收益征税"，即对前期从合伙企业"先分"的应纳税所得额暂不征税，待其全部收回本金，再对另取得的投资收益缴纳所得税。

【案例11-1】 H合伙私募股权基金前期成立时，募集的基金总额10亿元，其中红光有限公司作为有限合伙人，其出资1亿元，当时普通合伙人M有限合伙企业承诺对红光公司优先分配，保证其"先收回本金，之后有剩余收益再按约定比例向其分配"。

H合伙私募股权基金将上述10亿元全部参与长城上市公司的定向增发，定增价格10元/股，定向增发股票在3年内逐步解禁，在5年内可以减持完毕。H合伙私募股权基金定向增发后的第二年减持20%（此前未减持），当年11月中旬，股票价格上涨到18元/股。普通合伙人承诺，在减持股票的前3年，先将减持收益的20%分给红光有限公司（以后年度减少分配比例或不分）。普通合伙人当年按基金总额的1.5%提取管理报酬，请问红光有限公司在税收政策上能否实现先收回本金，之后有收益再征税的诉求？

解答：

（1）对"先收回本金，再取得投资收益"的征税问题，在所得税政策上难以全部支持，**只能根据私募基金的减持比例，同时适当减资，部分体现这一政策诉求**。不可能等合伙人全部收回投资本金之后另取得的收益再征税，这一诉求不符合所得税的核算规则。

H合伙私募股权基金当年11月减持前的资产负债表如表11-3所示。

表11-3　　　　H合伙私募股权基金减持前的
　　　　　　　　　　资产负债表　　　　　　单位：万元

资产项目		负债和所有者权益	
现金		负债	0
		实收资本	100 000
		已税未分配利润	
投资资产	100 000	未税未分配利润	
合计	100 000	合计	100 000

H合伙私募股权基金持有1亿股,当年11月减持2 000万股,每股市价18元,价差8元/股,转让股票取得现金收入36 000万元,其计税成本20 000万元,毛收益16 000万元。减持后未缴纳增值税、未分配之前,其资产负债表如表11-4所示。

表11-4　　　H私募股权基金减持后未分配前的
　　　　　　　资产负债表　　　　　　　单位:万元

资产项目		负债和所有者权益	
现金	36 000	负债	0
		实收资本	100 000
		已税未分配利润	
投资资产	80 000	未税未分配利润	16 000
合计	116 000	合计	116 000

需要说明,对持有股票、债券、基金份额等金融资产为主要资产的合伙私募基金,会计核算上一般按净值法核算净资产,会计上对未卖出的股票,应确认一个公允价值变动损益。本案例为简化说明,避免影响读者思考,未确认公允价值变动损益。

此时,需按6%计算缴纳增值税,应纳增值税=(36 000-20 000)÷(1+6%)×6%=905.66(万元);应缴地方税费附加=905.66×12%(城建税、教育费附加等按12%)=108.68(万元)。

普通合伙人M有限合伙企业提取管理报酬=100 000×1.5%=1 500(万元)

H合伙私募股权基金层次应纳税所得额=36 000÷(1+6%)-20 000-108.68-1 500=12 353.58(万元)

按照"先分后税"规则,红光有限公司分享20%的收益=12 353.58×20%=2 470.72(万元)。这属于红光有限公司"先分"的应纳税所得额,应将其并入红光有限公司利润,当年征收企业所得税。假定上述收益全部向合伙人分配,红光有限公司取得2 470.72万元,自行完税。

对红光有限公司而言,该2 470.72万元属于H合伙私募股权基金对其"先分"的应税所得,当然,"先分后税"之后,H合伙私募股权基金还会对其进行实际分配,具体分配数额则看合伙协议约定,如将当年利润的85%先行分配,H合伙私募股权基金也可以留存一定资金运营。此时,难以保证待其全部收回1亿元之后的收益,再征税。

(2)红光有限公司如何实现"先收回本金"呢?

从表11-4"H合伙私募股权基金减持后未分配前的资产负债表"看,有限合伙人红光有限公司此时实现"先收回本金,再取得投资收益"的唯一路径,就是H合伙私募股权基金对已卖出的股票进行同步按比例减资。

H合伙私募股权基金此次减持股票2 000万股,原计税成本(亦属投资人出资额)20 000万元,对此进行减资。会计分录如下:

借:实收资本　　　　　　　　　　　　　　200 000 000
　　贷:现金资产　　　　　　　　　　　　　　200 000 000

对红光有限公司而言,其对应减资2 000万元,会计分录如下:

借:现金资产　　　　　　　　　　　　　　20 000 000
　　贷:长期股权投资(或金融资产)　　　　　20 000 000

同时,红光有限公司还通过前期多分配(前期按20%比例分配,如按其在私募基金中投资情况,每年分配比例大约为6%至8%),这实际上也是一种投资成本及其收益的先行回收。之后,待其基本收回投资和相应收益后,可以退伙,或不再向其分配。

六、对合伙制私募股权基金相关涉税问题的补充说明

本章内容建立在此前章节内容基础之上,属于"连续剧",对相关内容不再重复。但说明如下:

其一,对于合伙制私募股权基金层次应纳税所得额的核算、弥补亏

损，以及其从被投资企业分回股息"穿透"按"利息、股息、红利所得"和20%税率征收个人所得税问题，请参考本书第四章"合伙企业层次的税基核算"相关内容。

其二，对于合伙制私募股权基金的合伙人转让合伙基金份额等，请参考本书第五章"合伙人层次的财产份额转让，以及入伙、退伙"相关内容。

其三，对于合伙制私募股权基金可以享受的税收优惠政策，以及创业投资相关优惠规定，请参考第六章"合伙企业及其合伙人的所得税优惠知多少"中表6-1"个体户、企业合伙及其合伙人所得税优惠政策的对比"。另本章第三节专门介绍合伙制创业投资企业（基金）的所得税问题。

其四，对于合伙制私募股权基金的解散清算问题，请参考第七章"合伙企业清算的所得税"相关内容。

其五，有关合伙制私募股权基金之合伙人的所得税征管，以及对持有股票等权益类资产禁止核定征税等，请参考第八章"合伙企业、合伙人的所得税征管"相关内容。

第三节 合伙制创业投资企业（基金）的所得税优惠政策

合伙制创投企业本质上就是一个合伙企业，只不过其符合创业投资行业相关条件，国家对其予以适当税收优惠而已。合伙制创业投资基金本质上就是一个合伙制私募股权投资基金，二者"同宗同源"，其所得税处理与本章第二节相关内容基本一致，只不过对创投基金给予相关税收优惠。

笔者提示，千万不要把合伙制创投企业（基金）神圣化、妖魔化、复杂化，其逻辑底色就是一个合伙企业。创投企业包括公司制、合伙制，创投基金包括公司制、契约型、合伙制，其运行机制和税收政策与前述合伙企业、合伙制私募基金相比并无特殊之处。本节对相关内容不再重复，只介绍合伙制创投企业（基金）的所得税优惠问题。

一、享受税收优惠的创业投资企业（基金）之规定条件

（一）国家发展改革委等发布的《创业投资企业管理暂行办法》规定的条件

2005年11月，国家发展改革委、科技部、财政部、商务部、人民银行、税务总局、原工商总局、原银监会、证监会、外汇局发布《创业投资企业管理暂行办法》（国家发展和改革委员会令第39号）。

1. 什么是创业投资企业

《创业投资企业管理暂行办法》规定：

> 第二条 本办法所称创业投资企业，系指在中华人民共和国境内注册设立的主要从事创业投资的企业组织。
>
> 前款所称创业投资，系指向创业企业进行股权投资，以期所投资创业企业发育成熟或相对成熟后主要通过股权转让获得资本增值收益的投资方式。
>
> 前款所称创业企业，系指在中华人民共和国境内注册设立的处于创建或重建过程中的成长性企业，但不含已经在公开市场上市的企业。

创业投资企业的被投资对象是创业企业。现行税收优惠政策文件将被投资对象确定为未上市的中小高新技术企业和初创科技型企业。

《企业所得税法实施条例》第九十七条规定：

> 第九十七条 企业所得税法第三十一条所称抵扣应纳税所得额，是指创业投资企业采取股权投资方式投资于未上市的中小高新技术企业2年以上的，可以按照其投资额的70%在股权持有满2年的当年抵扣该创业投资企业的应纳税所得额；当年不足抵扣的，可以在以后纳税年度结转抵扣。

《财政部 税务总局关于创业投资企业和天使投资个人有关税收政策的通知》(财税〔2018〕55号)规定:

一、税收政策内容

(二)有限合伙制创业投资企业(以下简称合伙创投企业)采取股权投资方式直接投资于初创科技型企业满2年的,该合伙创投企业的合伙人分别按以下方式处理:

1.法人合伙人可以按照对初创科技型企业投资额的70%抵扣法人合伙人从合伙创投企业分得的所得;当年不足抵扣的,可以在以后纳税年度结转抵扣。

2.个人合伙人可以按照对初创科技型企业投资额的70%抵扣个人合伙人从合伙创投企业分得的经营所得;当年不足抵扣的,可以在以后纳税年度结转抵扣。

2.创业投资企业的判定标准

根据《创业投资企业管理暂行办法》规定,笔者整理了创业投资企业的相关判定标准表。具体如表11-5所示。

表11-5　　　　　　　创业投资企业的相关判定标准表

项目	创业投资企业判定标准
创投企业的条件	第九条　创业投资企业向管理部门备案应当具备下列条件: (一)已在工商行政管理部门办理注册登记; (二)经营范围符合本办法第十二条规定; (三)实收资本不低于3 000万元人民币,或者首期实收资本不低于1 000万元人民币且全体投资者承诺在注册后的5年内补足不低于3 000万元人民币实收资本; (四)投资者不得超过200人。其中,以有限责任公司形式设立创业投资企业的,投资者人数不得超过50人。单个投资者对创业投资企业的投资不得低于100万元人民币。所有投资者应当以货币形式出资; (五)有至少3名具备2年以上创业投资或相关业务经验的高级管理人员承担投资管理责任。委托其他创业投资企业、创业投资管理顾问企业作为管理顾问机构负责其投资管理业务的,管理顾问机构必须有至少3名具备2年以上创业投资或相关业务经验的高级管理人员对其承担投资管理责任。 前款所称"高级管理人员",系指担任副经理及以上职务或相当职务的管理人员

续表

项目	创业投资企业判定标准
备案要求	第三条　国家对创业投资企业实行备案管理。凡遵照本办法规定完成备案程序的创业投资企业，应当接受创业投资企业管理部门的监管，投资运作符合有关规定的可享受政策扶持。未遵照本办法规定完成备案程序的创业投资企业，不受创业投资企业管理部门的监管，不享受政策扶持
投资经营范围	第十二条　创业投资企业的经营范围限于： （一）创业投资业务； （二）代理其他创业投资企业等机构或个人的创业投资业务； （三）创业投资咨询业务； （四）为创业企业提供创业管理服务业务； （五）参与设立创业投资企业与创业投资管理顾问机构
行业禁入	第十三条　创业投资企业不得从事担保业务和房地产业务，但是购买自用房地产除外
投资方式、对单一企业投资	第十四条　创业投资企业可以以全额资产对外投资。其中，对企业的投资，仅限于未上市企业。但是所投资的未上市企业上市后，创业投资企业所持股份的未转让部分及其配售部分不在此限。其他资金只能存放银行、购买国债或其他固定收益类的证券。 第十五条　经与被投资企业签订投资协议，创业投资企业可以以股权和优先股、可转换优先股等准股权方式对未上市企业进行投资。 第十六条　创业投资企业对单个企业的投资不得超过创业投资企业总资产的20%
投资退出	第二十四条　创业投资企业**可以通过股权上市转让、股权协议转让、被投资企业回购等途径，实现投资退出**。国家有关部门应当积极推进多层次资本市场体系建设，完善创业投资企业的投资退出机制
管理顾问费用和业绩报酬	第十七条　创业投资企业应当在章程、委托管理协议等法律文件中，明确管理运营费用或管理顾问机构的管理顾问费用的计提方式，建立管理成本约束机制。 第十八条　创业投资企业可以从已实现投资收益中提取一定比例作为对管理人员或管理顾问机构的业绩报酬，建立业绩激励机制
存续期限	第十九条　创业投资企业可以事先确定有限的存续期限，但是最短不得短于7年
是否可举债	第二十条　创业投资企业可以在法律规定的范围内通过债权融资方式增强投资能力
创业引导基金	第二十二条　国家与地方政府可以设立创业投资引导基金，通过参股和提供融资担保等方式扶持创业投资企业的设立与发展。具体管理办法另行制定
自律管理	第三十条　创业投资行业协会依据本办法和相关法律、法规及规章，对创业投资企业进行自律管理，并维护本行业的自身权益

上述第二十二条规定的"创业投资引导基金"，是国家有关部门或地方政府牵头，财政出资设立的创业投资引导基金，如工信部门管理的集成电路产业基金等。创业投资引导基金一般不"单打独斗"，如与其他社会资本联合设立一个合伙制私募基金，再联合投资于"创业投资企业"。在这一过程中，"创业投资引导基金"重在"引导"，相当于一个杠杆，撬动更多社会资本参与，"创业投资引导基金"就是一个前述的母基金。

（二）证监会发布的《私募投资基金监督管理暂行办法》规定的条件

合伙制创业投资基金和合伙制私募股权基金"同宗同源"，其底层逻辑、运作方法、管理方式、盈利模式基本一致。《私募投资基金监督管理暂行办法》对私募基金作了较为详细规定，均适用于合伙制创业投资基金，不再赘述。

《私募投资基金监督管理暂行办法》第八章"关于创业投资基金的特别规定"较为原则，只有4条，具体如下：

第三十四条　本办法所称创业投资基金，是指主要投资于未上市创业企业普通股或者依法可转换为普通股的优先股、可转换债券等权益的股权投资基金。

第三十五条　鼓励和引导创业投资基金投资创业早期的小微企业。

享受国家财政税收扶持政策的创业投资基金，其投资范围应当符合国家相关规定。

第三十六条　基金业协会在基金管理人登记、基金备案、投资情况报告要求和会员管理等环节，对创业投资基金采取区别于其他私募基金的差异化行业自律，并提供差异化会员服务。

第三十七条　中国证监会及其派出机构对创业投资基金在投资方向检查等环节，采取区别于其他私募基金的差异化监督管理；在账户开立、发行交易和投资退出等方面，为创业投资基金提供便利服务。

在此重申：不论创业投资企业，还是创投基金，如拟享受税收优惠政策，其一个重要前提条件，就是在流程上做好备案。其中创业投资企业向国家、省级发展改革委备案；创投基金向中国证券投资基金业协会备案。

二、合伙制创业投资企业（基金）的税收优惠政策

需要说明，创业投资企业（基金）只有所得税方面的优惠政策，其他

税种优惠政策较少。

（一）法人合伙人、个人合伙人可按投资额的70%抵扣应纳税所得额

1. 创投企业抵扣应纳税所得额政策的历史渊源

创业投资企业按其投资额的70%抵扣应纳税所得额，最初是一项企业所得税优惠政策，2012年扩展到苏州工业园区合伙制创投企业的法人合伙人，仍限于企业所得税范畴。2018年后，扩展到合伙制创投企业的个人合伙人，同时覆盖天使投资个人，并扩展到个人所得税领域。为便于读者知悉此项优惠政策历史脉络，请参考表11-6。

表11-6　　创业投资企业（基金）所得税优惠政策脉络表

时间	适用税种	适用范围	政策文件	依据
2003年	原外商投资企业所得税	全国	《国家税务总局关于外商投资创业投资公司缴纳企业所得税有关税收问题的通知》（国税发〔2003〕61号）	《外商投资创业投资企业管理规定》，原对外贸易经济合作部、科技部、原国家工商行政管理总局、国家税务总局、国家外汇管理局，于2003年1月联合发布
2006年	原内资企业所得税	全国	《财政部 国家税务总局关于促进创业投资企业发展有关税收政策的通知》（财税〔2007〕31号）	《创业投资企业管理暂行办法》（国家发展和改革委员会令第39号）
2008年	内外资"两法合并"后的企业所得税	全国	1.《企业所得税法》第三十一条。 2.《企业所得税法实施条例》第九十七条。 3.《国家税务总局关于实施创业投资企业所得税优惠问题的通知》（国税发〔2009〕87号）	上述第一栏、第二栏
2012年起	合伙创投企业的法人合伙人的企业所得税	（试点）苏州工业园区	《财政部 国家税务总局关于苏州工业园区有限合伙制创业投资企业法人合伙人企业所得税试点政策的通知》（财税〔2012〕67号）	同上栏

续表

时间	适用税种	适用范围	政策文件	依据
2015年	同上	1.中关村等所有国家自主创新示范区、合芜蚌自主创新综合试验区、绵阳科技城。2.全国	1.《财政部 国家税务总局关于推广中关村国家自主创新示范区税收试点政策有关问题的通知》（财税〔2015〕62号，已全文废止）。2.《财政部 国家税务总局关于将国家自主创新示范区有关税收试点政策推广到全国范围实施的通知》（财税〔2015〕116号）	同上栏
2017年	1.公司创投企业的企业所得税。2.合伙创投企业的法人合伙人之企业所得税，个人合伙人之个人所得税。3.天使投资个人之个人所得税	（试点）京津冀、上海、广东、安徽、四川、武汉、西安、沈阳8个全面创新改革试验区域和苏州工业园区	《财政部 税务总局关于创业投资企业和天使投资个人有关税收试点政策的通知》（财税〔2017〕38号）	同上栏
2018年	同上栏	全国	1.《财政部 税务总局关于创业投资企业和天使投资个人有关税收政策的通知》（财税〔2018〕55号）。2.《财政部 税务总局关于延续执行创业投资企业和天使投资个人投资初创科技型企业有关政策条件的公告》（财政部 税务总局公告2023年第17号）	同上栏

2. 创投企业按投资额的70%抵扣应纳税所得额政策对比

此项优惠政策在税种上，同时涉及企业所得税、个人所得税；在享受优惠主体上，同时涉及公司制创投企业、合伙制创投企业（基金）的法人合伙人、个人合伙人、天使投资个人。头绪较多且杂，笔者列表对比如表11-7所示。

表11-7　　　创业投资企业（基金）所得税优惠政策对比表

项目	公司制创投	合伙制创投	天使投资个人
优惠政策之一	创业投资企业采取股权投资方式投资于未上市的中小高新技术企业、初创科技型企业2年以上的，可以按照其投资额的70%在股权持有满2年（24个月）的当年抵扣该创业投资企业的应纳税所得额；当年不足抵扣的，可以在以后纳税年度结转抵扣	有限合伙制创业投资企业（以下简称合伙创投企业）采取股权投资方式直接投资于初创科技型企业满2年的： 1.法人合伙人可以按照对初创科技型企业投资额的70%抵扣法人合伙人从合伙创投企业分得的所得；当年不足抵扣的，可以在以后纳税年度结转抵扣。 2.个人合伙人可以按照对初创科技型企业投资额的70%抵扣个人合伙人从合伙创投企业分得的经营所得；当年不足抵扣的，可以在以后纳税年度结转抵扣	1.天使投资个人采取股权投资方式直接投资于初创科技型企业满2年的，可以按照投资额的70%抵扣转让该初创科技型企业股权取得的应纳税所得额；当期不足抵扣的，可以在以后取得转让该初创科技型企业股权的应纳税所得额时结转抵扣。 2.初创科技型企业接受天使投资个人投资满2年，在上海证券交易所、深圳证券交易所上市的，天使投资个人转让该企业股票时，按照现行限售股有关规定执行，其尚未抵扣的投资额，在税款清算时一并计算抵扣
优惠政策之二（天使投资个人结转扣除的特殊规定）			天使投资个人投资多个初创科技型企业的，对其中办理注销清算的初创科技型企业，天使投资个人对其投资额的70%尚未抵扣完的，可自注销清算之日起36个月内抵扣天使投资个人转让其他初创科技型企业股权取得的应纳税所得额
初创科技型企业条件	1.在中国境内（不包括港、澳、台地区）注册成立、实行查账征收的居民企业。 2.接受投资时，从业人数不超过300人，其中具有大学本科以上学历的从业人数不低于30%；资产总额和年销售收入均不超过5 000万元。 3.接受投资时设立时间不超过5年（60个月）。 4.接受投资时以及接受投资后2年内未在境内外证券交易所上市。 5.接受投资当年及下一纳税年度，研发费用总额占成本费用支出的比例不低于20%。			
创业投资企业的条件（享受此项税收优惠）	享受税收政策的创业投资企业，应同时符合以下条件： 1.在中国境内（不含港、澳、台地区）注册成立、实行查账征收的居民企业或合伙创投企业，且不属于被投资初创科技型企业的发起人。 2.符合《创业投资企业管理暂行办法》（国家发展和改革委员会令第39号）规定或者《私募投资基金监督管理暂行办法》（证监会令第105号）关于创业投资基金的特别规定，按照上述规定完成备案且规范运作。 3.投资后2年内，创业投资企业及其关联方持有被投资初创科技型企业的股权比例合计应低于50%			

续表

项目	公司制创投	合伙制创投	天使投资个人
投资的限制条件	仅限于通过向被投资初创科技型企业直接支付现金方式取得的股权投资，不包括受让其他股东的存量股权。按照创业投资企业或天使投资个人对初创科技型企业的实缴投资额确定		
天使投资个人条件			享受税收政策的天使投资个人，应同时符合以下条件： 1.不属于被投资初创科技型企业的发起人、雇员或其亲属（包括配偶、父母、子女、祖父母、外祖父母、孙子女、外孙子女、兄弟姐妹，下同），且与被投资初创科技型企业不存在劳务派遣等关系； 2.投资后2年内，本人及其亲属持有被投资初创科技型企业股权比例合计应低于50%

结合表11-7，对创业投资企业所得税优惠政策补充说明如下：

（1）创业投资企业按投资额的70%抵扣应纳税所得额，其优惠点在哪里？

除前面所述创投企业、创投基金投资满2年（24个月）后，即可以其现金投资额的70%抵扣当期应纳税所得额，直接减轻了税负。另外，创投企业、创投基金投资满2年时，其该笔投资并不一定处置，对于未转让、未处置的投资成本，按税法规则是不能扣除投资成本的，但此时作为一项优惠政策，不论其是否处置该笔投资，均可按投资额的70%抵减当期应纳税所得额，在时间上提前减税。

（2）投资2年内，被投资企业在境内外上市，还能享受此项创投优惠政策吗？

根据《财政部 税务总局关于创业投资企业和天使投资个人有关税收政策的通知》（财税〔2018〕55号）规定，被投资的初创科技型企业在2年内上市，创投企业不能享受此项抵扣应纳税所得额的政策。以此推断，对投资的中小高新技术企业，在2年内上市的，也不应享受此项优惠。主要原因：这是一项创投优惠，如果被投资企业在2年内上市，说明被投资企业不在初创期（上市需提交前3年的财务指标），投资方的风险就没那么大，不必给予税收优惠。

另外,《国家税务总局关于实施创业投资企业所得税优惠问题的通知》(国税发〔2009〕87号)规定:

> 三、中小企业接受创业投资之后,经认定符合高新技术企业标准的,应自其被认定为高新技术企业的年度起,计算创业投资企业的投资期限。该期限内中小企业接受创业投资后,企业规模超过中小企业标准,但仍符合高新技术企业标准的,不影响创业投资企业享受有关税收优惠。

(3)合伙制创投基金的法人合伙人、个人合伙人享受此项优惠政策的时间点怎么把握?

合伙制创投基金的法人合伙人、个人合伙人的征税时间点是"先分后税"的"先分"环节,法人合伙人、个人合伙人在此时发生纳税义务,也应当在此时申报享受优惠政策,而不是拖延到实际分配时再缴税,再享受优惠。

实际上,合伙制创投基金此时只是向法人合伙人、个人合伙人进行了"先分",尚未实际分配。笔者认为,"先分后税"是合伙企业所得税的基本规则,应予坚持,同时,也倒逼合伙制创投基金对赚钱的项目要及时作出分配,不能让合伙人另行"从兜里掏钱"缴税。

(4)天使投资个人对初创科技型企业股权投资2年后,如果初创科技型企业上市,其个税如何管理?优惠政策怎么享受?

初创科技型企业上市,天使投资人所持股权就变成了上市公司的限售股票,按照限售股有关个税规定缴税。同时,允许其在减持限售股计算个税时,将尚未享受的抵扣应纳税所得额政策,一并享受抵扣。

(5)为什么天使投资个人在A企业未抵扣完的投资额70%部分,如A企业解散清算后,可以结转到对B企业的股权投资中扣除?而合伙企业的个人合伙人却不可以?

财税〔2018〕55号文件对天使投资个人就此"网开一面"。根据个人所得税规定,天使投资个人对初创科技型企业的股权投资的处置收入,属于"财产转让所得"项目,按20%计算个税。这个税目属于分类所得项目,按月按次征税,按税法规则,确实不应跨A、B企业抵扣。财税〔2018〕55号文件对天使投资个人予以一项特殊优惠。

对合伙制私募股权基金的个人合伙人而言,个人合伙人不是直接向初创科技型企业投资,而是通过私募基金间接投资,同时合伙制私募基金是一个持续经营的主体,其亏损可在5年内结转扣除,税收政策方面不再比照天使投资个人进行跨A、B企业抵扣。

(二)合伙制创投基金采取单一核算方法,其个人合伙人可以享受20%税率

2019年1月1日起,财政部、国家发展和改革委员会、税务总局、中国证券监督管理委员会联合印发《关于创业投资企业个人合伙人所得税政策问题的通知》(财税〔2019〕8号),规定单一核算的合伙制创投基金的个人合伙人可以享受20%税率。此项政策到期后,根据《财政部 税务总局 国家发展改革委 中国证监会关于延续实施创业投资企业个人合伙人所得税政策的公告》(财政部 税务总局 国家发展改革委 中国证监会公告2023年第24号),将此项优惠政策延期至2027年底。

笔者整理了合伙制创投基金两种核算方法的相关规定对比,如表11-8所示。

表11-8 合伙制创业投资企业(基金)两种核算方法对比

项目	单一核算方法	整体核算方法
计税方法和适用税率	其个人合伙人从该基金应分得的股权转让所得和股息红利所得,按照20%税率计算缴纳个人所得税。 其法人合伙人不适用此项政策。 创投企业选择按单一投资基金核算或按创投企业年度所得整体核算后,3年内不能变更	其个人合伙人应从创投企业取得的所得,按照"经营所得"项目、5%—35%的超额累进税率计算缴纳个人所得税。法人合伙人按照企业所得税规定,缴纳企业所得税
相关概念的区别	单一投资基金(包括不以基金名义设立的创投企业)在一个纳税年度内从不同创业投资项目取得的股权转让所得和股息红利所得分别核算纳税	创投企业年度所得整体核算,是指将创投企业以每一纳税年度的收入总额减除成本、费用以及损失后,计算应分配给个人合伙人的所得

续表

项目	单一核算方法	整体核算方法
税基核算	1. 股权转让所得。单个投资项目的股权转让所得，按年度股权转让收入扣除对应股权原值和转让环节合理费用后的余额计算，股权原值和转让环节合理费用的确定方法，参照股权转让所得个人所得税有关政策规定执行；单一投资基金的股权转让所得，按一个纳税年度内不同投资项目的所得和损失相互抵减后的余额计算，余额大于或等于零的，即确认为该基金的年度股权转让所得；余额小于零的，该基金年度股权转让所得按零计算且不能跨年结转。 2. 股息红利所得。单一投资基金的股息红利所得，以其来源于所投资项目分配的股息、红利收入以及其他固定收益类证券等收入的全额计算。 个人合伙人按照其应从基金股息红利所得中分得的份额计算其应纳税额，并由创投企业按次代扣代缴个人所得税。 3. 除前述可以扣除的成本、费用之外，单一投资基金发生的包括投资基金管理人的管理费和业绩报酬在内的其他支出，不得在核算时扣除	1. 股息性所得，对于对应个人合伙人的部分，可按照《国家税务总局关于〈关于个人独资企业和合伙企业投资者征收个人所得税的规定〉执行口径的通知》（国税函〔2001〕84号）规定，单独按"利息、股息、红利所得"项目，适用20%税率计算个税。 2. 股权转让所得，并入合伙私募基金的会计利润中，统一计算征税。 3. 投资基金管理人的管理费和业绩报酬在内的其他支出，可以税前扣除
按投资额的70%抵扣应纳税所得额的优惠	符合《财政部 税务总局关于创业投资企业和天使投资个人有关税收政策的通知》（财税〔2018〕55号）规定条件的，创投企业个人合伙人可以按照被转让项目对应投资额的70%抵扣其应从基金年度股权转让所得中分得的份额后再计算其应纳税额，当期不足抵扣的，不得向以后年度结转	个人合伙人按"先分后税"规则处理
税收征管	个人合伙人按照其应从基金年度股权转让所得中分得的份额计算其应纳税额，并由创投企业在次年3月31日前代扣代缴个人所得税	合伙制私募基金平时预扣预缴税款，次年3月底前，个人合伙人办理汇算清缴
备案	创投企业选择按单一投资基金核算的，应当在按照本公告第一条规定完成备案的30日内，向主管税务机关进行核算方式备案；未按规定备案的，视同选择按创投企业年度所得整体核算。创投企业选择一种核算方式满3年需要调整的，应当在满3年的次年1月31日前，重新向主管税务机关备案	

行文至此，笔者弱弱地问一句，对于合伙制创业投资母基金的个人合伙人，如图11-9所示，B合伙企业的个人合伙人李四，能否享受个税20%税率？

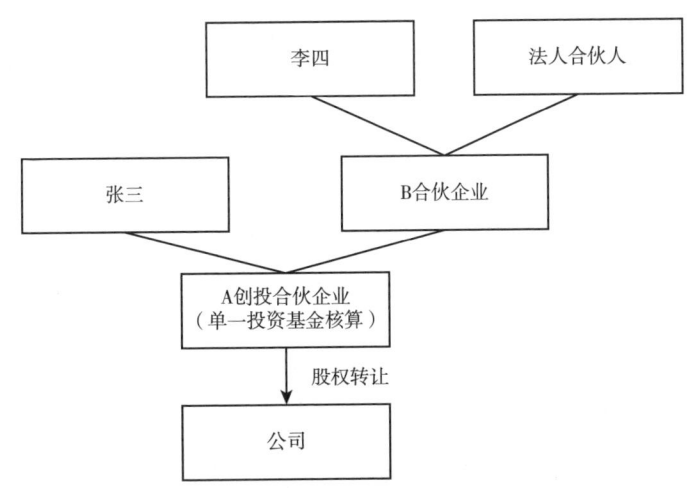

图11-9　合伙制创业投资母基金的投资架构

笔者认为，按照《财政部 税务总局 国家发展改革委 中国证监会关于延续实施创业投资企业个人合伙人所得税政策的公告》（财政部 税务总局 国家发展改革委 中国证监会公告2023年第24号）规定精神，对创投基金直接投资于被投资项目并采取单一核算方法的，其个人合伙人可以"穿透"享受20%税率；对于创业投资母基金等多层投资架构下间接向被投资项目投资的，暂不能"穿透"享受20%税率。图11-9中，张三可以享受20%税率，B合伙企业只能采取整体核算方法，李四不可以享受20%税率。

三、公司制创业投资企业按个人股东的持股比例减免企业所得税优惠

本书定位于合伙制企业的所得税问题，补充介绍一下公司制创投企业按个人股东持股比例减免企业所得税的规定，算个"加餐"。

目前，在北京中关村、上海浦东新区、河北雄安新区，对公司制创业投资企业试点实行减免企业所得税优惠政策。以雄安新区的政策文件为

例，《财政部 税务总局 发展改革委 证监会关于雄安新区公司型创业投资企业有关企业所得税试点政策的通知》（财税〔2023〕40号）摘录如下：

一、对雄安新区内公司型创业投资企业，转让持有3年以上股权的所得占年度股权转让所得总额的比例超过50%的，按照年末个人股东持股比例减半征收当年企业所得税；转让持有5年以上股权的所得占年度股权转让所得总额的比例超过50%的，按照年末个人股东持股比例免征当年企业所得税。

上述两种情形下，应分别适用以下公式计算当年企业所得税免征额：

（一）转让持有3年以上股份的所得占年度股权转让所得总额的比例超过50%的：

企业所得税免征额=年末个人股东持股比例 × 本年度企业所得税应纳税额 ÷ 2

（二）转让持有5年以上股权的所得占年度股权转让所得总额的比例超过50%的：

企业所得税免征额=年末个人股东持股比例 × 本年度企业所得税应纳税额

三、个人股东从公司型创业投资企业取得的股息红利，按照规定缴纳个人所得税。

参考文献

[1] 国家税务总局.中华人民共和国税收基本法规（2023年版）.北京：中国税务出版社，2023.

[2] 单海洋.公司控制权与股权布局.北京：中国纺织出版社有限公司，2024.

[3] 中华人民共和国民法典.北京：人民出版社，2020.

[4] 陈翔.私募合伙人：有限合伙私募股权基金治理.北京：法律出版社，2023（微信读书）.

[5] 国家税务总局所得税司.个人所得税综合所得年度汇算清缴操作手册.北京：中国税务出版社，2023.

[6] 李利威.一本书看透股权节税.北京：机械工业出版社，2022.

[7] 郑指梁.合伙人制度：以控制权为核心的顶层股权设计.北京：清华大学出版社，2019（微信读书）.

[8] 张诗信，王学敏.合伙人制度顶层设计.北京：企业管理出版社，2019（微信读书）.

[9] 韩良.并购基金法理与案例精析.北京：中国法治出版社，2015（微信读书）.

[10] 网站资料：

中华人民共和国财政部：https：//www.mof.gov.cn/index.htm.

国家税务总局：https：//www.chinatax.gov.cn/.

国家发展改革委：https：//www.ndrc.gov.cn/.

中国人民银行：http：//www.pbc.gov.cn/.

中国证券监督管理委员会：http：//www.csrc.gov.cn/.

中华人民共和国国家金融监管总局：https：//www.nfra.gov.cn/.

中国证券投资基金业协会：https：//www.amac.org.cn/.

税屋网：https：//www.shui5.cn/.

360百科：https：//baike.so.com/.